HERDEIRO
DO CÁLICE
SAGRADO

HERDEIRO
DO CÁLICE
SAGRADO

Pelo espírito
Helena

Psicografia de
Maria Nazareth Dória

LÚMEN
EDITORIAL

Herdeiro do Cálice Sagrado
pelo espírito Helena
psicografia de Maria Nazareth Dória

Copyright © 2012 by
Lúmen Editorial Ltda.

1ª edição — fevereiro de 2012

Direção editorial: *Celso Maiellari*
Coordenação editorial: *Fernanda Rizzo Sanchez*
Revisão: *Maria Aiko Nishijima*
Projeto gráfico e arte da capa: *SGuerra Design*
Impressão e acabamento: *Bartira Gráfica*

Dados Internacionais de Catalogação na Publicação (CIP)
(Câmara Brasileira do Livro, SP, Brasil)

Helena (Espírito).
  Herdeiro do cálice sagrado / pelo espírito Helena ; psicografia de Maria Nazareth Dória. — São Paulo : Lúmen, 2012.

  ISBN 978-85-7813-058-9

  1. Espiritismo 2. Psicografia I. Dória, Maria Nazareth. II. Título.

11-14349 CDD-133.93

Índices para catálogo sistemático:
1. Mensagens psicografadas : Espiritismo   133.93

Rua Javari, 668
São Paulo — SP
CEP 03112-100
Tel./Fax: (0xx11) 3207-1353

visite nosso site: www.lumeneditorial.com.br
fale com a Lúmen: atendimento@lumeneditorial.com.br
departamento de vendas: comercial@lumeneditorial.com.br
contato editorial: editorial@lumeneditorial.com.br
siga-nos nas redes sociais:
twitter: @lumeneditorial
facebook.com/lumen.editorial1

2012
Proibida a reprodução total ou parcial desta
obra sem prévia autorização da editora
Impresso no Brasil — *Printed in Brazil*

À minha família e aos mentores espirituais que nos inspiram a esperança em um amanhã melhor para todos.

À Lúmen Editorial e aos seus diretores por valorizarem as obras dos mentores espirituais acolhendo médiuns da psicografia com muito amor, carinho e respeito.

Sumário

Apresentação	9
Mensagem do venerável doutor Bezerra de Menezes	11
Imigração japonesa	13
Lembranças do Oriente	17
Despedida de Carlos	43
Nova morada	59
A morte de Hiroshi	73
Grandes mudanças para a família	99
O tempo é o remédio	107
Voltando à Bruna	119
O casamento de Marcos	135
Marcos adota Eduardo	149
Nada fica escondido	161
O Cálice Sagrado	203
Saudade de Eduardo	237
A revolta de Hideo	255
A decisão do bispo	281
O reencontro	307

Apresentação

Para ajudar o leitor a consultar alguns dados relatados neste romance, acrescentamos informações pesquisadas em fontes confiáveis.

Muitas histórias envolvem imigrantes de vários países e seria impossível termos tantos registros dos casos reais que aconteceram em tão poucos anos de vida do Brasil.

Há pouco tempo, começamos a receber da espiritualidade muitos relatos vivenciados no Brasil. Temos uma riqueza inesgotável de informações das diversas culturas implantadas em terras brasileiras. Muitas das histórias apenas foram registradas pela espiritualidade.

É uma felicidade imensa para nós, médiuns, que contribuímos com o precioso trabalho da espiritualidade por meio da psicografia, certificarmo-nos de que cada dia mais o número de trabalhadores e de leitores, que aos poucos estão descobrindo que os romances espíritas são fontes vivas da nossa história distante e próxima, aumentam.

Mensagem do Venerável Doutor Bezerra de Menezes

Um dos maiores colaboradores em divulgar a doutrina espírita por meio da psicografia é o venerável doutor Adolfo Bezerra de Menezes. Em um desdobramento espiritual tive a felicidade de receber esta mensagem que, atendendo ao pedido dele, estou divulgando:

Estamos convidando todos os trabalhadores dispostos a contribuir com as obras do Mestre Jesus a nos ajudar a "derrubar os muros que foram erguidos pelas religiões", separando os irmãos, herdeiros do mesmo Pai.

Enquanto persistir a intolerância, esses muros impedirão a aproximação dos irmãos que poderiam fazer da Terra um mundo superior em que o encarnado pudesse evoluir e regressar à Pátria Espiritual consciente e equilibrado.

Bezerra de Menezes – 14/6/2009
Maria Nazareth Dória

Imigração Japonesa

"O Japão estava superpovoado no século XIX. O país tinha ficado isolado do mundo durante os 265 anos do Período Edo, que marca o governo do xogunato Tokugawa, sem guerras nem epidemias trazidas do exterior ou pela imigração. Com as técnicas agrícolas da época, o Japão produzia apenas o alimento que consumia, sem fazer estoques para períodos difíceis. Qualquer quebra de safra agrícola causava fome generalizada.

Os camponeses sem terra rumaram para as principais cidades, que ficaram saturadas. As oportunidades de emprego tornaram-se mais raras, formando uma massa de trabalhadores miseráveis.

A política emigratória colocada em prática pelo governo japonês tinha como principal objetivo aliviar as tensões sociais devido à escassez de terras cultiváveis e endividamento dos trabalhadores rurais, permitindo assim a implementação de projetos de modernização.

A partir da década de 1880, o Japão incentivou a emigração de seus habitantes por meio de contratos com outros governos. Antes do Brasil, já havia emigração de japoneses para os Estados Unidos (principalmente Havaí), Peru e México. No início do século XX, também houve grande fluxo de emigração japonesa para colonizar os territórios recém-conquistados da Coreia e Taiwan. Somente no Brasil e nos Estados Unidos se formaram grandes colônias de descendentes de japoneses. Praticamente todos os imigrantes que formaram as colônias na Coreia e Taiwan retornaram ao Japão depois do fim da Segunda Guerra Mundial.

O Kasato Maru é considerado pela historiografia oficial como o primeiro navio a aportar no Brasil com imigrantes japoneses. A viagem de 52 dias começou no porto de Kobe e terminou no Porto de Santos em 18 de junho de 1908. Vieram 165 famílias (781 pessoas) que foram trabalhar nos cafezais do oeste paulista.

A chegada não foi especialmente calorosa. Apenas um jornalista elogiou os imigrantes dizendo que eles eram 'limpos', coisa não muito comum entre os europeus naquela época. A revista carioca *O Malho*, em sua edição de 5 de dezembro de 1908, publicou uma charge de imigrantes japoneses com a seguinte legenda: *O governo de São Paulo é teimoso. Após o insucesso da primeira imigração japonesa, contratou 3.000 amarelos. Teima, pois, em dotar o Brasil com uma raça diametralmente oposta à nossa.*

O contrato previa que a estada dos imigrantes nas fazendas deveria ser de cinco anos, porém, as más condições fizeram com que a maioria saísse das fazendas no mesmo ano.

Somente em 28 de junho de 1910, chegou a Santos outro navio, o Ryojun Maru, trazendo mais 906 imigrantes japoneses.

Apesar de tudo, a imigração de japoneses continuou em ascensão. Em 1914, quando o governo de São Paulo interrompeu a contratação de imigrantes, a população japonesa no Brasil era estimada em apenas 10 mil pessoas. Até 1915, chegaram ao Brasil mais 3.434 famílias (14.983 pessoas) de imigrantes japoneses.

O fim do xogunato Tokugawa deu espaço para um intenso projeto de modernização e abertura para o exterior durante a era Meiji. Apesar da reforma agrária, a mecanização da agricultura foi responsável pelo desemprego de milhares de camponeses. Outros milhares de pequenos camponeses ficaram endividados ou perderam suas terras por não poder pagar os altos impostos, que, na era Meiji, passaram a ser cobrados em dinheiro, enquanto antes eram cobrados em espécie (parte da produção agrícola).

A grande imigração nipônica

A partir de 1912, grupos de japoneses passaram a residir na ladeira Conde de Sarzedas, em São Paulo. O local era próximo ao centro da cidade. Alugar cômodos ou porões de sobrados era o melhor que os pobres imigrantes podiam pagar. Na década de 1920, a rua Conde de Sarzedas já era conhecida como o local preferido de residência dos japoneses que deixavam o campo. Com o crescimento da comunidade, o entorno do bairro da Liberdade tornou-se então um bairro japonês com lojas e restaurantes típicos.

Com o fim da Primeira Guerra Mundial, o fluxo de imigrantes japoneses para o Brasil cresceu enormemente. Entre 1917 e 1940, vieram 164 mil japoneses para o Brasil. A maior parte dos imigrantes chegou entre 1920 e 1930.

O crescimento da imigração para o Brasil foi estimulado porque os Estados Unidos vetaram a entrada de imigrantes japoneses por meio da United States Immigration Act de 1924. Outros países, como Austrália e Canadá, também faziam restrições à entrada de imigrantes japoneses. O Brasil tornou-se um dos poucos países no mundo a aceitar esses imigrantes.

Mas no Brasil também houve projetos de restrição de imigração de japoneses. Em 22 de outubro de 1923, o deputado Fidélis Reis apresentou um projeto de lei de regulação da entrada de imigrantes com um artigo que dizia: *É proibida a entrada de colonos da raça preta no Brasil e, quanto ao amarelo, será ela permitida, anualmente, em número correspondente a 5% dos indivíduos existentes no Brasil.*

A imigração de japoneses, entretanto, cresceu durante a década de 1930. Cerca de 75% dos imigrantes japoneses ficavam em São Paulo, estado que tinha grande necessidade de mão de obra para trabalhar nos cafezais. Com a abertura de novas frentes de trabalho, eles trabalhavam também no cultivo de morango, chá e arroz. Pequenas comunidades nipo-brasileiras surgiram no Pará com imigrantes japoneses atraídos pelo cultivo da pimenta-do-reino.

Na década de 1930, o Brasil já abrigava a maior população de japoneses fora do Japão. Muitos imigrantes japoneses continuaram a chegar nesse período, muitos deles atraídos pelos parentes que já tinham anteriormente emigrado".[1]

---

[1] Fonte: Wikipédia. <http://pt.wikipedia.org/wiki/Imigra%C3%A7%C3%A3o_japonesa_no_Brasil>. Acesso em: 11 nov. 2011 (Nota da Edição).

Lembranças do Oriente

A manhã estava calma, as folhas quietas agarradas ao caule pareciam dormir. O perfume das flores que desabrocharam à noite ainda exalava ao redor da mansão. Os primeiros raios de sol secavam as últimas gotas de orvalho que ainda brilhavam nas folhas dos belíssimos canteiros que circundavam o gramado próximo à piscina da residência de Hideo. Ele observava todos os detalhes à sua volta; amava aquele jardim, cada cantinho tinha uma história. A grama estava em ordem, e os canteiros floridos e bem cuidados demonstravam a cultura e sabedoria dos orientais. Ele levara anos projetando aquela maravilha, cada plantinha tinha uma história especial. O jardineiro só cortava a grama e ajudava a segurar os galhos na hora da poda, Hideo cuidava de suas flores com o maior carinho do mundo.

Por um momento, Hideo parou, respirou fundo e afirmou para si mesmo: "Está tudo em perfeita ordem para receber meus filhos, netos e meu melhor amigo".

Apreciando o jardim, como se estivesse voltando ao passado, lembrou-se de sua terra natal; sentiu saudades e orgulho, pois o seu povo era trabalhador e sabia se portar bem em qualquer nação.

Olhando para as nuvens que se dispersavam, ele fechou os olhos e suspirou fundo: "Ah! Na época das cerejeiras... Como o Japão se transforma em uma magia inexplicável com suas breves floradas! Quem tem o privilégio de conhecê-las, espera o ano inteiro com ansiedade só para viver algumas horas entre elas". Aquele senhor sentia falta de muitas coisas, o seu país tinha suas belezas próprias. "E os campos de arroz?" Ele pensava e respirava fundo, parecia sentir o cheiro do arrozal florido. As planícies pareciam um sonho, o vento balançava os cachos das flores que iriam se transformar no principal alimento do Japão. Eram cenas inesquecíveis. Os avós moravam no campo e sempre nos tempos de festividade a família ia para o campo justamente na época em que o arrozal estava florido. Ele agradecia a Buda pela grande felicidade encontrada no Brasil. Apesar de amar sua terra natal, ele também amava o Brasil: sua esposa e filhos eram brasileiros.

Sempre fazia uma breve reflexão de como fora sua noite e, antes de dormir, também refletia como fora o dia. Ele havia sido educado nos princípios de Buda. Refletir sobre o que passou e sobre o que viria, essa era a filosofia.

Naquele dia, em especial, a noite lhe pareceu longa demais. Ele esperou a hora certa para se levantar; não estava mais com sono nem se sentindo cansado, mas achava que o corpo tinha de obedecer às ordens da mente, que devia aplicar disciplina ao corpo, por essa razão costumava se recolher todos os dias no mesmo horário e se levantar na mesma hora.

Nascido no Japão, quando deixou sua terra natal para vir para o Brasil, contava apenas com 21 anos de idade. Era um homem feito! Na cultura do seu país e na sua geração, um rapaz nessa idade já era considerado responsável por tudo o que determinasse em sua vida. Lembrava-se do dia em que o seu tio em visita à família lhe fez o convite para vir para o Brasil e trabalhar no seu restaurante. Isso acontecera após vê-lo manejando a faca e cortando peixes e legumes.

Lembrava-se das fotos que o tio havia levado para exibir à família. Praias lindas, lugares maravilhosos, pessoas bonitas e alegres; o tio contava sobre a abundância de alimentos que havia no Brasil e fazia alusão ao sucesso dos imigrantes japoneses. Quando contou que nas churrascarias os clientes comiam carne até não aguentar, por um preço que no Japão não se comprava duzentos gramas de carne, ele se impressionou. Assim, a ideia de vir para o Brasil não o abandonou mais, não que tinha mágoa de seu país, isso não! Mas dentro do seu peito batia grande vontade de atravessar o mar e conquistar por si mesmo algo novo.

O tio voltou para o Brasil e pediu que ele pensasse na ideia e, caso resolvesse fazer a vida aqui, seria só avisá-lo, ele cuidaria do resto.

Ele, como todo rapaz, sonhava construir algo diferente longe do seu país. As portas do mundo se abriam com muitas oportunidades aos japoneses, exatamente porque eles ajudavam a construir outras nações com a experiência do aprendizado do velho Japão. Ele não comentou sua vontade com ninguém, ficou sisudo e pensativo; a ideia de seguir para o Brasil o perseguia, ele queria fazer algo diferente em sua vida, e o país estava na sua mira.

A mãe percebeu sua inquietação e, questionado sobre o que estava acontecendo, ele abriu o coração e confessou o desejo de partir. A princípio, ela se calou, olhando para o chão, depois levantou a cabeça e lhe respondeu:

– Você já é um homem feito! Vou sentir sua falta, mas, se seu destino é esse, siga em frente, cruze o oceano e vá para o lugar onde o sol nasce à noite! Quando o meu irmão e outros amigos foram embora para esse país, julguei nunca mais vê-los, no entanto, seu tio está muito bem de vida! O Brasil abriu as portas para eles, e eu só não vou para lá também porque seu pai jamais deixará o Japão por qualquer outro lugar do mundo, e o meu lugar será sempre ao lado dele, pois onde o marido é feliz, a mulher também será.

Era tudo o que ele precisava ouvir; a mãe, mulher sábia e equilibrada, apoiou-o e ele continuou atento às suas palavras:

– Seu tio me disse que trabalha muito, mas, que lá é considerado um homem rico. Quem sabe você também fica rico? Eu sonho ter um filho rico, sabia? – Disse a mãe brincando e abraçando o filho. – A única coisa que lhe peço é que você se case com uma moça da nossa terra. Não perca o juízo, não se envolva com as moças de lá. Não que elas sejam ruins, mas por terem costumes e criação bem diferentes da nossa cultura, você não seria feliz nem faria uma moça nascida por lá feliz! Siga os conselhos do seu tio e vai se sair muito bem.

Ele pegou as mãos da mãe e, feliz da vida, perguntou:

– A senhora me abençoa?

– Meu filho, vou abençoá-lo sempre! Mamãe vai sentir muita saudade, você vai fazer muita falta em nossa casa, mas, sabendo que está feliz, ficarei feliz também.

– Por favor, mamãe, prepare meu pai, assim, quando eu for lhe falar, ele vai estar ciente das minhas intenções e será mais fácil convencê-lo. Se a senhora falar com ele, tenho certeza de que minha partida para o Brasil será mais fácil.

– Claro, meu filho! Vou falar com ele, e sei que também vai abençoá-lo.

E ela continuou falando e animando o jovem:

– É bom os filhos serem diferentes dos pais em algumas coisas, pois dessa forma nos ajudam a compreender as mudanças.

– Assim que a senhora conversar com ele, vou pedir para entrar em contato com o meu tio! Está resolvido, vou para o Brasil e quando estiver bem de vida, volto para me casar e levar vocês comigo! O seu filho um dia será rico! – falou o rapaz, com alegria e entusiasmo, suspendendo a mãe nos braços. – Vou para o Brasil trabalhar e ganhar muito dinheiro. Meu tio me disse que todos os imigrantes japoneses que ele conhece estão com a vida encaminhada, e eu serei mais um!

Quando o pai soube da novidade, preocupou-se e só ficou mais tranquilo quando o irmão lhe prometeu que se Hideo não se adaptasse, não haveria nenhum impedimento para voltar ao Japão, pois as leis brasileiras não obrigavam nenhum estrangeiro a permanecer no país se não fosse seu desejo e que, se isso acontecesse, ele pagaria todas as despesas do sobrinho.

Afinal, chegou o grande dia, tudo estava pronto para a viagem. Os familiares lhe fizeram muitas recomendações. O avô lembrava que ele era o filho mais velho, não podia abandonar os pais, e caso um deles faltasse deveria voltar imediatamente para tomar as rédeas da família. Hideo concordou e fez um juramento de coração: trabalharia dia e noite, iria fazer de tudo para melhorar de vida, queria dar aos pais uma vida tranquila. Voltaria para buscá-los, com certeza...

A viagem foi longa, houve momentos em que ele pensava que estava louco, era uma viagem sem fim, só havia céu e água à sua frente. Pensou que se pudesse voltar atrás, voltaria. Não imaginara que uma viagem daquelas fosse tão cansativa, os dias e as noites demoravam a passar...

Suspirou aliviado quando foi informado de que a viagem havia chegado ao fim. Agora estava no porto de Santos. Sentiu como se arrancassem um espinho de sua alma. Não via a hora de colocar o pé em terra firme, abraçar o tio e começar nova vida. Tinha consciência do que o aguardava, seriam sacos e sacos de legumes para descascar e cortar. Caixas e caixas de verduras para lavar, pilhas e pilhas de pratos e talheres para lavar e secar, mas, mesmo assim, estava confiante de que tudo daria certo!

Depois dos procedimentos de praxe, orgulhoso, ele seguiu viagem com o tio, que lhe mostrava lugares maravilhosos. Horas mais tarde chegaram a São Paulo e foram almoçar em uma churrascaria. O tio orientou que ele poderia pegar a quantidade que quisesse de saladas, mas o melhor era servido nas mesas.

E isso ele comprovou ao ver os garçons passando de mesa em mesa e servindo os clientes à vontade. Ele nunca comeu tanto em sua vida! Ao chegar à casa dos tios lhe foi servido um chá para ajudar na digestão. Depois de conversarem sobre as questões da família, ele foi levado ao quarto do primo onde passaria a noite. Parece que a única pessoa que se sentiu incomodada com sua presença foi o primo, que só falou com ele o necessário, e no quarto não fez questão de ser nem um pouco gentil. Hideo deu graças a Deus que no outro dia começaria a trabalhar e iria morar no restaurante do tio, assim não incomodaria o primo.

No dia seguinte, seu tio o chamou. Ele olhou no relógio e lembrou que não havia mudado o fuso horário, conforme o tio lhe instruíra. Pulou da cama e acompanhou o tio, que lhe disse que fariam a primeira refeição no restaurante.

Andando pelas avenidas de São Paulo, trânsito lento, ele observava as pessoas e se lembrava das palavras da mãe: "As pessoas do outro lado do nosso país são bem diferentes de nós, jamais poderá dar certo um casamento entre pessoas com culturas e costumes tão diferentes". As mulheres eram bonitas, pareciam personagens de ficção, cabelos encaracolados, pele morena, negra, outras loiras... De fato, era uma mistura de raças que impressionava pela beleza.

O restaurante do tio era muito bem equipado, estava em um local muito bom e não deixava dúvidas: o tio era um homem próspero!

Foi apresentado aos funcionários que respeitosamente o cumprimentaram. Logo estava na cozinha demonstrando suas habilidades. O tio ficou impressionado e lhe perguntou onde havia aprendido tudo aquilo. Ele respondeu:

– Estagiei em alguns conceituados restaurantes do Japão só para aprender o que fazer com os peixes do Brasil.

Os colegas olhavam com admiração sua habilidade com a faca e os peixes. Ele comentava com orgulho que o Japão era uma nação conscientizada dos seus deveres, país onde os jovens trabalhavam com alegria servindo em qualquer departamento porque acreditavam que estavam aprendendo uma profissão e não que trabalhavam de graça! E seu tio traduzia tudo aos outros funcionários.

Em pouco tempo, ele já havia conquistado a confiança do tio, que não fazia mais nada sem pedir sua opinião sobre qualidade e quantidade. Ele começou a acompanhar o tio nas compras para a escolha dos produtos. O que ele aprendera no Japão e trouxera para o Brasil era testemunhado por quem trabalhava com ele. Os resultados podiam ser comprovados nos lucros que dobraram e nos salários que melhoraram para todos os empregados.

Ele trabalhava sem olhar para o relógio e, após certo tempo, instruía os demais colegas: precisamos desenvolver metas de trabalho que nos ajudem a ganhar tempo. Às vezes, ia dormir às duas horas da manhã e no outro dia às seis já estava acordado preparando o cardápio.

O tio vivia repetindo aos filhos que fora abençoada a hora em que resolvera trazer Hideo para o Brasil. Este notava que o primo baixava a cabeça e não respondia nada, algumas vezes até deixando claro que não gostava da presença dele em sua casa. Por esse motivo, quando os tios insistiam em levá-lo para passar um dia com eles, Hideo inventava uma desculpa, pois não queria criar um clima desagradável na família.

Morava no restaurante com mais três japoneses, todos conhecidos da família, que vieram do Japão tentar a vida no Brasil.

Um deles chamava-se Hiroshi e tinha a mesma idade de Hideo, por essa razão os dois combinavam em tudo, tinham as mesmas habilidades, os mesmos sonhos, e nas poucas horas de folga saíam juntos, eram como irmãos, não havia segredos entre eles. Hiroshi muitas vezes aconselhou o amigo a não interferir nas discussões entre o tio e o filho que, às vezes, largava o caixa do restaurante sem dar explicação e quando o pai o cobrava pelo trabalho ele respondia: "Peça ao seu querido sobrinho; ele não é maravilhoso?".

Quatro anos depois da chegada de Hideo ao Brasil o tio abriu um novo restaurante e colocou-o para tomar conta, mandando Hiroshi junto. Além dos salários, eles recebiam uma parcela nos lucros. Em dois anos, outro restaurante aberto, desta vez ele e Hiroshi eram os donos. Como sempre, o primo tentou envenenar o pai caluniando Hideo, dizendo que ele e Hiroshi roubaram o restaurante, pois caso contrário não poderiam ter montado um restaurante daquele porte em tão pouco tempo!

Hideo fez questão de comprovar todo o lucro obtido pelo tio e o valor que lucrou no acordo feito com ele. Também mostrou os ganhos de Hiroshi e provou que o que eles haviam ganhado fora suficiente para investir e adquirir alguns créditos no banco. O tio chorou e pediu muitas desculpas pelo filho. Afirmava que confiava plenamente no sobrinho, já com relação ao filho não podia dizer o mesmo.

Hideo continuou dando assistência ao tio, jamais seria ingrato com ele, que tinha muito orgulho da competência do sobrinho.

Depois de tanto tempo, o rapaz resolveu tirar alguns dias de folga para visitar os familiares que ficaram no Japão e o tio foi junto. Hideo levou muitos presentes brasileiros para todos os membros da família, porém, o presente maior para os pais foram as palavras do tio, que disse claramente:

— Boa parte do que tenho hoje devo ao filho de vocês!

A mãe de Hideo solicitou que ele escolhesse uma noiva, pois já era tempo de pensar em se casar. Ele deveria deixar o casamento acertado. Uma vez que estava bem situado na vida, precisava de alguém para cuidar dele e ajudá-lo a ser feliz.

Diante da insistência da família, ele pediu para conhecer as moças que estavam prontas para vir morar no Brasil. Foram-lhe apresentadas várias pretendentes e, por fim, ele escolheu uma moça chamada Hyoko, meiga, inteligente e discreta. Ficou tudo acertado entre as famílias que no próximo ano ele voltaria para se casar. Os pais de ambos os noivos viajariam com eles para conhecer o Brasil, e todas as despesas ficariam por conta do jovem.

Hideo olhava para a piscina e ria. Se alguém o observasse, acharia que ele estava louco! Recordava-se das lembranças de sua juventude; que confusão ele foi arrumar no Japão... Ainda bem que dois anos depois Hyoko se casou com o seu primo e estava muito bem casada. Ambos ficaram amigos e em família.

Ele relembrava como conhecera sua companheira: seis meses depois que tinha ficado noivo no Japão, fora apresentado para Maeva, filha de um amigo do seu tio. Os pais eram japoneses, mas ela era nascida no Brasil. Maeva era a mistura do sol do oriente com o sol do ocidente:

bela, alegre, descontraída, inteligente e bem diferente de sua noiva. Ele nunca imaginou que um dia seria tocado por um sentimento daqueles: passava dias e noites pensando nela e como iria desfazer o compromisso com a noiva japonesa. Compromisso nupcial era coisa de dignidade entre o seu povo.

Ele foi bem sincero com Maeva contando-lhe sobre o noivado. Os dois passaram a se encontrar às escondidas, pois ela sabia que os pais não aprovariam aquela decisão. Hideo pensava bastante, precisaria de coragem para contar ao tio a verdade; sabia o que iria acontecer, mas estava disposto a viver aquele amor.

Como poderia desfazer-se de um compromisso firmado em família? Como os tios receberiam aquele tipo de comportamento? Iriam desprezá-lo?

O tempo voava e ele precisava resolver a situação. E uma coisa era certa: por nada no mundo ele abriria mão de Maeva; deixaria tudo para trás, menos ela. O amigo e irmão Hiroshi lhe dava cobertura e lhe pediu permissão para interferir por ele e falar com o tio. Sugeriu que eles pagassem todas as despesas para o tio ir ao Japão indenizar a família da moça de alguma forma, e ele ficaria livre para viver o seu amor. Ele, então, aceitou a ajuda, não havia outra saída.

Ao saber do que estava acontecendo com o sobrinho o tio ficou furioso. Como poderia um rapaz de família fazer uma coisa daquela? Ele achava que os costumes de liberdade no Brasil não eram saudáveis, os jovens vinham para cá e, sem mais nem menos, comportavam-se como os brasileiros. Um compromisso era coisa sagrada, não podia se desfazer!

O que seria dos pais dele diante dessa vergonha? E o prejuízo da moça? Ela ficou esperando, fazendo enxoval, ele teria de reembolsá-la por todos os gastos, e a família que ficara sem casar a filha.

O primo aproveitou a oportunidade para colocar para fora o que sentia por ele, e comentou:

– É nisso que dá estender as mãos a parentes aproveitadores! Como o senhor vai ficar diante dos pais de Hyoko e de seus parentes do Japão?

Hiroshi se levantou e, sem aguentar a maldade do primo de Hideo, acabou interferindo na conversa:

– O seu primo nunca tirou proveito nenhum das oportunidades oferecidas pelo seu pai, ele retribui em gratidão e trabalho. Pense no que está falando, o fato não lhe dá o direito de fazer julgamentos. Se ele não fosse honesto, simplesmente não apareceria na data marcada nem daria nenhuma explicação às famílias japonesas! Quantos casos como este temos nos dias de hoje no Japão? O mundo mudou. Muitas moças comprometidas ficaram sem o casamento e sem qualquer remuneração monetária, e não é porque moro aqui que não estou a par do que acontece na minha terra.

O tio de Hideo passou a mão na testa, respirou fundo, e respondeu:

– Hiroshi tem razão. E você não foi chamado na conversa; portanto, fique calado antes que eu perca minha paciência! Não era isso o que queríamos, mas, se aconteceu, vamos resolver! Hideo é como se fosse meu filho. – E, olhando para o filho, continuou: – Pena que você não se pareça com ele, pois eu teria muito orgulho!

O filho saiu da sala batendo os pés no chão e resmungado algo que eles não entenderam.

Batendo de leve nas costas de Hiroshi, falou:

– Aceito sua proposta. Vou até o Japão com todas as despesas pagas por Hideo e levo para as mãos da família da moça uma boa quantia em dinheiro. Assim vou acalmar os pais dela! Quem disser que dinheiro não acalma uma situação dessa, está totalmente errado, pois com dinheiro pode-se resolver não apenas um problema, mas muitos! Enquanto isso, vocês e Hideo dobram os lucros dos meus restaurantes. Afinal, também mereço uma recompensa, não é verdade? Vou numa missão importante, mas nada me impedirá de aproveitar um pouco o meu precioso tempo.

Assim foi feito, a família de Hyoko aceitou as desculpas e o bom presente em dinheiro. A moça já estava com os olhos e o coração abertos para outro jovem da família. Agradeceu muito a Buda pelas bênçãos recebidas.

Os pais de Hideo vieram ao Brasil para o seu casamento com Maeva, e, um tanto desconfiada pela diferença de costumes da moça, a mãe abençoou o casamento e disse ter gostado bastante da noiva.

Os negócios iam cada vez melhor. O tio com seus restaurantes e ele e Hiroshi com o deles. Apesar de muito trabalho em seu próprio restaurante, ele nunca deixou de dar assistência ao tio. Fazia todas as compras e orçamentos para o tio e lhe prestava contas. Nunca tirou uma moeda do tio, que tinha total confiança nele.

Em cinco anos de casado Hideo e Maeva tiveram três filhos, seu filho mais velho chamado Marcos, sua filha única chamada Simone e o seu filho mais novo chamado Carlos. Eles optaram por colocar nomes bem conhecidos no Ocidente a fim de facilitar o convívio deles em sociedade sem ser confundidos com japoneses, pois, apesar da descendência japonesa, eles eram brasileiros.

Ele e o amigo Hiroshi receberam uma boa proposta para abrirem uma rede de restaurante no Havaí. Ele ficou balançado, mas pensou muito nos filhos, que eram brasileiros, tinham fisionomia de japoneses e teriam de começar nova etapa em outro país, o que poderia complicar a cabeça deles.

Hiroshi lhe propôs um negócio de irmão para irmão. Ele era solteiro e não pensava em casar-se tão cedo. Talvez depois dos quarenta e cinco poderia pensar no assunto. Iria para o Havaí e lá abriria o restaurante com suas economias. Venderia sua parte da sociedade para Hideo, que poderia pagá-lo mês a mês. Hideo aceitou a proposta dizendo ao amigo que se qualquer coisa desse errado, ele poderia voltar e ambos fariam nova sociedade.

Em menos de três anos Hiroshi ganhou mais dinheiro no Havaí que em toda sua vida no Brasil. Hiroshi doou aos filhos do amigo a quantia que Hideo devia a ele. Em passeio ao Brasil, disse que continuava solteiro e que só pretendia casar-se lá pelos cinquenta e tantos anos, uma vez que agora era rico e isso facilitaria arrumar um bom casamento!

Os filhos de Hideo cresciam e estudavam em uma boa escola, a educação estava em primeiro lugar. Os pais dele vieram algumas vezes visitar a família e eles também foram algumas vezes ao Japão. Os negócios lhe permitiram comprar uma excelente casa, além de algumas propriedades fora da cidade. Comprou também um excelente terreno em uma área considerada nobre, onde construiu um prédio moderno e vendeu os apartamentos. Conservou a cobertura, onde hospedava os parentes e amigos japoneses, e um apartamento para cada filho. Ele tinha orgulho em oferecer aos familiares e amigos o que tinha de melhor, era uma forma de mostrar sua gratidão por eles. Foi isso que ele aprendeu com seus pais: oferecer o melhor para as pessoas que amava.

Mesmo com suas economias, não deixava de trabalhar de sol a sol, de segunda a sexta-feira. Nos fins de semana também jogava xadrez com os amigos, participava de torneios e praticava esportes. Seus pais estavam idosos, mas cheios de vitalidade. Ambos se alimentavam bem e praticavam muitos exercícios, tudo isso os ajudava a viver melhor.

Agora Hideo se lembrava como havia se entristecido num certo tempo de sua vida, quando ouvira comentários que faziam a seu respeito. Alguns empregados brasileiros cochichavam dizendo que o japonês não confiava em ninguém! Que fiscalizava tudo. O que eles não entendiam é que ele recebera como educação, o zelo e o cuidado por tudo e jamais saía fechando uma porta sem antes verificar se a luz estava apagada, se a torneira não pingava, se as janelas estavam bem fechadas, se não havia sido esquecida alguma coisa fora do lugar. O sentido não era desconfiança, e sim prevenção!

A educação que ele recebera no Japão não fora deixada para trás; apesar de ter adquirido novos hábitos da cultura brasileira, não perdeu a educação que recebera em seu país. Ele agradecia muito ao Brasil pela vida feliz que tinha ao lado de sua família, porém, cultivava no coração e na alma, as tradições e os costumes de sua terra.

Verificando com mais cuidado se realmente estava tudo em perfeita ordem, lembrava-se da filha correndo pelo jardim atrás de borboletas e o seu amigo Hiroshi rindo e falando:

– Crianças como Simone nunca deveriam crescer; ela poderia ficar sempre essa garotinha linda brincando de pega-pega com as borboletas. O difícil é que a gente sabe que ela vai crescer e um dia se casar! E com quem será que vai se casar? Espero que tenha muita sorte para lhe dar bons netos e muita alegria. Preocupo-me com sua filha como se ela fosse minha também.

– Pois é, Hiroshi, eu amo e cuido da minha filhinha tão bem! Será que o homem que vai desposá-la será bom marido? Não faço questão que ela se case com japonês, apesar de que se vier a acontecer confesso que ficarei muito feliz, mas vou investigar bem o comportamento de quem um dia levará a minha filhinha. Olha quanta inocência correndo atrás das borboletinhas...

– Você sabe que pode contar comigo, os seus filhos são meus também. Vamos cuidar deles com cuidado e carinho.

– Realmente, Hiroshi, mesmo distante você não se descuida de saber como eles estão na escola e sempre se oferece para ajudar em alguma coisa! É um amigo e tanto!

Os anos se passaram. A filha completaria 22 anos e se formaria em Medicina Veterinária. Ela seguira sua vocação, era louca por animais. Maeva queria oferecer uma bonita festa para a filha, com o que ele concordou plenamente, ela merecia, pois era boa filha e aluna.

Além dos inocentes flertes sob o olhar do irmão mais velho, Simone nunca levara um namorado para casa. Era caseira e não dava um passo sem que eles não soubessem. Trabalhava com eles nos restaurantes que agora eram dois. Fazia questão de ter o seu próprio dinheiro, assim como os dois irmãos.

Naturalmente, alguém que não podia faltar na festa de formatura de sua filha era o seu amigo Hiroshi. Lembrou-se de que fazia cinco anos que ele não vinha ao Brasil e sua filha merecia a presença do tio mais querido. Muitos parentes do Japão também estavam a caminho, e a presença dele era fundamental.

O amigo confirmou presença dizendo que em uma ocasião tão especial como aquela, deixaria tudo para estar ao lado do amigo e que eles estavam ficando velhos. Ele não tinha percebido que Simone crescera e já ia completar 22 anos. Contudo, ele fazia questão de prestigiá-la.

A festa foi linda, muitos pretendentes estavam cobiçando a moça, que era linda, muito parecida com a mãe. Hideo só ficou mais tranquilo quando viu que Hiroshi estava cuidando dela o tempo todo.

Contudo, o que ele não esperava aconteceu. Passados os dias, ele estranhou que o amigo, que nunca havia ficado mais que três ou quatro dias no Brasil, desta vez estava havia mais de uma semana. E todos os dias ele ia à sua casa e ficava horas conversando com Simone à beira da piscina. Ele não desconfiou de nada, achou que o amigo a estava aconselhando.

No décimo dia de estadia do amigo, este o procurou pedindo para falar-lhe em particular e que o assunto era extremamente sério. Ele ficou pálido, será que a filha confessara alguma coisa errada para Hiroshi? Apressou-se em levar o amigo até o escritório.

Sentados um diante do outro, ele esperou o que o amigo tinha a lhe dizer. Este não perdeu tempo e logo entrou no assunto:

– Hideo, você sabe o quanto o respeito e que somos como irmãos, por essa razão jamais poderia mentir para você. O assunto que me traz aqui é Simone.

Hideo se levantou e, abrindo os braços quase implorou:

– Fale-me de uma vez o que está acontecendo com a minha filhinha! O que você está sabendo que eu não sei?

– Eu e sua filha nos apaixonamos e queremos sua bênção e autorização para nos casarmos.

Hideo ficou pálido, sentiu as pernas amolecerem e sentou-se na cadeira. Queria falar, mas a voz não saía.

Hiroshi continuou:

– Sei muito bem o que você está pensando: que sou um traidor, que não tinha direito de olhar para sua filha como mulher, mas não fiz de propósito, simplesmente descobrimos que temos muitas afinidades. Não sei se você vai me entender, sabe aquela mesma coisa que você sentiu quando conheceu Maeva? Aconteceu comigo e Simone, nunca senti isso por mulher nenhuma, tanto que sou solteirão, mas cheio de saúde, é claro! Por favor, não me odeie, não foi premeditado, simplesmente aconteceu. Eu quero me casar com sua filha e quero a sua permissão.

Naquele momento, a vontade era avançar em Hiroshi e apertar sua garganta até vê-lo morto. Contudo, a sensatez lhe chamou a atenção: "Sua filha está na idade de se casar, e Hiroshi é o melhor homem do mundo para ela, que quer casar com ele! Deixe-a ser feliz!".

Hideo procurou se acalmar. Chamou Maeva, os filhos e Simone, que confirmou estar amando Hiroshi. Maeva ficou pálida, mas logo se refez do susto e, virando-se para a filha, perguntou:

– Você não está encantada com a presença de Hiroshi e pensa ser amor?

– Não estou encantada nem enganada, mamãe. Estou de fato amando Hiroshi e quero me casar com ele.

Maeva se lembrou de que quando conheceu Hideo também soube de imediato que queria se casar com ele! Sua filha era muito parecida com ela.

Os irmãos simplesmente ouviram. Marcos parecia assustado, o tio Hiroshi iria se casar com a sua irmã? Ele não entendia mesmo de mulher. O tio Hiroshi não seria velho demais para ela?

Depois do susto, meses depois, a jovem teve uma bonita festa de casamento com parentes de ambas as partes vindos do Japão para participar da cerimônia.

A moça foi embora para o Havaí. Hideo lembrou-se dos primeiros dias sem Simone. A casa parecia silenciosa e vazia, a sua menininha fora embora. Muitas vezes, ele chorou escondido, sentindo falta dela.

O filho mais velho era engenheiro e não parava de estudar. Foi para os Estados Unidos fazer um curso e acabou ficando por lá. Ele se comunicava com os pais constante-mente. E qual não foi a grande surpresa no dia em que ele deu a notícia para os pais:

– Sou engenheiro da NASA e desenvolvo um traba-lho muito importante para a humanidade.

Hideo sentia a falta do filho, mas ao mesmo tempo se orgulhava de saber que ele ocupava um lugar importante na mais conceituada organização do mundo: a NASA.

O filho mais novo continuou com eles, trabalhando nos restaurantes e cursando o segundo ano de Medicina. Tudo ia bem, Carlos era calmo, tranquilo e muito aplicado, nunca lhe deu preocupações.

Hideo suspirou fundo, lembrando-se do susto e do desgosto que sentiu quando o filho mais novo lhe infor-mou de que estava deixando o curso de Medicina e que iria abraçar o celibato. Queria ser padre, nos leitos dos hospitais. Como estudante de Medicina, descobrira que sua vocação maior era tornar-se médico da alma.

Os pais fizeram de tudo para tirar aquela ideia da cabeça, até lhe ofereceram pagar seus estudos nos Estados Unidos, Ha-vaí, Japão ou qualquer outro lugar do mundo que escolhesse, mas nada fez com que ele desistisse da ideia de ser padre.

Um psicólogo foi chamado e Hideo pressionou tanto o filho que este aceitou fazer análise com o conceituado profissional. Contudo o moço se manteve firme em seu de-sejo, e o pai não teve alternativa a não ser aceitar vê-lo arru-mando as malas e se transferindo em busca de seus sonhos.

Hideo se lembrava do sofrimento dele e da esposa, que nunca foram católicos. Eles eram budistas e se perguntavam de quem o filho herdara aquilo? Não seria influência da cultura do país? O fato é que não encontravam justificativa que os convencesse.

Os amigos e parentes da colônia japonesa se reuniram várias vezes para conversar com o rapaz. Por fim, ele convenceu a todos que de fato estava certo e consciente em sua escolha.

Certo dia, pegando um sushi, disse:

– Se eu estivesse no Japão com certeza seria um monge, mas no Brasil optei por ser padre, e, pelo amor de Deus, não estou deixando de ser o filho, o irmão, o amigo de vocês; continuo sendo eu mesmo. Vou continuar gostando de sushi, de nadar, de chá verde, de correr nas competições, e vou querer ganhar de vocês!

Todos se entreolharam. Ele pegou um copinho, encheu de saquê, pediu licença ao pai, e virou de uma vez na boca!

– Olhem, eu não virei santo, viram? Dá para vocês entenderem que ser padre não é deixar de existir como ser humano e sim trabalhar em prol desse ser humano?

Naquela tarde, noventa por cento dos convidados de Hideo se convenceram de que não era o fim do mundo o caminho escolhido pelo filho. Ele abraçaria uma vida diferente da maioria das pessoas, tinha o direito de fazer sua opção! Poderia ter escolhido casar-se e ter filhos, mas sua opção foi outra: não casar e não ter filhos carnais; amar a todos os filhos de Deus como se fossem seus. Nem por isso deixaria de estar presente na vida da família, isso ficou muito claro, não deixaria de ser o filho que sempre fora, o irmão e amigo de todos.

Com essas lembranças, Hideo acabou de dar a volta no jardim; verificou os vestiários; o salão de jogos; a sala de ginástica. Tudo estava em perfeita ordem. Passou mais uma vez próximo à piscina para certificar-se de que tudo estava certo. Ele tinha esse hábito: gostava de tudo em seus devidos lugares.

Antes de deixar o jardim, viu que Maeva lhe acenava. Ele, então, dirigiu-se até ela.

– Marido, por favor, venha me ajudar, vamos olhar os dormitórios e banheiros para checar se está tudo em ordem.

Juntos, olharam todos os aposentos. No aposento do de Marcos, Hideo chamou atenção da esposa:

– Está faltando papel, cesto para o lixo e uma luminária! Esqueceu que o gênio acorda de madrugada para desenhar suas ideias?

A esposa arregalou os olhos e respondeu:

– Tinha esquecido! Acho que ele continua com as mesmas manias; puxou ao pai, que acorda no meio da noite para verificar se apagou a luz da cozinha...

Hideo respondeu em tom de brincadeira:

– Ou à você, que sempre chama pelo pai dele para dar uma olhada no que está faltando, e o pior é que sempre está faltando alguma coisa!

Tudo em ordem, os dois foram fazer a primeira refeição no jardim de inverno. Todos os canteiros estavam floridos, o perfume das flores exalava pelo ambiente.

– Será que Marcos vem mesmo, Hideo? – perguntou preocupada a esposa.

– Sinceramente? Espero que sim – respondeu ele. – Esta ocasião é tão importante! É como se fosse o casamento do irmão caçula! Ele mesmo nos disse que o dia da ordenação é o dia do casamento com a igreja, então é importante que a família esteja presente. Deixei bem claro para Marcos que ele precisava estar do nosso lado, ainda mais sendo o filho mais velho. Nossos parentes e amigos do Japão vieram ao Brasil só para esse acontecimento, imagine que desgosto se o irmão não aparecer.

– Se Deus quiser, ele há de vir – respondeu a esposa cheia de esperança –, é que Marcos gosta de nos pregar surpresas. Você verificou se está tudo em ordem com nossos parentes?

– Fique tranquila, pedi aos empregados que qualquer coisa ligassem avisando. Estive lá pessoalmente e estava tudo bem. Para falar a verdade, nós dois nos acostumamos com esta casa, mas, em questão de conforto, a cobertura não fica atrás em nada e ainda conta com uma diferença: não dá tanto trabalho! Estou falando só por falar, sei que você não gosta de apartamento – completou ele.

– Isso é verdade, não me acostumaria morar em apartamento, gosto de acordar e colocar o pé na terra, você sabe, prefiro me sentir no chão, sei que seria mais confortável, seguro, porém, mesmo assim, prefiro todo o trabalho que tenho nesta casa.

Onze horas da manhã o telefone tocou. Hideo apressou-se para atender; a esposa ficou prestando atenção em suas palavras. Era a filha avisando que dentro de uma hora estariam chegando. Estava desembaraçando as malas. Pediu que os pais não se preocupassem, chegaria a tempo para o almoço. E que não era necessário irem ao aeroporto, o marido contratara um motorista que ficaria à disposição deles em São Paulo até o término da viagem.

– Essa nossa filha não dá mesmo trabalho! Graças a Deus casou-se com a pessoa certa, não temos o que lamentar – redarguiu ao desligar o telefone.

–Vamos nos apressar para nos arrumarmos, pois daqui a pouco nossos netos estarão aqui! Nossa filha está chegando, graças a Deus! – falou Maeva apressada, deixando a sala.

Enquanto isso, no aeroporto, Marcos comentava com a irmã:

– Será que agimos certo não contando para eles que vamos chegar juntos?

– Ah, Marcos! Acho que eles não sofrem do coração! Uma surpresa como essa só vai lhes fazer bem. Estou até imaginando a cara deles vendo você descendo do carro – disse a irmã.

Hiroshi, de mãos dadas com a filha que vivia agarrada a ele, comentou:

– Grande mesmo foi a minha alegria com a surpresa que você nos fez! Eu tinha uma mágoa, pois você nunca tinha ido nos visitar. Sua chegada em nossa casa foi um valioso presente. Só falta agora receber a visita do senhor padre. É assim que eu vou tratar o meu cunhado, e quero que os meus filhos também tenham por ele o mesmo carinho e respeito. Para nós, é um orgulho ter alguém assim na família.

– Cunhado, não foi por falta de vontade nem de amor que deixei de visitá-los. Estou devendo uma visita até para meus pais, que mereciam mais a minha presença. Você nem imagina o que é a minha vida, casei-me com a

NASA e ela cobra a minha presença vinte e quatro horas por dia. Você acredita que às vezes fico dois meses sem sair dos laboratórios?

— Acredito. Deve ser uma fábrica de loucos — respondeu Hiroshi.

O menino, que só ouvia a conversa, olhou para o tio e falou:

— Posso lhe fazer uma pergunta?

— Claro, Ryan, todas! — respondeu o tio.

— Meu maior desejo é conhecer a NASA. Você poderia me levar? Já sonhei várias vezes com foguetes subindo e clareando o céu.

— Farei tudo o que estiver ao meu alcance para você realizar seu sonho: visitar a NASA!

— Oba! Como é bom ter um tio hiperimportante!

— Epa! Quem disse ao mocinho que seu tio é hiperimportante?

— Ah, eu acho que alguém que não é americano e trabalha na NASA é megaimportante!

— Bem, você tem suas razões, mas vamos deixar para falar da NASA depois. Estou aqui para apertá-lo — disse isso levantando o garoto no ar.

Chegaram ao carro e entraram. Logo estavam atravessando as avenidas movimentadas de São Paulo, ansiosos por chegarem à casa dos pais.

Despedida de Carlos

O seminarista Carlos arrumava os seus pertences; olhava para os lados e já sentia saudades de cada cantinho. Os colegas observavam-no. Eles iriam sentir muito a falta do amigo.

Um deles, que ajudava Carlos a fechar a mala, perguntou:

— Você vai dormir na casa de seus pais? É uma despedida de solteiro?

— Eu tenho certeza de que você está totalmente certo em sua escolha, meu amigo. Vou rezar muito a Deus para encontrar essa força que lhe ajudou no caminho que segue agora.

— Conte sempre comigo. Não estou me separando de vocês e sim me preparando para ajudá-los na caminhada que os esperam amanhã.

O seminarista tinha um olhar melancólico. Contudo, seus olhos negros e puxadinhos, como diziam os colegas, demonstravam firmeza absoluta na sua fé. Ele puxou e arrumou bem o lençol da cama. Sabia que aquele seria o leito de outro seminarista que como ele chegaria ali apenas com a fé e a vontade de encontra-se consigo mesmo.

Como seminarista, foi à última audiência com o superior. Depois de conselhos amorosos e uma bênção especial, ele se retirou, passou na secretaria e recebeu as últimas instruções quanto aos horários para os rituais litúrgicos.

Foi até o aposento e abraçou todos os seminaristas. Pegando sua pequena mala, como sempre bem-humorado, revelou:

—Vocês veem as vantagens de ser um seminarista? Toda nossa bagagem cabe em uma pequena mala que podemos transportar facilmente!

Deixou o prédio rapidamente, dirigindo-se para um ponto de ônibus. Não avisou os pais, pois se tivesse avisado, com certeza teriam ido buscá-lo de carro. Queria fazer surpresa, não tinha pressa, talvez os irmãos já estivessem por lá, e ele pensava muito em abraçar os sobrinhos.

"Interessante", pensou Carlos, "não sinto nenhuma falta do conforto de minha casa, apenas sinto saudades do convívio em família, do carinho de minha mãe e do jeito sério e ao mesmo tempo amável de meu pai".

Enquanto aguardava para atravessar a avenida, observava o corre-corre das pessoas de um lado para outro e se lembrava dos tempos em que saía com a turma do colégio; era divertido. De repente, uma moça lhe chamou a atenção, era muito parecida com Bruna, uma garota por quem fora apaixonado por muito tempo e nunca tivera coragem de revelar o seu amor, sua paixão. Bruna tinha os cabelos loiros e os olhos verdes; era diferente das outras meninas. Sempre gentil e prestativa, tirava as melhores notas do colégio. Nos trabalhos em grupo era disputada por todos do grupo e, na verdade ajudava a todos. Na festa de formatura ela lhe disse que possivelmente deixasse o Brasil e fosse viver com o pai nos Estados Unidos. Ainda não estava certa, apenas havia essa possibilidade. Ele lhe desejou boa sorte com o coração apertado, e no íntimo se questionou o que teria acontecido se tivesse revelado seu amor por ela. Ela talvez seguisse outro caminho...

Tempos depois, quando já estava na faculdade de Medicina, encontrou um ex-colega que lhe contou que Bruna havia deixado o Brasil e estudava Medicina também. Por muito tempo ela viveu em suas lembranças, até o dia em que ele encontrou Cristo de braços abertos convidando-o para segui-lo.

O farol abriu e Carlos atravessou a avenida indo para o ponto de ônibus. A sua indumentária chamava a atenção dos passantes, que olhavam pra ele com certo carinho e respeito. Assim que o ônibus abriu a porta para a entrada dos passageiros ele correu para ajudar uma senhora idosa a se acomodar. Ela lhe agradeceu e acrescentou:

– Deus sempre envia um dos seus anjos para nos ajudar.

Chegando próximo à casa dos pais, Carlos desceu do ônibus e se dirigiu à alameda em que ficava a residência. Depois de ter andado quase vinte minutos, avistou a mansão onde passara a infância. Cumprimentou o casal de vizinhos que estavam na rua. Eles ficaram felizes por vê-lo e disseram que estariam na igreja para prestigiar o novo sacerdote; haviam recebido o convite dos pais dele.

Diante da mansão, tocou a campainha e a antiga babá veio atendê-lo. Emocionada, ela abriu os braços exclamando:

– Meu filho, que alegria tê-lo aqui! Venha, a mesa está sendo colocada para servir o almoço.

– Meus irmãos chegaram, Marina? – questionou ansioso.

– Continua curioso como sempre, não é, Carlinhos? Vamos entrar e lá dentro você confere quem está aqui!

Ao entrar na sala todos vieram correndo em sua direção, ele abraçou um a um.

A sobrinha, olhando para ele, perguntou ao pai:

– Por que ele usa essa roupa estranha?

Hiroshi olhava para o cunhado e não encontrava resposta para dar à filha. Carlos, abraçando a menina, respondeu:

– Lya, no restaurante do seu pai todos os funcionários usam uniforme?

– Sim, até meu pai usa; e também um chapéu quando está na cozinha.

– Então você vai entender o que significa esta roupa: é um uniforme da igreja.

– Ah! Agora entendi. Você vai se tornar padre é por esse motivo que nós viemos, e também para visitar nossos avós.

O irmão da garota, que só ouvia a conversa, virou-se para o tio Marcos e perguntou:

– Você usa uniforme na NASA?

– Claro que uso! Uniforme, crachá, capacete, botas e, às vezes, luvas!

– Você tem fotos para nos mostrar?

– Muitas. Depois do almoço mostro a vocês.

A refeição foi servida. A mãe mandara preparar o prato preferido de cada um. Após o almoço, os pais convidaram os filhos e genro para irem descansar no jardim e conversarem. As crianças, acompanhadas da governanta, andavam pelo jardim brincando e desbravando as coisas novas dentro e fora da casa.

Marcos falou sobre o trabalho na NASA. Explicou que gostava do que fazia, que todos os dias tinha algo novo e que ele sempre gostou de aventuras. Vivia bem e como não gastava praticamente nada, conseguira juntar uma pequena fortuna. Tinha um apartamento bem montado, mas quase não aparecia por lá. Sua vida era dentro das dependências da NASA.

Simone contou sobre os filhos. Eles eram crianças boas e muito estudiosas. Ela e o marido não podiam reclamar da sorte, o futuro dos filhos estava garantido e ela sentia-se extremamente feliz ao lado de Hiroshi.

Carlos ouvia os irmãos e dava graças a Deus. Sua família, apesar de não seguir os mesmos passos dele, tinha fé, era budista e respeitava as outras religiões.

A mãe, tocando em seu braço, pediu:

– Carlos, fale-nos algo sobre a sua vida, meu filho! Não sabemos se você está mesmo feliz e decidido a fazer esse juramento. Estamos aqui reunidos em família e como sua mãe eu lhe peço, filho: ainda dá tempo de você mudar a história de sua vida! Se não quiser fazer o juramento, estaremos do seu lado. Eu quero ver meus filhos felizes.

Carlos se levantou, abraçou a mãe que estava sentada, e com muita serenidade respondeu:

– Não tenho nenhuma dúvida quanto à minha decisão, minha mãe. Contudo, fico muito feliz em ouvi-la, seu apoio é tudo o que preciso em minha vida. Quando tomei a decisão de abraçar o celibato não foi simplesmente movido pelas emoções, mas tocado profundamente em meu coração. Amanhã não será o dia mais importante da minha vida, porque esse dia foi quando nasci, e só consegui chegar a este caminho porque fui encaminhado por duas pessoas maravilhosas: vocês, meus pais. Como já disse várias vezes, o fato de me tornar padre não vai mudar os meus sentimentos em relação a vocês. Serei sempre o filho, o irmão, o cunhado, o tio, o amigo. Continuo gostando e não gostando de muitas coisas, não vou me tornar um santo e sim um padre consciente de que poderá desenvolver um bom trabalho para a sociedade em que vive. Vou me beneficiar também, pois vou me sentir melhor comigo mesmo sabendo que estarei sendo útil. Quero que vocês entendam que o chamado de Deus não é dirigido para alguns dos seus filhos e sim para todos. Eu fui tocado em meu coração vendo tanto sofrimento nas pessoas, doentes buscando desesperadamente por Deus, por meio de palavras firmes e verdadeiras. Não vou deixar de ser um médico, serei um médico das almas. Quero cuidar das pessoas, desejo que elas melhorem e voltem à casa do Pai, curadas.

Todos o ouviam respeitosamente demonstrando muita consideração. A mãe se levantou e o abraçou.

– Seja feita a sua vontade, meu filho! Se Ele o escolheu é porque somos abençoados e merecedores de Sua confiança. Se for este o seu desejo, vamos abençoá-lo e ficar ao seu lado. Tudo o que mamãe almeja é que vocês sejam felizes.

E, falando em cada um encontrar o caminho, preocupo-me com você, Marcos. Já está na idade de pensar em formar uma família e ter filhos. Precisamos ter outros netos, e sua irmã já fez a parte dela nos presenteando com estes anjos, que hoje alegram nossa casa.

Marcos, passando a mão pela testa e rindo, respondeu:

— Mamãe, não me pressione desse jeito diante do padre! Ele pode me induzir ao casamento!

Simone, em tom de brincadeira entrou na conversa:

— Marcos, não disfarce; conte-nos, você namora alguma astronauta, fale-nos um pouco dos seus segredos amorosos.

— Gente, vocês me deixam encabulado, mas se é para o bem geral da família vou lhes contar um segredo: namoro uma colega de trabalho, gosto dela, damo-nos muito bem. Ela é grega, porém ainda não tive a oportunidade de conhecer o país dela, talvez nestes próximos meses iremos até lá. Não estou pensando em casamento! Pelo menos por enquanto! Cilene é uma moça extraordinária. Elegante, bonita, inteligente, tem uma conversa agradável e é muito amiga.

— Tem foto dela para nos mostrar? Fiquei curiosa para conhecer sua namorada. Sei que as mulheres gregas são muito bonitas — comentou a irmã.

Ele puxou a carteira e, exibindo a foto da moça, completou:

— Olhe aqui a minha namorada, o que você acha?

— Uau! Não acha que é demais para você, japonês? — brincou Simone, passando aos demais membros da família a foto da moça.

– Para o seu governo, cara irmã, este japonês aqui é muito disputado entre as mulheres!

A conversa transcorria em clima de alegria. Os amigos Hideo e Hiroshi falavam de negócios. A mãe foi até a cozinha preocupada com o lanche da tarde e o jantar.

As crianças eufóricas percorriam os arredores da casa e admiravam cada coisa que encontravam.

Hideo sugeriu que todos fossem descansar ao menos umas duas horas. Era tempo suficiente para relaxar a musculatura do corpo e acalmar a mente.

As crianças seriam chamadas. Elas também deveriam ir ao quarto para ficarem em um único espaço.

Todos concordaram. As crianças entraram na casa rindo; tinham as bochechas vermelhas do sol. Falavam ao mesmo tempo das coisas novas que encontraram.

A menina, olhando um tanto desconfiada para o tio, perguntou:

– Você só fica com essa roupa? Não usa *short* nem camiseta?

Ele, abraçando a pequena, respondeu:

– Claro que uso, Lya! Nem sempre uso estas roupas, às vezes visto calça, camisa, igualzinho seu pai.

O menino, prestando atenção nas explicações do tio esperou o assunto terminar e levantou a mão conforme o pai havia lhe ensinado.

O tio, orgulhoso pela educação do sobrinho, respondeu:

– Pode fazer sua pergunta, Ryan.

– Tio, o senhor namorou antes de ser padre?

— Claro! Quando estava no colégio tive várias namoradas! Quando resolvi ser padre estava namorando uma moça, conversamos, e ela entendeu minha escolha. Casou-se com um amigo nosso, já tem um filho e continuamos amigos.

— Mas você a beijava na boca? — interrogou o garoto.

A mãe interveio:

— Ryan? Isso é pergunta que se faça?

Carlos calmamente respondeu:

— Simone, não se pode mentir nem enganar. Se ele me fez a pergunta vou responder com sinceridade para que ele possa assimilar o que quer dizer livre-arbítrio. Ryan, você é muito inteligente e já compreende muitas situações. Quantos anos você tem?

— Dez anos, o senhor esqueceu?

— Não, não esqueci. Por isso mesmo não posso mentir para você, inventando uma história qualquer. Eu namorava como todo mundo. Abraçava, beijava, sentia ciúmes, ia ao cinema, à praia, tomava banho de piscina, viajava e, muitas vezes, dormia com ela na mesma cama, entendeu?

— Acho que sim. Então o senhor é um homem igual ao tio Marcos, não é mesmo? Só que resolveu não casar nem ter filhos, é isso?

— Parabéns! Você é um garoto muito inteligente e especial — disse Carlos, alisando os cabelos do menino.

— Obrigado, tio, por ter respondido às minhas perguntas. É que falam muitas coisas sobre padres e eu nunca acreditei.

— É mesmo? Falam muitas coisas sobre os padres?

– Sim! Que eles são padres para fugir do casamento etc. Essas coisas que eu não quero falar, mas, eu sei! Agora o senhor me explicou, acho que eu entendo o que leva alguém a desejar ser padre: é a vontade de não viver só para si ou mais alguém, mas sim se dividir para todas as pessoas. Isso não é para qualquer um, somente para quem é muito especial como o senhor. Eu tenho muito orgulho de ter um tio padre.

Depois do descanso, a família resolveu discutir sobre os preparativos do dia seguinte. Marcos entregou presentes a cada membro da família. Para o irmão Carlos, ele trouxe um terço trabalhado em pedras preciosas, porém ainda se questionava o que levara o irmão a seguir a igreja. Contudo, se ele havia feito essa opção de vida, ele precisava respeitá--lo, mesmo não entendendo.

O relógio acusava vinte e três horas, todos já estavam em seus aposentos. Hideo, como sempre, saiu em silêncio e examinou cuidadosamente todos os recintos. Abriu a porta com cuidado e saiu para conferir a parte externa da casa.

Olhou para o jardim, estava tudo claro, a luz da Lua cheia brilhava sobre a piscina. As águas balançavam suavemente formando pequenas ondas. Rindo, ele observou que a neta havia deixado um chinelo perto do canteiro; abaixou-se e carinhosamente recolheu. Estava tudo em perfeita ordem, iria fazer seu exercício e dormir tranquilo, em paz e muito feliz com seus filhos e netos, que enchiam sua casa de alegria. Pensava em como valera a pena ter vindo para o Brasil! Tudo o que ele tinha de melhor na vida fora conquistado no Brasil: trabalho, esposa, filhos...

O futuro padre, de joelhos, olhos fechados, orava e pedia à Suprema Corte Celestial proteção e bênçãos na sua ordenação. Ele tinha aberto o seu coração para o Pai e iria servi-Lo por toda a vida. Não era nenhum sacrifício, sentia muito amor no coração. Já havia uma pequena igreja do interior à sua espera, seria o seu primeiro rebanho. O bairro era pobre e as pessoas muito carentes. Ele pretendia fazer um bom trabalho, ajudando as famílias a desenvolverem meios de aumentar a renda familiar com trabalhos artesanais, corte e costura, cerâmica, hortas comunitárias entre outros.

Naquela noite, as crianças dormiram logo, vencidas pelo cansaço; os adultos, ansiosos e tensos, demoraram um pouco mais para adormecer.

O último a dormir e o primeiro a sonhar foi Carlos.

Sonhou que estava na estação de trem de uma pequena cidade e ao se aproximar do balcão de passagens deparou com Bruna, sua antiga paixão. Eles se abraçaram, não falaram nada, e se olhando nos olhos beijaram-se. Ele sentiu desejo de ficar ao lado dela por todo o sempre.

Acordou sobressaltado. Transpirava e o coração estava disparado. "Meu Deus!" Passou as mãos nos lábios, parecia que ainda sentia o gosto do beijo de Bruna. Pegou um copo com água e ingeriu lentamente. Ajoelhou-se no tapete de mãos postas e, rezando, pediu ajuda do Senhor, pois sabia que se preparava para o cordeiro e que de todas as formas seria tentado até o fim. Olhou para o relógio: três horas da manhã. Decidiu que não voltaria para a cama, permaneceria em oração até amanhecer o dia.

Às seis horas da manhã todos se preparavam para a grande cerimônia. Carlos estava pálido e trêmulo, desde às cinco horas da manhã ele andava pelos jardins, sentindo um aperto no coração. Os pássaros deixavam os ninhos e voavam para longe, ele também deixaria sua casa para viver como os pássaros: sem destino certo, mas com a certeza que estaria com Cristo.

Os carros seguiram o cortejo até a igreja, o seminarista foi até o confessionário e revelou o sonho que o havia deixado sobressaltado. O bispo abençoando-o, afirmou:

— Deus testa seus filhos até a última hora para não haver enganos. O que você sentiu em sonho poderá sentir acordado se não estiver seguro em sua escolha.

— Não, pelo amor de Deus, não! Jamais renunciaria a minha fé por nada, prefiro a morte.

— Acalme-se, meu filho, somos tentados diariamente de todas as formas, dormindo ou despertos. Para vencer o inimigo que mora dentro de nós, precisamos orar diariamente e confessarmo-nos com Deus. Você é um jovem seguro e confiante na palavra do Senhor, e nós estaremos sempre de braços abertos amparando uns aos outros.

O religioso fechou os olhos e ficou em silêncio por alguns instantes, colocando a mão na fronte do jovem candidato a beber na taça do Mestre. Depois continuou:

— Meu filho, seguir os passos do Senhor não é tarefa fácil para nenhum homem... Renunciar ao conforto de um lar, aos prazeres da carne é somente a quem tem força de espírito para vencer os desejos da carne, só esse consegue seguir pelo caminho tortuoso que nosso Senhor Jesus Cristo passou. Ele não quer nenhum pastor triste pelos caminhos. Para segui-Lo e servi-Lo é necessário ter o dom da renúncia sem sofrimento, tem de ter fé, amor e muita devoção. O pastor deve sempre dar exemplos de alegria, determinação e coragem. É seu dever animar o rebanho que vem em seu caminho (a igreja). É necessário plantar diariamente em seu coração a semente da misericórdia e do perdão, além de alimentar o rebanho faminto no espírito com palavras sábias e coerentes às necessidades de cada um. Lembre-se, meu filho: Jesus pediu e ordenou aos seus discípulos dizendo-lhes: "Eu os fiz meus discípulos e vocês devem fazer novos discípulos nos quatro cantos do mundo". Ainda é tempo, meu amado filho, de pedir perdão e voltar atrás; alimente seu espírito de oração diante da imagem de Jesus e sua venerável mãe. Vá até o altar e ore; depois, retorne ao confessionário. Ficarei em oração pedindo ao Senhor que lhe mostre a chave da porta que deve atravessar.

Vinte minutos depois, o jovem seminarista estava de volta ao confessionário. Seu hábito estava molhado de lágrimas e suor, porém, no coração uma paz imensa. Diante do altar, olhando a imagem de Jesus, ele não teve nenhuma dúvida: jamais deixaria de seguir o Homem da Cruz, nada no mundo era mais digno ou importante que a sua fé em Jesus Cristo, ele estava pronto para ajoelhar-se diante do pastor e receber as ordens vindas do Altíssimo.

A cerimônia de ordenação do filho de Hideo foi algo que marcou a vida dele por todo o sempre. Nunca imaginou que iria sentir tanta emoção como naquele momento que também se ajoelhou e viu seu filho jurando honrar os princípios de São Pedro, amando e defendendo a igreja como a Casa do Pai em Terra. Amando seus filhos e filhas como o próprio Cristo. Auxiliando famílias e orientando pais e filhos.

Depois da cerimônia de ordenação os parentes e amigos puderam abraçar o novo padre e receber as bênçãos e felicitações de todos os religiosos presentes.

O padre Carlos abraçou os familiares e despediu-se de todos. Abraçando um por um disse que logo iria informá-los sobre o local onde começaria a juntar seu rebanho e que eles fossem em paz. Em seguida, deixou o altar acompanhado dos outros religiosos.

Os familiares saíram da igreja enxugando as lágrimas e em silêncio. No carro, Lya os observava. Por fim perguntou:

– Hoje não seria um dia muito especial para nossa família? Estou vendo que vocês choraram o tempo todo, apenas eu e o Ryan não ficamos tristes!

A mãe a abraçou e respondeu:

– Minha querida, choramos de alegria. Estamos emocionados! Realmente, hoje foi um dia muito feliz para nossa família. Os adultos são assim, minha filha, choram de tristeza e de alegria!

Hideo, abraçado à esposa, procurava conter a emoção e as lágrimas. Marcos, sempre alegre e brincalhão, seguiu calado durante todo o trajeto.

Chegando à mansão, Hiroshi propôs:

– Gostaria de convidá-los para almoçar no melhor restaurante brasileiro! O restaurante do meu amigo Hideo.

Marcos e a irmã se entreolharam e entenderam que Hiroshi estava tentando quebrar a melancolia que tomara conta dos pais do agora padre Carlos.

– O que vocês acham crianças? – perguntou Simone.

– Legal! – responderam os dois de uma só vez.

Marcos, disfarçando a emoção, virou-se para os pais e perguntou:

— Vocês concordam?

Foi Hideo quem respondeu:

— Vocês ouviram o que o padre disse, que devemos seguir com alegria nosso caminho, e não colocar tristezas na caminhada, pois isso seria uma barreira que atrasaria nossa chegada. Então, acho que devemos ir, não é, Maeva?

— Sim, devemos ir. Não perdemos o nosso filho, ele ficará feliz quando souber que fomos comemorar a sua festa de casamento com a igreja. E você, Marina, como segunda mãe do meu filho, deve nos acompanhar da mesma forma que foi à igreja, e não invente desculpas!

— Ah, senhora! Eu estava pensando em preparar alguns quitutes para as crianças e bater o bolo de nozes que o Marcos e a Simone gostam.

— Amanhã você faz tudo isso. Hoje é um dia especial e você deverá dividir conosco essa alegria; afinal, você me ajudou a preparar o pastor para Cristo, não foi isso o que ouvimos hoje?

— Está bem, eu vou com vocês. Já vi que não adianta eu dizer mais nada, o que não faço por esse nosso menino? Sou uma pessoa abençoada, ajudei a criar um padre, nem acredito nisso!

Nova Morada

Uma semana depois, padre Carlos estava sendo apresentado para a comunidade de uma pequena igreja no interior de São Paulo. Os fiéis o olhavam com receio, por ser japonês! Nunca haviam tido um padre japonês!

Nos velhos bancos da humilde igreja outros japoneses eram observados: a família do padre.

Padre Carlos surpreendeu os fiéis com as palavras que saíam de sua boca, parecia uma mensagem do próprio Mestre. No término da missa, muitos se dirigiram até ele, agradecendo e dando-lhe boas-vindas. As autoridades da cidade estavam presentes e se colocaram à sua disposição.

A família ficou pacientemente esperando. Deram-lhe sinal para que atendesse ao seu rebanho e com alegria constataram o quanto ele já estava sendo benquisto por todos.

Terminado o compromisso social, o padre convidou a família para conhecer a casa paroquial, sua nova morada. Era uma casa pequena, simples, antiga, com poucos móveis, sem conforto nenhum. A mãe empalideceu, pois o filho iria viver privado de muitas coisas.

Percebendo a decepção da mãe e o olhar preocupado do pai, ele disse:

— Vocês viram que a cidade é pequena, as pessoas humildes, muitas carentes. Terei de trabalhar muito, também atenderei os povoados próximos daqui. Voltarei apenas à noite, fiquem tranquilos que para um padre esta casa atende a todas as minhas necessidades.

O padre levou a família para conhecer a horta no fundo da casa. Era de fato uma beleza, o pai ficou encantado e até já via com outros olhos a residência.

— Olhando de fora não imaginamos que este terreno é tão grande! A horta realmente é a coroa da casa — disse Hideo.

— Pois é, pai, o outro padre teve de abandonar a comunidade por motivos de saúde, mas deixou de herança esta maravilhosa plantação e uma santa mãe, que cuida da casa paroquial e vai preparar também as minhas refeições. Aliás, quero que vocês a conheçam.

Logo uma senhora aparentando ter mais de sessenta anos, olhar bondoso, muito simpática, apareceu.

— Esta é dona Luzia — apresentou, abraçando-a. — Deus sempre coloca uma mãe para cuidar dos Seus filhos.

— Obrigada, padre. Sinto-me muito feliz em cuidar desta santa e abençoada casa. Para mim ela é a continuação da igreja, e os padres a continuação dos santos da igreja. O senhor é o terceiro padre por quem Deus me concedeu a graça de zelar. Quero que sua família fique tranquila, pois cuidarei do senhor como Nossa Senhora cuidou de Jesus, com muito amor e respeito.

As mulheres ficaram conversando com dona Luzia. Maeva perguntou a ela se podiam mandar lençóis, toalhas de banho e mesa, algumas coisas para ajudar a renovar as peças antigas. Ela disse não haver nenhum inconveniente, pois as doações recebidas pela igreja mal davam para manter as despesas paroquiais e, muitas vezes, o outro padre chegara a passar privações! A sorte era a horta e a criação de galinhas, que ajudavam na alimentação. A ajuda que ele recebia vinha da Diocese e era assim que ele comprava remédios e o essencial para se manter.

O padre conversava com o pai olhando a plantação e falando dos projetos que tinha em mente: fazer hortas comunitárias, ministrar cursos que ajudassem as famílias carentes a aprenderem algo para poder trabalhar e aumentar a renda familiar. Ele estava entusiasmado, e o pai o admirava, tinha certeza de que ele faria muitas coisas boas para a cidade.

Em certo momento, o pai pegou no braço do filho e perguntou:

– Filho, é pecado eu contribuir com a igreja em benefício dos seus fiéis? Posso doar ao padre alguma coisa para que ele comece algum projeto humanitário? Você sabe, filho, eu ajudo as instituições de nossas colônias, os escoteiros, por exemplo, e tenho muito orgulho de ser um dos membros mantenedores. Agora quero doar para a igreja, acho que isso não é errado, Buda vai gostar.

– Pode sim, pai, se estiver no seu coração fazer isso deve fazer, não por mim, mas pelos nossos irmãos.

– Bem, eu gostaria que você, em primeiro lugar, aceitasse um carro, pois o ouvi comentar que vai visitar muitos povoados e pelo que vi a igreja não possui um carro. Acredito que não seria apenas um benefício para você, mas para as comunidades.

Carlos ficou calado, olhando o pai. Logo respondeu:

— Vou consultar o meu superior, se o bispo achar que devo aceitar e que será de fato oportuno para o meu trabalho, aceitarei. Contudo, se doar o carro, durante um tempo até eu ter condições de colocar gasolina, o senhor também vai doar a gasolina?

— Lógico, meu filho! E tenho certeza de que Deus escolheu bem o seu pastor. Terei a oportunidade de fazer alguma coisa pela casa Daquele que escolheu o meu filho como um dos seus pastores. Você sabe, filho, na altura da minha vida já não tenho de me preocupar com dinheiro, como você mesmo sempre falou: ia ser padre e continuar sendo meu filho, tudo o que tenho também é seu. Então, desde já quero ajudar!

O padre ouviu em silêncio tudo o que o pai dissera e, batendo nas costas do pai, falou:

— Muito me alegra, meu pai, saber que o senhor é um homem inteligente, justo e de bom-senso, e, principalmente, porque começa a olhar para dentro da igreja.

— Pois é, filho, tinha planejado construir para você um hospital, mas se o seu hospital é a igreja é aqui que devo pagar minha promessa! Fale logo com o seu superior assim não perdemos tempo. Na bolsa de sua mãe tem algo que você vai usar! É um celular para se comunicar conosco e não venha me dizer que só vai pegar quando falar com o bispo, porque eu reparei que ele tem celular! Qualquer coisa eu mesmo peço permissão a ele. Fique tranquilo, a igreja não vai pagar a conta, será débito automático em minha conta!

— Tudo bem, vou ficar com o aparelho, pois acredito que vai me ajudar muito. Contudo, vou comunicar ao bispo sim, não tenho por que esconder nada. Eis os nossos princípios: fidelidade absoluta dentro e fora da igreja.

Hideo não disse nada, apenas pensou: "Analisando, por um lado tudo isso é bonito, mas por outro significa que a igreja tem domínio total sobre os que ingressam nela para servir a Deus! Será que isso não incomoda os padres? Eles têm de prestar contas de qualquer benefício recebido? Será confiança ou desconfiança?". Ele realmente precisava aprender muito para entender o verdadeiro ideal da igreja, caminho que o seu filho escolhera seguir.

Na volta para São Paulo o silêncio tomou conta dos passageiros. Ryan então falou:

— Pessoal, vocês notaram a felicidade nos olhos do tio Carlos? Sempre escuto a vovó falando que o importante é a gente estar feliz e acho que nós devemos ficar felizes por ele! A casa é simplória, mas já li que Jesus foi muito humilde e, no entanto, foi considerado um rei.

A mãe, apertando sua mão, comentou:

— Tem razão, meu querido, orgulho-me de você! Precisamos nos alegrar sim, pois a maior riqueza dentro daquela casa foi a que você enxergou nos olhos do seu tio. Nós é que nos deixamos levar pelos caminhos em que estamos acostumados a andar e não percebemos que as pessoas podem ser felizes com outros bens: as riquezas da alma.

Depois de algumas semanas, os familiares de Hideo seguiram seu destino, deixando o coração dele e de Maeva sofrendo de saudades. Marcos prometeu que faria o possível para não demorar tanto tempo para voltar e Hiroshi saiu com a promessa de que voltaria logo, mas que também esperava a visita deles.

Hideo comentou com a esposa:

– Mulher, só tem um jeito de nos aproximarmos do nosso filho: indo à igreja! Acredito que pelo menos uma vez por semana vou acompanhar a missa e ajudar na horta. Ouvindo as palavras do nosso filho falando como um padre, ando pensando muito que talvez ele está no caminho certo: a estrada do amor...

Meses depois, a igreja foi reformada, pintada, recebeu bancos novos, um lindo jardim, toalhas novas para o altar e outros adereços que a deixaram com outra aparência. O benfeitor certamente foi Hideo.

A escola paroquial foi fundada e o padrinho Hideo não economizou, investiu em qualidade. Os fiéis lotavam a igreja, o carro do padre servia de ambulância para a população e transportava sementes e outros produtos para as hortas comunitárias, que cresciam aqui e ali. O padre japonês caíra do céu, era o que se comentava.

A cidade crescia e a qualidade de vida também. Padres de outras cidades vizinhas iam, acompanhados do bispo, instruir-se com o jovem padre que em tão pouco tempo fora responsável por mudanças radicais na vida dos menos favorecidos.

Hideo estava tranquilo e orgulhoso pelo filho. Sempre pedia perdão a Deus por ter tentado impedi-lo de entrar em Sua morada para servi-Lo. Ele também estava servindo na casa do Senhor e nunca imaginara o quanto seria gratificante servir ao Pai.

Três anos se passaram e Hideo fazia uma avaliação de vida: tudo valera a pena. Os filhos estavam encaminhados,

Marcos se casara, não com a moça grega, mas com uma mestiça de japonês com francesa. Era bonita, elegante, educada e tinha os olhos puxadinhos, como diriam alguns brasileiros.

Marcos, ao encontrar o verdadeiro amor de sua vida, passou a ser outra pessoa, assim como acontece com muitos homens. Ele ocupava um cargo de alta confiança na NASA, mas aprendeu a dividir seu tempo entre trabalho e família. Nikita gostava muito do Brasil, falava sempre que se não fosse o trabalho do marido gostaria de morar em São Paulo, e isso muito alegrava Hideo.

Hideo se lembrava frequentemente de seus pais. A mãe, tão sonhadora e apaixonada pela vida, não suportou a morte do marido e quatro meses depois que ele havia partido também se foi. Os dois se amavam muito. Pensava que também não saberia viver sem sua Maeva e pedia que Deus o levasse primeiro, pois ele sofreria muito se tivesse de enterrá-la, pois ela era sua própria vida.

Recordava-se com saudades do tio que lhe estendera as mãos no Brasil. Enquanto ele estava vivo, sempre se fez presente em sua vida. Ele mantinha contato com a prima e a tia. O primo nunca foi com a cara dele e por conta disso, nada sabia sobre ele. Agradecia a Deus por saber apenas que o primo gerenciava os restaurantes do pai; tinha de reconhecer que ele era inteligente, não gostava de pegar no pesado, mas era astucioso e se dava bem nos negócios.

A vida era um processo que ia se desenrolando por etapas, pensava ele. Quando deixou o Japão não imaginava o que aconteceria com ele. Graças a Deus só tinha a agradecer pela felicidade que encontrara nesta terra santa. Esperou muitos anos para descobrir com o filho o verdadeiro caminho da religiosidade, agora se entregava aos trabalhos da igreja ao lado dele com entusiasmo e cheio de esperança. Sua esposa virou uma "carola", como brincavam os amigos, referindo-se à abnegação dela pelos trabalhos sociais em prol da comunidade. Ele se sentia feliz por ela.

As coisas iam bem com a família. Os netos do Havaí, de olhos puxadinhos, já estavam moços. Eram lindos e estavam encaminhados nos estudos. Sua netinha americana recebeu o nome da avó, que ficou toda orgulhosa com a homenagem do filho. Eles se dividiam nas visitas e, por questão de tempo, era quase os avôs que visitavam os netos, estes os visitavam nas férias e enchiam a casa de alegria. O tempo passava muito depressa...

Um dia Hideo descansava no seu lugar preferido, à sombra dos arvoredos do jardim, quando o celular tocou. Era seu amigo, irmão e genro: Hiroshi, que após uma pausa lhe disse:

– Amigo, preciso lhe contar algo. Acabei de saber que estou com um câncer em estado avançado. Sei que não vou ter muito tempo para colocar tudo no lugar certo. Não comentei nada com Simone, antes preciso pensar como vou lhe dar a notícia. Gostaria que você e Maeva estivessem comigo. Não sei se estou preparado para enfrentar essa realidade tão próxima de mim: a morte! Sempre fui forte em todas as situações, mas lhe confesso que estou perdido dentro de mim e preciso de sua ajuda neste momento cruel de minha vida.

Hideo, respirando profundamente e buscando o chão, que desaparecera embaixo dos seus pés, perguntou:

— Hiroshi, está me ouvindo?

Soluçando ele respondeu:

— Sim, estou.

— Vou embarcar imediatamente com Maeva. E olhe aqui, meu velho amigo, nestes últimos anos tenho aprendido muito com meu filho Carlos sobre doenças e Deus. Ele diz que o maior médico é Deus e que Ele pode curar todas as doenças, se for para o bem da alma. Vou pedir para Carlos orar por você, tenha fé e confiança na vida, estarei do seu lado em qualquer situação.

Ao deligar, Hideo andou para lá e para cá pelos canteiros do jardim. A governanta o observava e como já o conhecia teve certeza absoluta de que alguma coisa muita séria acontecera.

Foi até o salão onde Maeva orientava um grupo de senhoras que trabalhavam com artesanato e que depois ela comprava das trabalhadoras e doava nas festas das igrejas para levantar fundos.

— O que houve, Marina? Que cara é essa? – perguntou.

— Não sei o que aconteceu, mas vi o sr. Hideo ao telefone e depois andando em volta do jardim sem sossego. Sei que quando ele faz isso é coisa séria.

— Meu Deus! Vamos até lá. Será que aconteceu alguma coisa com meus filhos ou netos? – questionou Maeva partindo às pressas.

Vendo que a esposa se aproximava, Hideo parou de andar. Estava pálido e muito sério. A esposa e a governanta conheciam bem aquele olhar expressivo.

– Hideo, o que aconteceu? Algo com meus filhos ou netos? – perguntou a esposa agarrando-se nele.

– Não é nada com nossos filhos nem com nossos netos. Vamos sentar ali no banco que vou lhe falar tudo. Você também, Marina, venha. Vamos precisar de sua ajuda. As mulheres sentaram e, ansiosas, esperaram para ouvir o que ele tinha para contar.

– O telefonema era de Hiroshi. Ele está muito doente e não ainda não contou para nossa filha e nossos netos. Pediu que fôssemos até lá para contarmos a todos.

Maeva colocou a mão no coração e disse:

– Meu Deus! Pobre de minha filha e de meus netos! Pobre Hiroshi! O que ele tem, Hideo? – perguntou ela angustiada.

– Ele me disse que descobriu um câncer em estado avançado e teme que não resista à doença por muito tempo.

– Temos de embarcar o mais rápido possível! – disse Maeva. Levantando-se, ela propôs: – Vamos entrar e ligar para o agente de viagens para conseguir um voo de urgência. Marina, por favor, vá arrumando nossos pertences nas malas, apenas o básico para a viagem. Hideo, cuide das passagens. Vou ligar para nossos outros filhos. Nessas horas temos de estar juntos, se não fisicamente, pelo menos em oração e pensamento.

Quando o padre soube da notícia, seus olhos se encheram de lágrimas, pensou na tristeza da irmã e dos sobrinhos ainda tão jovens! Num ímpeto, perguntou para a mãe:

— Vocês já reservaram o voo?

— Seu pai está tentando ligar para o agente que sempre cuida de nossas viagens — respondeu ela.

— Então peça que reserve uma passagem também para mim. Vou com vocês, não posso deixar de dar esse conforto espiritual à minha família.

A mãe ficou emocionada e perguntou se poderia mandar o motorista buscá-lo. Ele respondeu:

— É uma boa ideia, assim o carro fica na comunidade para atender alguma emergência.

As passagens foram acertadas para o dia seguinte. A mãe ligou para a filha avisando que os três iriam fazer uma visita surpresa à sua casa. Simone ficou alegre, mas ao mesmo tempo desconfiada. Será que estava acontecendo alguma coisa com a família?

Maeva arrumou o quarto do filho. Colocou os dois ursinhos com que ele dormia até os nove anos de idade em cima da cama. Ao menos uma vez por semana ela abria o armário e acariciava aqueles bichinhos. Quantas e quantas vezes entrou devagarzinho no quarto e ficou observando o filho dormindo abraçado com os dois amiguinhos.

O sol já começava a se esconder no horizonte quando o motorista chegou com o "senhor padre", como ele tratava o filho do patrão. Carlos abraçou os pais e a sua segunda mãe, que não escondia a emoção e deixava as lágrimas caírem dos olhos.

Maeva convidou o filho para ir ao quarto deixar os pertences. Perguntou se ele queria tomar um banho e descansar um pouco até a hora do jantar, pois no outro dia cedo já estariam viajando.

Abraçando a mãe ele respondeu:

– A tarde está quente, vou colocar uma roupa de banho e mergulhar na piscina. Acho que relaxo mais nadando do que deitado.

Hideo o animou dizendo:

– Vai, filho, aproveite, a piscina está limpa e se precisar de alguma coisa o José está nas proximidades do jardim.

– Fique tranquilo, meu pai, vou nadar um pouco e ficar no jardim falando com Deus até as primeiras estrelas aparecerem no céu. O senhor pode verificar suas coisas. Sei que não viaja tranquilo se não deixar tudo em ordem.

Assim, ele foi para o quarto, vestiu uma sunga e amarrou uma toalha na cintura, saindo descalço. Marina o olhava e ria sozinha, lembrando que ele continuava com o mesmo costume. Quando ia à piscina saía descalço com a toalha amarrada na cintura. Já Marcos, saía de chinelos e de sunga, depois voltava molhando toda a sala. Maeva se aborrecia profundamente com isso.

O padre ficou por algum tempo na piscina, depois saiu, amarrou a toalha na cintura e, descalço, andou pelo jardim, observando a beleza que enfeitava cada canteiro plantado cuidadosamente pelo pai. Isso ele herdara do pai: a paixão pela terra. Gostava de mexer na terra, ver as sementes brotando e se transformando em alimentos que mantinham a vida.

As primeiras estrelas da tarde já apontavam no horizonte, e as luzes do jardim automaticamente se acenderam. O padre deixou o jardim, limpou os pés e secou-os antes de entrar na casa. Foi até o quarto, abriu o antigo armário e percebeu que a mãe conservara suas roupas limpas e bem passadas. Pegou uma camisa e uma calça e, rindo diante do espelho, descobriu que a calça não pertencia e ele, era do irmão, por essa razão estava grande e folgada. Revirou os cabides e lá estava uma calça que ele ganhara da irmã.Vestiu e, satisfeito, verificou que continuava com o mesmo corpo. Completou a vestimenta com uma camiseta. Penteando os cabelos notou que estava muito cabeludo e precisava providenciar um corte, mas teria paciência; quando tivesse um tempo iria cortar.

Durante o jantar nenhum deles demonstrou apetite, simplesmente jantaram e, mais tarde, sentados na sala falaram sobre a viagem e como iriam dar a notícia para Simone e os filhos.

O padre acalmou os pais dizendo que a vontade de Deus está em primeiro lugar, mas que ele iria rezar muito e pedir a misericórdia dos santos em favor do cunhado.

O telefone tocou, era Marcos. Ao saber da notícia ele ficou muito abalado e lamentou não poder deixar sua tarefa na NASA para acompanhá-los. Contudo, disse que queria estar informado e o que estivesse ao seu alcance podiam contar com ele.

Simone recebeu a família com muita alegria e queria saber que surpresa era aquela! Até o irmão padre, que nunca a visitara, estava lá! Estaria de férias?

Conforme combinaram, naquela noite, na residência do senhor Hiroshi, conversaram sobre tudo, menos de doença. Os jovens orgulhosos apresentaram alguns amigos para o tio padre. O sobrinho iria seguir a carreira do tio Marcos, Engenharia, e sonhava um dia trabalhar na NASA. Lya já estava decidida, iria fazer Medicina. O tio ficou muito feliz por eles. Hiroshi não demonstrava preocupação, embora Hideo tivesse percebido que ele estava abatido.

A Morte de Hiroshi

Ao saber da doença de Hiroshi, a família entrou em desespero. O padre, que tinha o dom da palavra de Deus, amenizou a dor de cada um, pedindo a todos que apelassem a Deus e que a esperança para a vida era a própria vida. Foi difícil, mas eles foram se fortalecendo com as palavras do padre.

Hideo e o padre acompanharam Hiroshi e, infelizmente, os exames comprovaram que a doença estava muito adiantada e somente por um milagre ele sobreviveria mais que seis meses.

Hideo disse que ficaria com ele. Poderia ajudar na administração dos restaurantes, e sabia que no Brasil podia contar com pessoas de confiança e competência.

O cunhado, que morava nos Estados Unidos, marcou uma consulta para Hiroshi no hospital considerado o mais completo do planeta. Queria que ele tentasse de tudo para vencer a doença.

Hiroshi não queria ir, mas Simone pediu, pois sabia que lá ele teria o melhor tratamento do mundo. Hideo e o padre se colocaram à disposição para acompanhá-lo até os Estados Unidos, e assim foi feito.

Todos os recursos foram utilizados e a opinião médica chegou: ele devia voltar e continuar o tratamento em casa, pois todo o aconselhamento dos médicos anteriores estava correto. Não existia maneira de reverter o quadro instalado no organismo de Hiroshi.

O padre estava sentado na sala de espera aguardando o último resultado de um exame que precisava levar para o Havaí. Ele folheava um informativo médico, estava de cabeça baixa quando uma voz conhecida chamou-o pelo nome:

– Carlos?

Ele levantou os olhos e empalideceu. Era Bruna, a garota do colégio! O avental com o símbolo do hospital não deixava dúvida: ela trabalhava ali. Ele levantou-se e, olhando-a como se estivesse vendo o passado, perguntou:

– É você, Bruna?

Ela se aproximou estirando as mãos e respondeu:

– Claro que sou eu! Estou tão mudada assim que não me reconhece mais? Trabalho aqui, sou médica, e você faz o que no hospital?

– Estou acompanhando o meu cunhado que, infelizmente, está muito doente, tem um câncer no estômago em estado avançado.

– Sinto muito, Carlos – respondeu ela. – Fale-me um pouco de você! A última notícia que tive sobre você é que estava fazendo Medicina. Casou-se, teve filhos, o que fez da vida? – brincou ela.

Corado, ele respondeu:

– Realmente, entrei na USP, mas desisti no segundo ano. Descobri a minha verdadeira vocação: sou padre!

– Carlos, por favor, como sempre você está brincando, nem católico você era! Lembro bem que você ficou rindo da minha foto quando fiz a primeira comunhão, chorei muito naquele dia do pouco caso que você fez da minha fé.

– Eu fiz isso? – perguntou ele, apertando as mãos.

– Você não se lembra mesmo?

– Não, não me lembro de ter cometido esse pecado. Peço perdão a Deus e a você. Não é brincadeira, realmente larguei o curso de Medicina e segui o chamado do Pai. Naquela ocasião eu não frequentava a igreja e a minha decisão de ser padre não nasceu dentro da igreja, mas diante do sofrimento humano. Eu descobri que seria mais útil servindo a Deus, ajudando Seus filhos a terem uma vida melhor no mundo.

Por um momento eles se olharam em silêncio. Ele notou que ela estava mais bonita agora que era uma mulher.

– E você, Bruna, casou-se? Conte-me um pouco de você.

– Eu me casei com a Medicina. Optei estudar e me preparar melhor para atuar na função que hoje ocupo dentro da minha especialização como cardiologista.

– Visita o Brasil de vez em quando? – perguntou o padre.

– Para falar a verdade só fui ao Brasil duas vezes, e fiquei poucos dias. Depois da morte da minha mãe não tenho ido. Perdi o contato com muitos colegas e encontrá-lo aqui por acaso só me trouxe boas lembranças. Como devo chamá-lo? Carlos ou padre Carlos? – brincou.

– Chame-me como você sempre me chamou. O fato de eu ser padre não quer dizer que deixei de existir, continuo sendo Carlos.

– Eu estava indo até a lanchonete tomar um café. Você aceita o convite para me fazer companhia? Fique tranquilo, na volta vou pessoalmente verificar o exame que está esperando, ok?

Os dois se entreolharam e riram sem falarem mais nada. Carlos lembrava-se do quanto fora apaixonado por ela, e ela se questionava: "Será que o destino existe mesmo? E ainda faz brincadeiras com os mortais? Nunca deixei de pensar nesse japonês e o reencontro como padre! Isso é brincadeira do destino...".

Depois do lanche, ela foi verificar o exame e este já estava pronto. Ela e o padre foram conversar com o médico responsável. Uma enfermeira veio comunicar à cirurgiã que seu paciente estava pronto para a cirurgia e que a equipe estava à sua espera.

– Preciso ir, ossos do ofício! Vai ficar muito tempo por aqui? – perguntou olhando dentro dos olhos dele.

– Vamos embarcar hoje à tarde e na semana que vem estarei de volta à minha comunidade. Meus deveres sacerdotais me esperam.

Ela estirou a mão. Ele a olhou por alguns instantes e pediu:

– Por que não me dá o seu telefone? Assim teremos a oportunidade de nos comunicarmos outras vezes.

Ela foi ao balcão, pegou uma caneta, um papel, anotou o telefone e o endereço e lhe entregou. Ele também pegou uma folha e anotou seu endereço e o número do celular com que ele atendia a comunidade. Trocaram um aperto de mão. A força que uniu aquelas almas naquele aperto de mão, abriu um novo caminho, era o caminho do amor e do coração.

Ela se afastou e ele ficou olhando-a até desaparecer no grande corredor do hospital. Depois de alguns segundos parado, perguntou-se: "Se Bruna tivesse aparecido novamente em minha vida antes de eu tomar a decisão pelo celibato, será que eu teria mudado de ideia?".

Bruna entrou na sala de preparação cirúrgica com a sensação de que sonhara e ainda não havia acordado. Teve vontade de sair correndo e ir ao encontro do padre. Sua assistente lhe chamou atenção:

– Já lavou as mãos, posso desinfetá-las antes de colocar suas luvas?

O padre foi até a capela do hospital e pela primeira vez não se envergonhou diante do Pai em confessar algo que estava dentro do seu coração. Não era desejo físico e sim algo muito além de sua compreensão.

De volta ao Havaí, ele deixou os pais com a irmã e o cunhado e retornou ao Brasil. Não podia se ausentar por muitos dias de suas funções como sacerdote. Contudo, a imagem de Bruna não deixava seus pensamentos. O que estaria acontecendo?

No avião, parecia que estava deixando parte de si para trás. Fechou os olhos e sentado apertou a Bíblia contra o peito e orou a Jesus, pedindo-lhe ajuda e misericórdia para seus pensamentos. Abriu os olhos com alguém lhe tocando no braço e dizendo:

– Fique calmo! Está tudo bem. Eu também tinha pavor de avião, mas depois descobri que as chances de morrermos num acidente entre um automóvel e um avião são absurdas! Atualmente, ando tranquila, acredito que só vou morrer de acidente de avião se estiver programado pelo Pai Criador. Vou fazer setenta e dois anos e há mais de quarenta anos viajo de avião – disse uma bondosa e simpática senhora que estava sentada ao seu lado.

O padre fechou a Bíblia e respondeu à bondosa senhora:

– Muito obrigado pela sua preocupação, e desculpe o transtorno.

Aquela noite Bruna foi à sacada do apartamento e ficou sentada observando o vazio. O pai aproximou-se e perguntou se ela estava com algum problema. Fazia tempo que não a via buscando um canto solitário para se refugiar. Quis saber se estava tudo bem no hospital.

Ela abraçou o pai e respondeu:

– Com o meu trabalho está tudo bem. É algo pessoal, papai. De repente, bateu-me uma melancolia que não sei explicar. O senhor nem imagina quem eu encontrei hoje no hospital.

– Não faço ideia. Alguém conhecido que lhe trouxe lembranças ou preocupações?

– Encontrei um ex-colega de colégio. Estudamos juntos em São Paulo, foi uma época muito boa da minha vida.

– Mas por que você ficou triste? Não está feliz morando aqui?

– Não é isso, papai. Nunca lhe falei, mas aquele japonês foi a grande paixão de minha adolescência e me marcou muito. Nunca o esqueci. Hoje, quando deparei com ele, foi como se tivesse me chocado com um muro de pedras que não imaginava encontrar nunca mais. Ele é padre! Estou até envergonhada dos meus sentimentos e confesso que fiquei frustrada ao saber disso. Na época do colégio ele não era católico e eu ia à missa todos os domingos. Hoje a situação inverteu-se. Comecei a pensar se não é um aviso de Deus me cobrando um pouco mais de presença na igreja?

– Que tolice, minha filha! Quem mais serve a Deus que você todos os dias salvando vidas? Nem sempre é rezando ou indo à igreja que agradamos a Ele. Vamos entrar que está frio, e tire essa ideia de cobrança divina. Deixe o padre cumprir a parte dele com Deus e você cumpre a sua. Por exemplo: fez uma cirurgia hoje? Como foi? O que você sentiu em ajudar alguém a viver mais e melhor? Será que os seus bônus celestes serão menores que os do padre porque ele está na igreja? Eu não tenho religião e não acredito em Deus. Você sabe que, infelizmente, só creio no que posso ver ou comprovar. Respeito, admiro e até gostaria de acreditar que tenho alguma coisa fora do meu próprio corpo que vai me levar para algum lugar. Vamos dizer que de fato Deus, anjos, santos, almas etc. existam. Será que pelo fato de não seguir a igreja e o que ela prega vou para o inferno? Não sou religioso, não acredito nem pratico nenhuma religião; no entanto, sou digno e luto para deixar um mundo melhor para aqueles que virão depois de mim. Pelo que você conhece dentro da sua concepção religiosa, Deus me mandaria para o céu ou para o inferno?

– Dentro do que eu aprendi, o senhor não acredita, mas pratica os mandamentos de Deus. Certamente, papai, pelas suas ações o senhor jamais colocaria o pé no inferno, só se fosse para levar ajuda aos sofredores.

– Você precisa arrumar um namorado e trabalhar menos! O que você está sentindo, eu já senti e ainda sinto de vez em quando, saudades de um tempo que não volta mais... Sinto saudades de sua mãe, você sabe que ela foi o grande amor de minha vida. Ela mesma lhe falou por que nos separamos. Ela não me amava, preferiu ficar com outro e eu a respeitei. Até tentei algumas vezes refazer minha vida amorosa, mas não foi possível! Acho que o meu coração é fiel. Você, sendo especialista em coração, precisava estudar sobre isso. Será que existe coração que só ama uma vez?

– Olhe, papai, só você mesmo para me sair com esta! Imagine só um estudo sobre a possibilidade de um coração amar só uma vez!

– Minha filha, para a medicina nada é impossível desde que exista o sujeito responsável pela ação dos fatos. Não é assim que pensamos? E agora, vamos entrar que está esfriando muito, vamos tomar uma taça daquele refinado vinho francês, presente dos Andrades.

– Vamos! Uma taça de vinho só vai me fazer bem, e o senhor está coberto de razão, preciso dar um tempo, cuidar um pouco mais de mim, fazer uma viagem, divertir-me e quem sabe arrumar um namorado!

– É assim que se fala, minha garota linda! Nada de monotonia. Que tal deixar a dra. Kelly em seu lugar e ir passar um mês tomando banho de sol pelas Américas?

— Só porque é o dono do hospital e meu chefe já quer se descartar de mim? Por que a dra. Kelly, eu posso saber do interesse particular por ela?

— Ai, ai, ai, ciúmes de filha é um problema! — respondeu brincando. — A dra. Kelly é competente e esforçada, aliás, ela se mira em você, além de, é claro, depois de você, ser ela a moça mais bonita do hospital. Estamos brincando e falando sério, você está precisando descansar um pouco, tem estudado e trabalhado muito nestes últimos dois anos. Não se ausentou um dia do hospital e eu me sinto culpado. Pelo menos uma vez por mês eu vou para a fazenda! E quem fica sustentando os problemas? A dra. Bruna. E não é porque é minha filha, não, mas não precisa temer pelo seu lugar, não tem outro cardiologista no meu hospital acima de sua competência.

— Papai! Tem sentido suas folgas coincidem com as folgas da dra. Kelly... Vocês estão tendo um caso ou um romance?

— Digamos que estou sempre tentando encontrar alguém para amar e ser amado. Não posso negar, estou tendo um romance com ela, longe dos bastidores do hospital. Se o caso se tornar sério, você será a primeira pessoa a ser informada.

Durante o jantar, pai e filha conversaram bastante e Bruna decidiu que iria aceitar a oferta dele: ficaria um mês longe do hospital e já sabia para onde iria: Brasil!

Antes de dormir pegou o papel com o telefone e o endereço do padre e registrou em sua agenda. Iria para o Brasil e, estando em São Paulo, resolveria o que fazer com a vontade que sentia no coração de ir procurá-lo.

O padre por sua vez retornou à sua paróquia e por mais que se esforçasse para esquecer aquele encontro com Bruna, não conseguia. Até Luzia percebeu que ele estava diferente, parecia triste e cansado. Seria por causa da doença do cunhado? Nessas horas, mesmo sendo um padre, a pessoa se abalava muito, pensava ela.

Hideo se instalou na casa de Hiroshi e não deixou o amigo um instante sequer sozinho. Foi montado um quarto com todos os recursos; enfermeiros foram contratados e dia e noite estavam ao lado da cama; o médico ia diariamente vê-lo e tudo o que estava ao alcance da medicina foi disponibilizado para ajudá-lo.

Quatro meses depois da descoberta da doença, Hiroshi entregou a alma a Deus. O padre Carlos foi chamado às pressas. O cunhado piorou e o médico disse não ter mais o que fazer. Hiroshi respirava com ajuda de aparelhos, de um lado a esposa e o amigo Hideo, do outro os dois cunhados, o médico e os enfermeiros. O padre lhe deu a extrema unção e ele deu o último suspiro na máquina. O médico suspirou fundo e disse:

– Ele se foi...

Uma semana depois, o padre embarcava de volta ao Brasil, muito abatido. Não foi fácil para a irmã, os sobrinhos e o pai, que tinha um carinho e um amor muito grandes pelo amigo de tantas lutas passadas. Os pais ficariam lá um pouco mais para ajudar Simone e os filhos a recomeçarem uma nova etapa de vida em família.

Ele desceu do avião e seguiu em passos rápidos para a saída. Levava uma valise de mão, poucas coisas, apenas o necessário. Solicitaria um táxi, iria até a casa dos pais, pois levava algumas recomendações aos empregados. No dia seguinte voltaria para a comunidade. Nos últimos tempos, ele também dedicava algumas horas de sua vida aos negócios do pai.

Quando deixou o balcão onde fez o pagamento do transporte, deu de encontro com Bruna. Por alguns segundos, pensou que estava sonhando, mas se refazendo do susto, exclamou:

— Bruna! Você aqui?

Ela ficou ruborizada, estava pensando nele e jamais imaginaria encontrá-lo ali no aeroporto.

— Pois é, Carlos, acabei de desembarcar, preciso de um táxi para me levar ao hotel. Mas o que você faz aqui? Vai viajar ou está chegando?

Enquanto tomavam café, ele lhe contou sobre a morte do cunhado. Ela lamentou.

O padre não conseguia desviar os olhos dos olhos dela.

— Vou deixá-la no hotel depois sigo para a casa dos meus pais. Amanhã retorno para a paróquia que me espera com muito trabalho.

No táxi, os dois falaram sobre o crescimento da cidade de São Paulo. Lembravam-se do tempo de colégio, das brincadeiras e dos passeios.

— O tempo nos leva a caminhos tão diferentes... — disse Bruna com lágrimas nos olhos.

Carlos perguntou se ela ficaria apenas com os parentes em São Paulo ou se pretendia ir a outros estados brasileiros.

— Vou rever meus parentes, mas quero aproveitar para conhecer um pouco mais o Nordeste brasileiro, conheço pouca coisa. Você conhece? Indique-me alguns lugares que acha que vou gostar.

– Para falar a verdade, não conheço praticamente nada do Norte e Nordeste do Brasil. Quando estava no seminário, fui duas vezes à Bahia, uma a Recife e outra ao Ceará para estudar.

O carro parou diante do hotel. Carlos desceu e ajudou Bruna a descer. Enquanto o mensageiro levava a mala, ele a acompanhou até o balcão. Sem pensar duas vezes, ele perguntou:

– Gostaria de convidá-la para jantar em nossa casa. Meus pais não se encontram, mas a minha segunda mãe vai ficar honrada em recebê-la. Naturalmente se você não tiver compromisso para esta noite – disse ele, olhando-a nos olhos.

Apertando a mão dele ela respondeu:

– Aceito o convite, não tenho nenhuma programação para esta noite! – Ao mesmo tempo, disse para si mesma: "E se tivesse cancelaria todas!" – Como faço para chegar até sua casa?

– Desça às vinte e uma horas. Este mesmo táxi a estará esperando aqui. Fique com esse comprovante que tem o nome do motorista e a placa do carro, tudo bem?

Acertando com o motorista, pediu que no horário combinado ele estivesse no hotel para levá-la até sua casa em segurança. Ele ficaria aguardando-a na entrada.

A governanta ficou muito feliz em recebê-lo. Após tratar dos assuntos relacionados aos pais, ele pediu que ela preparasse um jantar simples, mas, especial, pois uma amiga do ensino médio, que ele havia reencontrado nos Estados

Unidos durante a doença do cunhado e por coincidência a encontrou no aeroporto de São Paulo, iria jantar com ele.

– Fez muito bem, filho! É tão bom encontrar pessoas amigas, assim você terá uma companhia para jantar, uma vez que seus pais não se encontram presentes.

A governanta perguntou se ela conhecia a comida brasileira e ele, rindo, respondeu:

– Marina, se eu estudei com ela, como é que ela não conheceria a nossa comida? Ela é brasileira.

– Que cabeça a minha, Carlinhos! Você tem alguma sugestão para o cardápio? Prefere carnes, peixes, o que gostaria de jantar com sua amiga?

– Sinceramente? O que você preparar certamente será bom. Sinto saudades de sua comida, sabia? Mas vou tentar me lembrar do que Bruna gostava de comer no tempo do ensino médio... Ah! Ela era louca por sanduíches de carne desfiada e suco de abacaxi.

– Ajudou muito, vou preparar um rocambole de carne para vocês, um assado com legumes e aquele arroz que você comia a panela toda se deixasse, lembra? Você disse que sente saudades da minha comida, e eu sinto saudades daqueles tempos que você e o Marquinho iam à cozinha e limpavam as panelas.

O padre foi até o quarto, trocou-se e avisou a governanta que estaria na piscina. Queria relaxar um pouco, e só nadando ele conseguia. Por volta das dezessete e trinta a governanta lhe serviu um suco acompanhado de um lanche. Ele aceitou apenas o suco. Foi deitar um pouco, pedindo que o chamassem às dezenove e trinta, sem atraso.

Deitou-se e a imagem de Bruna andava dentro de seus pensamentos. Não conseguia se concentrar em mais nada. Pensou em sua paróquia e o no quanto precisava fazer, mas de repente lá estava a Bruna na frente dos seus pensamentos. Ele cruzou as mãos sobre o peito e começou a rezar. Meu Deus, eu não posso conviver com estes sentimentos e pensamentos. Será que fiz bem em convidá-la para jantar? Por que será que fiz isso? Não posso mentir para Deus, não foi pela nossa amizade de escola. É muito mais que isso... Definitivamente vou pôr um ponto final nesta ilusão do passado. Será bom conversar com ela e quebrar essa impressão que ficou entre nós. Sinto que ela também me olha de forma diferente. Com esses pensamentos, lembrou-se de que no primeiro encontro Bruna riu pensando que ele estivesse brincando quando afirmou que se tornara padre.

Tempos depois, vencido pelo cansaço, ele adormeceu.

Sonhou que estava andando por um campo florido e encontrou Bruna colhendo flores. Ele corria ao seu encontro e ambos se abraçavam, beijavam-se. Ele a amava muito... Acordou sobressaltado com a governanta chamando-o. Ficou desnorteado como se a governanta pudesse ver o que ele tinha sonhado.

Tomou uma ducha, fez a barba, perfumou-se como sempre fazia e vestiu a roupa que a governanta havia separado. Olhou-se no espelho, estava bem.

Foi até a sala de jantar e viu que a mesa estava bem posta, havia vasos de flores por todos os lados. Lembrou-se do sonho, Bruna colhia exatamente flores parecidas com aquelas. Estava tudo impecável.

Os reflexos das luminárias coloridas formavam um arco-íris em torno da piscina. Os canteiros de rosas multicoloridas com a brisa da noite exalavam um perfume maravilhoso.

A governanta o observava, e seu coração lhe dizia que estava acontecendo alguma coisa. Seria mesmo por conta da morte do cunhado?

– Queira Deus que seja só isso, ele parece triste e ansioso!

O padre olhava insistentemente para o relógio da parede e esfregava as mãos. Na hora combinada ele foi até o portão de entrada e pediu ao caseiro que lhe avisasse quando o táxi chegasse. Ficou sentado no jardim olhando as poucas estrelas que estavam visíveis no céu poluído da capital de São Paulo.

Bruna, assim que ficou sozinha em seu quarto de hotel, abriu a mala e verificou o que poderia vestir naquela noite. De repente, tomou uma decisão: "Vou comprar um vestido novo! Quero algo bem brasileiro, tenho tempo de sobra para fazer isso". E assim fez, saiu, comprou um vestido e alguns acessórios. Começou a se arrumar antes das vinte horas. Colocava e tirava maquiagens! Estava confusa! Ia jantar com um padre, o que poderia usar?

No horário marcado, ela deixou o hotel. Parecia uma colegial ansiosa indo ao encontro do primeiro namorado.

O padre a recebeu e fez questão de pagar o táxi. Logo os dois estavam atravessando os canteiros floridos da casa de Hideo. A visitante, encantada com a beleza do jardim, pediu:

– Eu gostaria de conhecer essa obra de arte, é algo espetacular!

O padre mostrou o belo jardim e disse ser a grande paixão do pai, e que ele havia herdado o mesmo gosto pela natureza. Contou-lhe também sobre os projetos que havia desenvolvido na pequena cidade onde ele exercia sua função sacerdotal.

A governanta observava o casal.

"Meu Deus! Como os dois são bonitos juntos! Se ele não fosse quem é, eu diria que formam um lindo casal", logo pediu perdão a Deus pelos pensamentos.

O jantar foi servido. Bruna estava encantada com o bom gosto da família, desde a louça até os talheres, além do cardápio, tudo era requintado. O padre não conseguia desviar os olhos da convidada e ela correspondia na mesma intensidade.

Depois do jantar, ambos foram para a sala e a governanta serviu um licor especial, deixando uma bandeja de prata com tudo pronto para o café. Pediu ao padre que qualquer coisa que precisasse a chamasse, ela ficaria à disposição.

O padre colocou uma música clássica, e o casal lembrou-se dos tempos do colégio. Ambos riam das peraltices que fizeram. O ar fresco da noite penetrava pela janela. Como se estivesse sonhando, Carlos aproximou-se de Bruna e ela correspondeu ao abraço. E assim, trocaram um longo beijo.

Ele se afastou, foi até a janela e, colocando as mãos sobre a cabeça, falou:

– Meu Deus, não posso fazer isso! Fiz um juramento: amar a todas as filhas de Deus como amo a própria mãe de Jesus! Fiz votos de castidade, não poderia ter feito isso. Perdoe-me, Bruna, este momento de fraqueza.

Ela o abraçou e respondeu:

— Eu sempre o amei, desde a época em que estudávamos juntos. Você foi o grande amor de minha juventude, jamais o esqueci e sempre sonhei com este beijo, por essa razão não posso nem pedir perdão a Deus, porque Ele sabe o quanto desejei este momento. No tempo do colégio você foi minha grande paixão, mas jamais tive coragem de me declarar e nunca desconfiei que você gostasse de mim. Quando o encontrei no hospital foi como se algo que sempre existiu voltasse mais forte do que nunca. Eu o amo, Carlos! Desde nosso último encontro não parei de pensar em você e quando o encontrei no aeroporto quase perdi os sentidos. Não tirei férias e vim ao Brasil por acaso, eu iria procurá-lo em sua paróquia, precisava vê-lo ou enlouqueceria, o destino me deu essa ajuda.

— Bruna, eu sou um padre, escolhi ser servo do Senhor, não posso voltar atrás! Mas também não posso negar que você é especial, sempre foi! Talvez, se naquela época eu tivesse tido coragem de lhe confessar meus sentimentos, teríamos dado um rumo diferente à nossa vida. Agora é tarde. Precisamos esquecer este momento e continuar como sempre fomos: amigos.

— Eu sei que você é um padre, mas nem por isso vou deixar de amá-lo. Se você me ama, será certo diante de Deus renunciar a algo tão sério e verdadeiro que é o amor?

Carlos ficou calado, de cabeça baixa, sentindo-se o pior dos pecadores.

Bruna pegou a bolsa e tocou no ombro dele dizendo:

— Tudo bem, você está confuso e eu entendo, não precisa me acompanhar. Vou chamar um táxi, estou indo embora, perdoe-me por amá-lo.

Ele então a puxou para perto de si. Não, Bruna, não vá embora! Estou confuso, jamais imaginei que esses sentimentos estivessem vivos dentro de mim.

Assim, ambos permaneceram abraçados por alguns minutos. Depois, ele a afastou delicadamente e a olhando dentro dos olhos disse:

– Pode ser que esses sentimentos ficaram adormecidos dentro de nós e não seja tão sério quanto imaginamos. Vou orar e pedir a Deus que nos liberte dessas lembranças do passado. Precisamos um do outro para compreender o que de fato se passa dentro de nós, fique, por favor.

Depois do café, eles foram até o jardim. A noite estava fresca e o ar agradável com o perfume das flores. O silêncio da noite era um convite aos enamorados. Sentaram-se nas poltronas próximas à piscina, falaram sobre trabalho e as dificuldades dos países em que viviam.

Já era quase uma hora da manhã quando Bruna olhou para o relógio e disse:

– Meu Deus, como está tarde! Vamos chamar um táxi para me levar ao hotel.

Os dois entraram na sala que estava à meia luz, a música invadia a alma e o coração deles. O padre, pegando as mãos de Bruna, aproximou-as dos lábios e murmurou:

– Fique comigo... Não posso deixá-la partir, não quero viver sem levá-la comigo, dentro do meu ser.

Naquela noite aconteceu o encontro de duas almas que, saudosas de si mesmas, enlaçaram-se no mais puro dos amores.

Não prometeram nada um ao outro, apenas se entregaram. Era algo quase sobrenatural que os envolvia, como se cada minuto fosse uma vida, e tudo o que estava acontecendo já havia acontecido várias vezes na vida deles.

No dia seguinte, a governanta ficou cismada. O que estaria acontecendo? Já era para o padre estar de pé, ele não era de ficar até tarde na cama. Mas... E se ele fora dormir tarde? Ela não sabia a que horas a moça havia ido embora!

Pensando nisso, resolveu dar algumas ordens aos empregados da casa. O guarda da noite, que fazia a segurança na mansão, confidenciou-lhe que a moça não fora embora, dormira lá.

A governanta empalideceu. "Oh! Meu Deus! Onde será que o Carlinhos acomodou a moça para dormir?" Iria aguardar para servir o café aos dois.

Não demorou muito, Carlos apareceu no jardim. Parecia rosado e feliz, observou Marina, que não esperou as explicações dele e perguntou:

– Não é por mal nem por fofoca, mas por cuidado como sempre me ensinou o seu pai. A moça pernoitou aqui?

– Sim. E lá está ela. Vamos convidá-la para o café?

Após o café, os dois jovens foram até o jardim, olhavam-se em silêncio. Após alguns minutos andando sem prestar atenção ao que estava à sua volta, Bruna parou e disse:

– Carlos, volte em paz às suas atividades. O que aconteceu esta noite não deve interferir em seu trabalho. Guarde em seu coração e em sua lembrança, assim como eu, não como um ato de desrespeito e pecado diante de Deus, mas como uma força que vai nos sustentar por toda a vida. Eu só tenho um pedido a lhe fazer: não esqueça o que vivemos esta noite. Não importa o que eu possa vir a fazer de minha vida daqui para a frente, quero ter a certeza de que vou existir em você; saiba que onde eu estiver, você estará comigo.

Ela estava com os olhos marejados de lágrimas. Ele, trêmulo, respondeu:

– Bruna, eu não sei se vou sobreviver à sua ausência, mas se conseguir continuar vivendo e servindo a Deus, você certamente estará comigo até os últimos dias de minha vida. Sei que o juramento que fiz diante do altar do senhor foi quebrado; porém, sinto em meu ser que o meu pecado seria maior se continuasse carregando este fardo de pensamentos, sentimentos e incertezas. Sou um pecador, mas, diante do Senhor, hoje me sinto mais verdadeiro.

– Vamos retornar – pediu ela –, quero agradecer à dona Marina e me retirar, pois você também retorna hoje para sua paróquia, não é?

Eles entraram em silêncio. Marina notou algo estranho no olhar deles e pediu perdão a Deus pelos próprios pensamentos. Ela tinha ido aos quartos de hospedes e estranhara, estavam intocáveis. Verificou os demais dormitórios, estavam impecáveis. Ao entrar no quarto de Carlos tudo estava arrumado, quase impecável, mas, o perfume da moça estava lá...

Bruna, estendendo as mãos para Marina disse:

– Muito obrigada pela acolhida e pelo jantar maravilhoso, hei sempre de me lembrar da senhora e do seu carinho.

O padre, dirigindo-se para a governanta informou:

–Vou levar Bruna e na volta gostaria que a senhora chamasse os responsáveis pelas tarefas designadas pelo meu pai. Quero falar com todos. Depois do almoço vou partir, assim é a vontade de Deus.

Na saída, Bruna pediu que ele ficasse e que não havia necessidade de acompanhá-la. Ele respondeu:

– Ainda quero sentir o sabor de sua boca, quero apertar você nos meus braços, só então vou poder deixá-la.

Ele subiu com ela até o quarto e fizeram dos minutos século. Entreolhavam-se em silêncio como se estivessem se preparando para guardar a força do olhar que expressa com perfeição os sentimentos da alma.

Antes de sair, Carlos apertou Bruna contra o peito e, olhando dentro dos seus olhos, perguntou:

– Você não vai me esquecer, vai? Se me prometer que vai pensar em mim de vez em quando serei o mais feliz e abençoado dos homens.

Bruna, entre lágrimas, respondeu:

– Nada vai me fazer esquecer o que vivi com você. Em todos os meus dias você vai estar presente.

Carlos, ainda abraçando-a, disse entre lágrimas:

– O que aconteceu entre nós foi o melhor presente de Deus em minha vida. Diante de você vou fazer um juramento ao Senhor: prefiro morrer a vir a tocar em outra mulher e por toda minha vida serei fiel a Ele e a você, porém, peço-lhe: faça o possível para gostar de outro homem, alguém que possa lhe dar um pouco de paz e filhos. Sei que vou viver dentro do seu coração e dos seus pensamentos, mas quero que prometa que vai ter alguém para formar uma família. Promete? Viverei mais tranquilo se você falar que vai tentar ser feliz ao lado de outra pessoa; estarei diariamente rezando a Deus para que isso aconteça.

Puxando o queixo dela ele tornou a pedir:

— Promete que vai tentar? Eu preciso ter essa certeza para continuar vivendo. Não estamos nos separando nem abandonando um ao outro, pelo contrário, viveremos o tempo que Deus permitir carregando um ao outro dentro do coração.

Bruna, respondeu entristecida:

— Eu não quero esquecê-lo um só dia de minha vida, peço a Deus que me conceda as forças necessárias para tentar fazer o que você me pede.

Eles se despediram com um abraço silencioso. Ambos saíram do quarto, e Carlos teve a impressão de que sua alma iria com Bruna. Contudo, ele precisava honrar os compromissos com o Pai. Seus pecados não poderiam interferir nas necessidades dos filhos do Criador.

Bruna foi embora e, após ter resolvido as pendências dos negócios do pai, ele beliscou a comida, desculpando-se por estar sem apetite e dizendo que talvez tivesse se servido do café da manhã um tanto tarde.

A governanta, que o conhecia desde que nascera e tinha intimidade como se ele fosse seu filho, sentou-se à mesa. Sozinhos, olhando-o dentro dos olhos, ela questionou:

— Carlos, meu filho, o que está acontecendo com você? Foi a moça que o deixou assim, não é mesmo?

Suspirando fundo ele respondeu:

— Estou acostumado a ouvir as confissões dos outros e guardar segredo. Você me ouviria em confissão jurando por Deus guardar o meu segredo?

— Meu filho, juro pela minha alma que se for para vê-lo melhor, guardarei e levarei para o túmulo qualquer segredo seu — respondeu ela.

– Eu sempre amei Bruna; pensei que a tivesse esquecido, mas bastou reencontrá-la e descobri que não poderia continuar vivendo sem dividir a minha essência de vida com ela. Aconteceu, Marina, aconteceu... Reconheço meu pecado diante de Deus, mas não tive forças para resistir aos meus anseios, emoções e sentimentos. Por outro lado, sinto dentro do meu coração que não serei amaldiçoado, pois não me entreguei a nenhuma paixão e sim à essência do mais puro e verdadeiro amor. Para me redimir com Deus viverei o resto dos meus dias sofrendo, a minha penitência será viver sem Bruna. Prometemos nunca mais procurar notícias um do outro e pedi a Bruna para se casar e ter filhos. A cada dia que amanhecer hei de me ajoelhar e rezar pela felicidade dela.

A governanta empalideceu. Olhava para o jovem, enquanto torcia um guardanapo entre os dedos. Refazendo-se do susto, ela falou:

– Meu filho, você não deve se martirizar assim, alguns padres deixam suas batinas, casam-se, têm filhos e vivem felizes. Você pode repensar em sua vida com esta moça e continuar naturalmente ajudando a igreja de outra forma.

– Marina, não sei se você vai entender o que vou lhe dizer: Bruna é a minha vida, mas eu não posso abandonar a igreja, não é simplesmente por uma opinião pessoal, eu assumi um compromisso com Deus. Ele pode me perdoar por todas as minhas falhas, mas eu jamais seria feliz ao lado de Bruna deixando para trás a missão que o Pai me confiou. Vou levá-la dentro de mim por toda a minha vida, onde eu estiver ela estará comigo, mas jamais deixarei as minhas vestes sacerdotais, nunca deixarei de comungar a minha fé com

Deus. Você é minha testemunha diante de Deus, por favor, guarde o meu segredo por todo o sempre. Você não deve tocar mais neste assunto nem comigo, nem com ninguém. Daqui a pouco vou me levantar e seguir viagem, sou o padre em que uma comunidade confia os seus segredos em confissões, colocando a esperança do perdão para os seus pecados.

– Siga tranquilo, meu filho. Se esta é a sua vontade, que seja feita a vontade de Deus. Levarei para o túmulo sua confissão e vou rezar muito para nosso Senhor Jesus Cristo interferir a favor de vocês dois junto ao nosso Pai Criador.

Carlos entrou no carro que o levaria à sua paróquia. Tinha a sensação de que era outra pessoa. Não sentia remorso de ter amado Bruna como mulher, esperara por ela sua vida toda, e agora tinha certeza de que amar não era pecado. O que acontecera entre eles iria ajudá-lo a viver melhor e servir ao Pai com mais amor e gratidão. Conforme ele aprendera, tudo o que fosse julgado pecado deveria ser levado ao confessionário, mas o que não trouxesse malefício ao próximo nem a si mesmo deveria ser guardado como segredo diante de Deus.

O que aconteceu entre ele e Bruna era o seu segredo. Ele não iria levar ao confessionário e não queria renunciar às boas lembranças que Bruna deixara gravado em seu coração. Não iria esquecê-la, pelo contrário viveria todos os seus dias pensando nela.

Bruna passou o resto do dia deitada na cama do hotel. Tinha a sensação de que estava sonhando e não queria acordar. Como viveria longe do seu amor? O que seria de sua vida sem ele? E o pedido que ele lhe fizera? Será que ele de fato a amava? Por que não deixava o sacerdócio e ficava com ela? Se ela estivesse no lugar dele certamente faria isso... Ela deixaria tudo por ele, faria qualquer coisa para estar ao seu lado...

No fim da tarde, ela pegou o telefone e ligou para a agência de viagem. Mudaria o roteiro de sua viagem, não ficaria mais nem um dia no Brasil ou enlouqueceria.

Marcou viagem para o dia seguinte. Enquanto esperava a hora de embarcar, andava de um lado para o outro. Por várias vezes verificou se havia alguma ligação em seu celular, mas não havia nenhuma mensagem de quem ela desejava.

Subiu as escadas do avião com lágrimas nos olhos. Sentada na poltrona, desabou a chorar. Um senhor ao seu lado solicitou ajuda da comissária de bordo, que logo veio saber no que poderia ajudá-la. Ofereceu-lhe um copo com água e procurou confortá-la. O senhor ao seu lado bondosamente lhe disse que ela podia confiar nele se assim desejasse abrir o coração. Se ela estava chorando daquele jeito só podia ser por causa de um amor deixado para trás. Disse a ela para ter força, porque quem ama de verdade são as pessoas fortes e capacitadas para entender a força do amor, e que o amor devia ser alimentado de alegrias e não de sofrimentos e tristezas. Durante o percurso, ele lhe deu atenção especial, disse ter uma filha da idade dela e também um filho mais velho que estava se mudando para o Havaí, pois mudara seus negócios para lá.

Para espanto do pai, Bruna chegou, triste e amargurada. Ele ficou com pena por vê-la naquele estado. Sua filha, uma moça tão equilibrada e bem estruturada emocionalmente, abalada daquela forma! Contudo, compreendeu que ela passara muito tempo fechada dentro de si mesma e que a primeira paixão explodia dentro dela como uma bomba.

Ela quis retornar ao trabalho, por mais que o pai insistisse que deveria descansar um pouco e que poderia visitar algum outro país, distrair-se um pouco. Todo o esforço foi em vão; ela retornou ao hospital.

Mergulhou nas salas de cirurgias, pois ali conseguia esquecer seu próprio sofrimento, tratando do sofrimento de outras pessoas.

Grandes mudanças
para a família

Depois da morte do amigo Hiroshi, Hideo ficou com a filha e os netos. Passado certo tempo, convidou-os para voltarem ao Brasil e morar com ele. A filha lhe agradeceu e disse que não poderia mudar a vida dos filhos. Estava preparada para dar prosseguimento aos negócios da família. Seus filhos já estavam se envolvendo com os negócios e logo tudo estaria em seus devidos lugares. Naturalmente, a falta do marido era grande demais.

Padre Carlos ajudava o pai transmitindo instruções aos funcionários, que haviam sido treinados muito bem. Cada um cumpria sua tarefa com lealdade, e os negócios de Hideo iam muito bem.

Seis meses depois da partida do amigo, o casal voltou ao Brasil. Hideo respirava o perfume das flores do seu jardim. As roseiras pareciam ter combinado uma surpresa para ele, nunca deram tantas rosas, belas e perfumadas. Graças a Deus e aos cuidados do filho padre, que era um excelente administrador, reconhecia ele, tudo estava em perfeita ordem.

Maeva e Hideo estavam na paróquia do filho. Ele celebrava a missa quando ela sentiu uma dor aguda no ventre. Contudo, ficou ali até o término da cerimônia, sem deixar transparecer ao esposo a dor que estava sentindo. Assim que ficaram sozinhos, ela comentou com o filho que estava sentindo uma dor forte no ventre, estava pálida e sentia-se sem ânimo.

Imediatamente, ele chamou o pai e disse:

– Vamos para o hospital, não podemos esperar para ver o que é. Pode ser uma infecção intestinal ou uma virose, mas isso precisa ser diagnosticado por um médico. Vamos ao hospital da cidade e dependendo do que o médico disser, iremos para São Paulo imediatamente.

Maeva foi medicada e se sentiu melhor. O médico aconselhou levá-la a um hospital onde tivessem recursos para a realização dos exames necessários. Solicitou que ela permanecesse em repouso e em observação no hospital e no outro dia seguisse viagem para São Paulo.

No dia seguinte pela manhã, eles seguiram rumo a um hospital em São Paulo. Maeva vinha acompanhada pelo marido e o filho, e pediu que não incomodassem os filhos que estavam longe, pois, com certeza, não seria nada de mais.

No hospital, os médicos disseram à família que ela precisaria ficar internada para realizar exames e que eles poderiam se revezar fazendo companhia a ela.

Após três dias no hospital ela teve alta. Deveria tomar os medicamentos receitados e esperar os resultados de alguns exames que demorariam alguns dias.

Apesar de as dores terem diminuído, ela se sentia muito fraca e esperava que a crise passasse logo. Não era mulher de ficar parada, gostava de cuidar da casa e precisava participar um pouco mais da instituição que patrocinava. Além de oferecer emprego para algumas pessoas, toda a renda obtida pelos produtos vendidos era distribuída a instituições de caridade.

Carlos recomendou a Marina que não se descuidasse da mãe e acompanhou de longe todo o tratamento.

Dias depois, ele recebeu um telefonema do médico responsável pelo tratamento dela dizendo que precisava conversar com ele e o pai pessoalmente. Iria propor um tratamento diferenciado para a paciente. Carlos empalideceu, sua mãe estaria com alguma doença grave?

No mesmo dia à tarde, eles estavam na sala do médico, que os recebeu com muita cordialidade. Com cuidado, ele expôs a situação: precisavam estudar um pouco mais a doença para tomarem uma decisão, mas, com certeza, ela estava com câncer no intestino.

Hideo precisou ser amparado, o médico lhe deu um calmante, e o filho o levou até a capela do hospital. Ele estava em estado de choque. Por que fora acontecer aquilo? Primeiro seu amigo e agora sua esposa? Vinha tentando seguir os caminhos de Deus e era essa a recompensa que merecia? Por que estava sendo castigado daquele jeito? Precisava morrer antes de Maeva, não iria suportar vê-la dentro de um caixão.

O padre procurou acalmá-lo, lembrando-o das palavras do médico, que dissera ser cedo para afirmar um diagnóstico positivo, mas que iriam tentar um tratamento eficiente, que já havia dado bons resultados em outros pacientes.

Os filhos que moravam no exterior foram avisados. Tinham direito de ficar a par da situação. Maeva foi preparada por um psicólogo para entender a doença e o tratamento. Cercada de carinho e amor dos filhos e do marido, ela aceitou se submeter à cirurgia.

Tudo o que estava ao alcance da Medicina e da família foi feito para ajudá-la. Os medicamentos que não existiam no Brasil foram trazidos de outros países. Os filhos ficaram ao lado dela, Marcos pediu licença na NASA, Simone ia e vinha a cada dez dias, dividindo-se entre os filhos, os negócios e a mãe.

Um pouco sem jeito, ela comentou com os irmãos, que já estavam a par da venda de um dos restaurantes deixados por Hiroshi, que o novo proprietário do restaurante era brasileiro radicado nos Estados Unidos. Era uma boa pessoa e, além de ter cumprido com todo o processo da negociação, tinha se tornado amigo da família e a estava ajudando muito nos negócios.

Os irmãos se entreolharam, o padre elevou o pensamento a Deus e pediu em oração silenciosa que se fosse para a felicidade dela que Deus a abençoasse. A irmã era muito jovem, bonita, e merecia refazer sua vida sim, ele iria se alegrar em vê-la casando-se novamente.

Seis meses depois de todo tratamento e esforço da Medicina e da família, Maeva desencarnou. A tristeza se abateu na casa de Hideo. Ele não se conformava com a morte de sua amada.

Os filhos temiam pela saúde do pai, que estava abatido, arrasado e não era mais o mesmo japonês. Isolou-se dentro de si mesmo, não encontrava mais sentido para continuar vivendo.

Marcos reuniu a família e disse que iria deixar o seu trabalho na NASA e viria ficar com o pai, uma vez que ele não queria acompanhar nenhum dos filhos e ele, como filho mais velho, tinha por obrigação cuidar do pai onde ele assim desejasse. Hideo protestou:

– Nós não estamos no Japão, vocês nasceram no Brasil, esse costume é do nosso povo; então, vocês vão continuar a vida e eu vou viver até quando Deus quiser. Esta é a minha vontade.

Simone implorou para que ele fosse viver com ela no Havaí, mas ele disse que por nada deixaria sua casa. Ali vivera com Maeva, e dali só sairia para encontrá-la no outro mundo. Diante da resistência, a filha disse que viria com os filhos para morar com ele, ao que este também protestou, afirmando que os netos estavam bem encaminhados e que o pai deles tinha feito a vida naquele país e eles deveriam permanecer lá.

Os familiares, irmãos e sobrinhos japoneses que vieram do Japão prestar homenagens à Maeva, também o convidaram para passar uma temporada no Japão, mas ele disse que sem a esposa, jamais voltaria ao país e que ficaria em sua casa. Todos podiam ir sossegados cuidar de sua vida, ele continuaria vivendo até a hora em que Deus se lembrasse dele.

Carlos reuniu toda a família e sendo padre e filho comprometeu-se a dar toda a assistência ao pai, ficaria entre a paróquia e a mansão da família.

Como o tempo é o melhor remédio para qualquer dor, meses depois Hideo já estava mais equilibrado, saía para seus torneios e fez um grupo de novos amigos, os velhos solitários, como ele mesmo classificava.

Carlos nunca deixou de pensar em Bruna. Assim como a Bíblia e o terço, ela também fazia parte de sua vida, era uma trindade sagrada, os três eram levados para o altar diariamente. Em qualquer ocasião, ele se sentia em paz diante do Senhor. Pensava nela diante do altar e sentia uma força imensa invadir sua alma. Não sentia vergonha em abrir o seu coração e revelar todos os seus sentimentos de fé, amor e gratidão ao Pai Celestial. Quando erguia aos céus o Cálice Sagrado pedia por ela.

Dois anos se passaram. O padre apertava a foto de sua mãe entre os dedos. Pensava em Bruna e sentia uma paz muito grande dentro do coração. Como estaria? Da mesma forma que guardava no coração o amor de sua mãe, também guardava o amor de Bruna, e não podia nesta vida encontrar nenhuma das duas...

Ele agradecia muito a Deus pela felicidade que reinava em sua família. Seu irmão progredia em seu trabalho na NASA, seus sobrinhos estavam crescidos e saudáveis, a pequena Maeva, que nascera nos Estados Unidos, falava inglês, porém, ela sabia o francês e o português também.

Simone, graças a Deus, estava muito bem amparada. Esperava um bebê; casara-se com o rapaz que comprara seu restaurante, o que era o destino... Hiroshi se foi e deixou um legado que seria dos filhos de Simone. O restaurante iria continuar nas mãos dela e dos filhos.

Oscar era um excelente rapaz, educado e atencioso respeitava os filhos dela, que aceitaram o casamento com muita alegria. Eles gostavam do padrasto e se davam bem com ele.

Estavam entusiasmados com a chegada do irmãozinho e cobravam dos familiares a presença de todos no nascimento do bebê.

Carlos já havia combinado com o pai que ambos iriam visitar Simone e os sobrinhos quando chegasse o novo membro da família, que se chamaria Mateus. Ele aprovara o nome, era bonito e bíblico.

O Tempo é o remédio

A governanta percebeu que Hideo se perfumava, comprara roupas novas e estava esquisito, não atendia o celular na frente de ninguém. Ela pedia a Deus que ele não estivesse se envolvendo com moças novas, que gostam de tirar proveito das carências afetivas dos homens maduros que têm dinheiro. Relutava se devia comentar ou não com o padre, pois gostava de Hideo como um irmão e não queria vê-lo sofrer nas mãos de nenhuma mulher, uma vez que fora muito feliz ao lado de Maeva...

O padre foi passar alguns dias com o pai e combinaram a viagem para o Havaí. O sobrinho chegaria ao mundo dentro de alguns dias. Carlos notou que o pai estava alegre, cantarolava em volta da piscina enquanto cuidava dos canteiros. Seria pelo neto que estava chegando?

Percebeu também que ele estava se arrumando com esmero, perfumava-se antes de sair de casa e voltava tarde. O filho não teve dúvidas: seu pai estava apaixonado! Não via nenhum mal nisso, só achava que era necessário saber se ele estava sendo correspondido e se esse alguém o merecia.

Carlos foi até a cozinha, elogiou o cheiro do assado que estava no forno, beliscou uma azeitona e perguntou para Marina:

— Você tem notado alguma mudança em meu pai?

— A mesma que você percebeu, Carlinhos! Seu pai anda se arrumando muito, faz a barba todo santo dia, perfuma-se e está chegando tarde, como você mesmo pôde comprovar.

— E você tem alguma pista do que seja?

— Não, sinceramente não. Já faz um bom tempo que tenho acompanhado essa mudança.

— Ele não trouxe ninguém aqui? Ou tem falado algum nome, coisa assim?

— Não, isso eu lhe garanto. Nunca trouxe ninguém a esta casa, respeita a casa como um altar, as fotos de dona Maeva... ele não quer que ninguém mexa em nada. Tudo o que ela gostava está no mesmo lugar, isso eu tenho de admirar. Mas que ele está envolvido com alguma mulher isso não resta dúvida, só fico preocupada se essa mulher é gente boa — acrescentou a governanta.

Os dois ficaram em silêncio se olhando, Marina então sugeriu:

— Por que não conversa com o seu pai? Talvez ele tema falar com medo de não ser compreendido por vocês. Ele é um homem ativo e ainda novo, acho que pode refazer a vida, só precisa ter cuidado com quem. A gente escuta cada coisa que acontece por aí, moças novas que andam atrás de arrumar um filho com homens maduros para tirar deles boas pensões etc.

— Você tem razão, vou falar com ele e só assim poderei ajudá-lo.

No outro dia, pai e filho se serviam à mesa, tomavam café juntos. Carlos, demonstrando alegria, elogiou o pai dizendo:

– Com alegria percebi que o senhor está mais jovial, remoçou! Com a minha experiência vou chutar um palpite: o senhor está apaixonado! Ou melhor: amando! E eu não acho nenhum mal nisso, o senhor tem todo o direito de arrumar uma boa companheira.

Hideo ficou parado, procurou palavras e não encontrou. O que responder ao filho? Não podia mentir para um padre...

Ele continuou:

– O senhor tem todo o direito de ter alguém ao seu lado lhe fazendo companhia, amando-o; afinal, ainda é um homem novo e é japonês! Temos de manter a tradição de que o japonês se casa até com 100 anos e enche a casa de filhos!

Armando-se de coragem, Hideo respondeu:

– É, filho, não posso mentir, especialmente porque você é um padre. Como iria me sentir diante de Deus? Estou gostando de uma mulher. Ela é muito simples, mas é uma pessoa honesta e de bom caráter. Não é japonesa nem tem descendência oriental, é baiana, nascida no interior de uma cidade da Bahia.

– Ora, ora, sr. Hideo! Então está gostando de uma baiana? Dizem que as baianas são bravas, hein, sr. Hideo? Mas fale-me um pouco de sua baiana – pediu o padre deixando o pai à vontade.

– Filho, você a conhece! Lembra-se de Maria, a cozinheira? Ela também ficou viúva, tem dois filhos casados e dois netos. Assim que enviuvou, há um ano e alguns meses atrás, passei a observá-la e descobri que além de ser uma mulher honesta, trabalhadeira também é uma mulher muito bonita, e é dez anos mais jovem do que eu. Eu, viúvo e solitário, passei a conversar muito com ela e logo descobrimos que tínhamos muitas coisas em comum. Ela lutou muito para criar os filhos e conseguiu formá-los, um é advogado e o outro, engenheiro. Ela tem o seu apartamento, uma casinha na praia, vive como ela diz: a vida que sempre pediu a Deus! Tem suas coisinhas, não depende de ninguém. É uma baiana exigente sim, faz questão de não aceitar nada de mim. Trabalha em nosso restaurante há mais de dezoito anos, para você ver como são os caminhos deste mundo. Juro, filho, nunca havia colocado meus olhos nela. Mas quando ficou viúva, tivemos de colocar outra pessoa no lugar e tive problemas porque ela é uma cozinheira de mão-cheia. Assim que retornou, uma semana depois, veio falar comigo. Foi aí que a vi pela primeira vez sem o uniforme da cozinha. Nasceu ali algo que nem eu mesmo posso explicar. Nunca traí sua mãe! Maeva foi para mim uma mulher maravilhosa, sempre a amei e nunca iria trocá-la por nenhuma mulher. Deus a levou, e você sabe o quanto sofri e não vou esquecer o que ela foi para mim nesta vida.

O padre se levantou, abraçou o pai, e disse:

– Dona Maria está no restaurante hoje? Posso ir com o senhor até lá? Quero dar um abraço nela.

– Pode sim, filho. Só lhe peço que não comente nada sobre o que conversamos. Ela é muito tímida e recatada, pode ficar sem jeito diante de você, e lá ninguém sabe do nosso namoro. Prefiro me preparar e prepará-la também para juntarmos nossa família e comunicar nossa decisão. Quero me casar com ela, que já deixou claro que não quer parar de trabalhar e se chegarmos ao casamento será com separação de bens. Estamos juntos por afinidade e fazemos bem um ao outro, só isso.

— Podemos almoçar, conversar um pouco e matar a saudade? Que expressão errada quando falamos matar a saudade... Saudade é a fonte e a força da nossa vida, se a matássemos iríamos viver de quê? — disse ele pensando em Bruna.

Hideo sentiu remorso. Enquanto falava de Maria, da sua paixão, o filho sentia saudade da mãe... "Pobre do meu filho, fiquei sem Maeva, mas posso ter outra mulher ao meu lado! E meus filhos? Eles realmente só podem carregar a saudade no coração."

Abraçando o filho, Hideo disse:

— É, meu filho, nenhuma pessoa pode substituir outra que se foi. Eu quero que saiba que jamais vou esquecer sua mãe. Espero que você não tenha ficado triste com o que eu lhe contei.

— Oh! Meu pai! Claro que sinto saudade de minha mãe, e como sinto! Mas não fiquei triste com o que acabei de saber, pelo contrário, alegrou-me saber que o senhor encontrou alguém que o merece de verdade, e vou orar muito por vocês. Quero fazer o seu casamento! Vou amar Maria e tenho certeza de que meus irmãos vão se alegrar em saber que o senhor terá alguém para dividir seus dias e suas noites.

No restaurante, pai e filho entraram na cozinha e encontram Maria, que ficou muito nervosa quando viu Carlos. Além de ser filho do homem que ela amava, era um padre! Secou as mãos em uma toalha, sentia-se corada e transpirava.

Carlos a abraçou e disse brincando:

– Os anos não passam para a senhora, hein, dona Maria? Continua bonita do jeito que sempre foi! Pode me dar a receita? Será que é a boa alimentação que prepara? Vim almoçar com o meu pai e gostaria de ser servido aqui na cozinha. Apontando para um canto ele se lembrou: sentávamos ali naquela mesa, eu e o Marcos, lembra-se, dona Maria? Tínhamos uma fome que nada nos satisfazia. Posso me sentar lá? A senhora pode fazer o meu prato do jeito que fazia naqueles tempos? Estou com uma fome danada!

– Você tem certeza de que quer almoçar aqui? Não quer ir até o salão? – insistiu o pai, preocupado com o cheiro da cozinha e do barulho das panelas, pratos e talheres.

– Onde o senhor acha que almoço diariamente quando estou na paróquia? É na cozinha. Fazemos marmitas para alguns desempregados e desabrigados e com a sua ajuda, sr. Hideo! Todos nós almoçamos na cozinha.

Antes de deixar o restaurante, o próprio Carlos animou o pai a sair aquela noite e jantar com dona Maria. Pediu que ele usasse o carro da empresa, pois não tinha de esconder nada de ninguém. O motorista poderia levá-lo e buscá-lo. Ele voltaria para casa, teria de trabalhar em uns projetos que estava preparando para colocar em prática em sua paróquia.

O pai ficou muito feliz com apoio do filho, e assim que se viu a sós com Maria, ele não aguentou e contou que o filho já estava sabendo do namoro deles.

Ela ficou pálida e respondeu:

– Hideo, o senhor não deveria ter contado a ele. Ainda é cedo! Seus filhos podem não entender!

– Maria, de uma vez por todas, preste atenção no que eu vou lhe pedir: primeiro, não me chame de senhor! Segundo, não estamos fazendo nada de errado, nossos filhos vão entender e ficarão tranquilos sabendo que não vamos fazer mal um ao outro. Terceiro, nem eu, nem você nascemos em berço de ouro, não encontramos facilidades em nosso caminho e como diz um ditado bem brasileiro: somos farinha do mesmo saco. Criamos nossos filhos com o fruto do nosso trabalho, merecemos uma nova oportunidade de sermos felizes, a não ser que você ainda esteja em dúvida quanto aos seus sentimentos. Eu não sou homem de ter romances, estamos namorando e eu pretendo me casar e ter uma esposa, se você gosta de mim de verdade, é você que quero como esposa.

– Você sabe que não sou mulher de me envolver em aventuras, se estou com você é porque tenho sentimentos – respondeu ela.

– E então, aceita o meu pedido de casamento? Não precisa me dar a resposta agora, espero até a noite. O movimento por aqui está pouco, por que você não sai para fazer o que toda mulher gosta, arrumar cabelos, unhas, essas coisas? Às oito horas em ponto estarei em frente o seu prédio. Não demore que a rua não é lugar seguro para ninguém.

– Você está me pedindo em casamento, Hideo?

– Sim. E estou lhe concedendo tempo para pensar. Por favor, não responda nada agora. Eu pensei muito antes de fazer o pedido e só fiz isso quando tive certeza absoluta do que queria. Dessa forma, não quero nenhuma resposta apressada, se não me quiser como eu a quero, é só ser sincera, continuaremos amigos. Só não quero que você me diga sim, sem ter certeza. Até as oito – saiu rápido sem esperar que ela respondesse.

Maria, rindo, pensou: "Esse japonês não é brincadeira! Onde já se viu eu me apaixonar por ele desse jeito? Como é a vida! A gente vive anos ao lado de outra pessoa e não presta atenção nela. Eu nunca tinha olhado para Hideo... Ou será que a minha mãe tinha razão quando dizia que nós enxergamos com os olhos da alma? Será que isso não acontece dentro da nossa própria casa também? No trabalho está mais que provado que acontece. Sou testemunha, muitos colegas de trabalho, que estão aqui há anos, lado a lado, nem sempre se dão a atenção necessária."

Um dos rapazes lhe chamou atenção:

– Mãe Maria, a senhora acha que precisamos acrescentar na lista de compras alguns condimentos?

– Ah! Estava aqui pensando com os meus botões como a gente não é nada neste mundo, e ainda tem gente que vive com arrogância! Vamos conferir o que temos na despensa!

Enquanto faziam o levantamento, ela perguntou como ele estava indo nos estudos e o animou dizendo que eles eram o maior investimento na vida de uma pessoa. Explicou-lhe que não tivera a chance de estudar, mas lutara muito e ajudara os filhos a se formar. Tinha certeza de que ele poderia, em breve, também ser um doutor.

Ela era muita querida e respeitada pelos jovens trabalhadores do restaurante, eles a chamavam de mãe Maria. De fato, ela cumpria esse papel. Aconselhava, apaziguava as divergências e os ajudava muitas vezes emprestando pequenas quantias em dinheiro.

O padre, após retornar do encontro com Maria, sentia-se tranquilo e sossegado. Fez suas orações de agradecimento a Deus pela família, por Bruna, pela paróquia, por todos os fiéis e todas as igrejas. Passou algumas horas trabalhando no escritório do pai, traçando novas metas de trabalho, sempre visando ao benefício da comunidade.

A governanta bateu de leve à porta, levando um suco e alguns biscoitos que havia preparado. Ele a convidou para se sentar e mordendo um biscoito comentou:

— Este é o meu maior pecado! E a culpada é você, não dá para controlar a vontade de comer vários, porque eles são deliciosos.

— Já escutei várias vezes você comentar que o que é saudável e faz bem à alma não é pecado diante de Deus. Se você sente prazer em comer os meus biscoitos, acho que não é pecado, coma todos sem remorso. E por falar em pecado, acho que também não é pecado sair deste escritório e ir à piscina nadar um pouco. A tarde está quente e você precisa descansar a mente e o corpo. Você é um padre, mas é de carne e osso, igual a todos os pecadores. Também já ouvi isso dezenas de vezes da sua boca.

— Sabe que você tem razão! Vou aproveitar e nadar, relaxar os músculos. Ah! Marina, à noite você vai me fazer companhia no jantar. Meu pai hoje vai jantar fora, tivemos uma conversa proveitosa, até conheci a namorada dele.

A governanta não disfarçou a ansiedade para saber quem era a mulher com quem Hideo havia se envolvido.

— E então, meu filho, fale-me quem é ela!

— Curiosa, hein, Marina? — riu ele. — Acho que você a conhece. Não faz ideia?

— Eu a conheço? Santo Deus, quem é? Nem imagino quem seja.

— Marina, você conhece dona Maria, uma antiga cozinheira dos restaurantes do meu pai? A minha mãe gostava muito dela, lembra-se?

— Meu Deus! Então é dona Maria? Eu nunca iria imaginar. Poderia pensar em qualquer pessoa, menos nela. Mas, vem cá, agora estou me lembrando que tempos atrás o sr. Hideo comentou que dona Maria ficara viúva...

— Exatamente. Foi nessa ocasião que meu pai, movido pelos sentimentos de solidão, passou a prestar atenção nela. Ele sentiu no corpo e na alma a perda da minha mãe, entendeu o que estava passando com a sua cozinheira, e começou uma história de amor entre eles.

— Sinceramente estou muito sossegada em saber que ele está envolvido com uma pessoa séria e honesta. Pensando bem, foi ela quem ajudou os restaurantes a crescerem, já faz parte da família. Será que o sr. Hideo vai se casar logo? Ele não lhe falou nada?

O padre, rindo, respondeu:

— Espero que você não esteja com ciúmes de dividir a casa com dona Maria. Sei que você é devota da minha mãe, cuida e zela de alguns pertences dela como relíquia sagrada. As fotos, por exemplo! Se meu pai se casar, não será justo nem correto com a esposa dele que as fotos da minha mãe fiquem expostas, você não acha? Meu pai e dona Maria já são maduros e não tem mais o que esperar. Sinceramente, se é isso mesmo que eles querem, devem se casar logo. Ele falou em casamento, não disse quando, eu é que estou falando que eles deveriam se casar logo. E também não sabemos se ela vai querer vir morar aqui. De repente, eles vão morar em algum outro lugar! Meu pai tem outros imóveis. Aquela cobertura que fica fechada seria o lugar ideal para eles.

— E esta casa? Ficaria como, Carlinhos? Vocês teriam coragem de vendê-la? Este é o lugar onde vocês cresceram e era a vida de sua mãe!

— Por que vender? Poderíamos transformá-la em um orfanato, uma casa de abrigo ao idoso! Há tantas outras pessoas que também podem ser felizes aqui. Você sabe o quanto a minha mãe amava fazer isso. Por outro lado, você continuaria dando prosseguimento à obra que minha mãe criou, o que acha? Agora, se meu pai quiser continuar morando aqui depois do casamento, ele também tem todo o direito. Cabe a nós acatar e respeitar a vontade dele.

— Tem razão, meu filho. Seja feita a vontade de Deus, que ele possa ser feliz. É o que devemos pedir ao Nosso Senhor Jesus Cristo.

"Parece que os anjos falam pela boca dos padres", pensou a governanta.

Um dia, o sr. Hideo veio falar com ela a mesma coisa sobre a casa. Ele, na verdade, queria ouvi-la, saber sua opinião. Iria conversar com todos os filhos e fazer uma divisão de bens, mas gostaria de doar para obras a casa de caridade: um hospital, uma escola, um abrigo, o que o filho pudesse tomar conta. Tudo em memória de Maeva. Só fazia questão que uma sala fosse reservada e tivesse as fotos de Maeva e alguns quadros que ela pintara, e que esse ambiente fosse transformado em um museu.

Assim foi acertado entre os membros da família, que ficaram felizes com a decisão do pai em preservar a memória da mãe colocando a mansão para atender aos necessitados.

Hideo e Maria se casaram em cerimônia simples. Carlos, emocionado, celebrou o casamento do pai. O casal foi morar no apartamento de cobertura de Hideo por insistência dos filhos, pois Maria queria morar no apartamento dela.

As obras do padre Carlos tornaram-se um sucesso dentro e fora do Brasil. Cinco anos se passaram e o padre lembrava-se de Bruna com a mesma saudade, com o mesmo amor de sempre.

Voltando à Bruna

Dois meses depois que Bruna deixou o Brasil, em plena sala de cirurgia, ela passou mal. Não caiu porque foi amparada por um colega. Seu pai, preocupado com a sua saúde, obrigou-a a ficar em repouso e solicitou vários exames para chegar a um diagnóstico.

Para susto e surpresa, primeiro do pai, depois da filha, o seu mal-estar deu-se devido a uma gravidez. Bruna estava grávida. Não sabia o que pensar nem o que fazer. O pai, tomando a palavra disse:

— Quero que saiba que estou do seu lado, sempre sonhei ser avô e confesso que essa possibilidade me deixa muito alegre. Contudo, vou respeitar a sua vontade, apelo à sua sensatez que não tome nenhuma decisão precipitada. Se quiser falar comigo sobre a paternidade do seu bebê, abra o seu coração, saberei ouvi-la. Se não quiser falar a respeito vou entender perfeitamente, só quero que tenha certeza de que estou do seu lado.

Com os olhos cheios de lágrimas ela pediu:

— Papai, deixe-me pensar. Fui tomada de surpresa, preciso sentir no coração o que de fato significa esta gravidez em minha vida. O senhor é meu pai e me conhece mais que qualquer pessoa neste mundo, não preciso lhe contar nada, o senhor sabe o que aconteceu no passeio que fiz ao Brasil.

– Claro, minha filha, você precisa descansar. Feche os olhos, relaxe e não pense em nada, apenas lembre-se de que não está só. Sabe, filha, vou lhe confessar algo a respeito de sua gravidez: não sou devoto, não tenho religião, mas se eu fosse Deus pediria que você tivesse esse filho.

Naquela noite, longe de Carlos e sem saber nenhuma notícia dele, Bruna sonhou que estava em um jardim com muitas crianças brincando e ele chegava com um lindo menino e lhe dizia: veja só como ele se sujou na terra! Esse nosso filho não é um tesouro em nossa vida? Abraçados com o menino, os dois trocaram um beijo. Ela acordou sobressaltada, o quarto estava em silêncio e com um cheiro de perfume no ar. "Meu Deus! Tudo me pareceu tão real... Carlos, Carlos, onde está você? Eu espero um filho nosso! O que farei da minha vida sem você?"

No dia seguinte, ela procurou o pai e comunicou-lhe que iria ter o filho e que tinha um pedido a lhe fazer: que jamais comentasse com quem quer que fosse sobre a paternidade do filho. Ele jamais saberia sua origem e, para todos os efeitos, diria que o pai estava morto.

O pai disse que isso não achava certo, pois as pessoas tinham o direito de saber sua origem e conhecer os pais, da mesma forma os pais tinham o direito de saber de sua paternidade. Pediu que ela desse tempo ao tempo e completou dizendo que respeitaria o pedido dela e cuidaria do neto com todo o amor, pois este seria o maior presente de sua vida.

A gravidez foi perfeita, ela teve certeza de que teria um menino. O avô reformou todo o apartamento para receber o neto, preparou o quarto com todo carinho e esmero.

Enquanto examinava com orgulho e admiração o quarto que receberia o neto, ele lembrava: o menino iria se chamar Eduardo, nome escolhido por Bruna, homenageando o pai dele. Ela convivera pouco tempo com o avô, porém foi o suficiente para apegar-se a ele.

Eduardo nasceu. Era um lindo menino. Tinha os olhos puxadinhos e seus cabelos eram negros e lisinhos. Bruna apertava o filho nos braços e as lágrimas caíam vagarosamente dos seus olhos. Ela examinava a semelhança física dele com o pai. Uma enfermeira entrou no quarto e, encantada com o bebê, exclamou:

– Que bebê lindo! O pai é oriental, não é?

– O avô dele é japonês – respondeu Bruna orgulhosa.

O avô adotou o neto como se fosse um filho. Andava com ele para cima e para baixo; o bebê encantava a todos. Era calmo, risonho e, muitas vezes, a mãe o olhava e chorava em silêncio. Tinha a presença viva do seu amor ali ao seu lado. Os olhos dele eram os olhos de Carlos.

O tempo passou rápido. Eduardo amenizou a saudade e a solidão de Bruna. Ela viajava muito com o filho, que já estava crescido, era muito inteligente e gostava de conhecer lugares. Enchia a mãe de perguntas sobre o Brasil, pedia para conhecer o Brasil e dizia que a terra dela era bonita.

O avô sempre participava das atividades escolares do neto. Em uma reunião escolar, Bruna e seu pai ouviram muitos elogios sobre o garoto, que era um exemplo na escola;

de repente, Bruna reparou em um senhor que estava à sua frente. Era o mesmo senhor do avião! Ela o reconheceu.

Assim que foi possível, ela se levantou, aproximou-se dele e perguntou:

– O senhor não se lembra de mim? Sou a moça do avião que anos atrás desabou em lágrimas ao seu lado.

Ele, sorridente, respondeu:

– Meu Deus! Que coincidência, eu não a reconheci. Você está diferente, mais bonita, é claro! Como esse mundo é pequeno! Estou aqui na reunião de minha neta, minha filha é arquiteta, trabalha para o estado e justo hoje não podia faltar em uma reunião importante, e o meu genro está viajando. Estou aqui representando-os. Não que eu seja desocupado! Mas sabe como é avô, a gente sempre dá um jeito. E você, está aqui por quem?

– Pelo meu filho!

Apontando para um pequeno grupo de crianças ele disse:

– Olhe minha neta, é aquela que está brincando com aquele japonesinho!

Bruna, rindo, respondeu:

– Aquele japonesinho é o meu filho!

– Que coincidência maravilhosa! Eles são colegas da mesma classe, olha só como se dão bem. Eu tenho um netinho japonês que nasceu no Havaí, lembra-se que lhe falei que tinha dois filhos? Na ocasião que a encontrei no avião, meu filho estava de mudança para o Havaí. Ele comprou um restaurante e depois se casou com a ex--proprietária. Ela é filha de japonês, eis o porquê de meu

Herdeiro do Cálice Sagrado 123

netinho também ter os olhos puxadinhos. Que idade tem o seu filho? – perguntou Ângelo interessado.

– Fez oito anos na semana passada. E sua netinha?

– Completou oito anteontem. Engraçado, eu lembro que fiquei sabendo da gravidez da minha filha pouco tempo depois que cheguei do Brasil naquela ocasião. E pela a idade do seu filho, naquela viagem você já estava grávida! – exclamou.

–Sim, estava no começo de minha gravidez. Talvez tenha sido o motivo de tanta sensibilidade. Torno a lhe agradecer e pedir desculpas por aquele dia.

– Ah! Eu entendo. Minha filha, quando engravidou da minha netinha, ficou muito sensível, chorava por qualquer coisa, toda a família engravidou com ela. Agora imagino você viajando sozinha sem o marido, com certeza se sentiu insegura, isso é normal.

Conversaram bastante sobre as crianças. Eduardo disse para a mãe que o presente que haviam comprado tinha sido para Danielle, que fizera aniversário e levara um bolo para a escola dias antes. Lembrou-a de que alguns dos jogos que ele ganhara de aniversário tinham sido presentes dela.

Os dois avôs logo se entrosaram e trocaram telefones. Ângelo gostava de jogar xadrez tanto quanto o pai de Bruna, assim, eles combinaram de jogar uma partida quando fosse possível para os dois. As crianças adoraram a ideia.

Todos se despediram. O pai de Bruna seguiu para o hospital e ela voltou para a casa com o filho. Observando as ruas enfeitadas pela beleza da primavera, Bruna recordava o dia em que conheceu Ângelo. Ainda não sabia que trazia no ventre a maior riqueza de sua vida: seu filho. Agora, já não pensava nem sofria tanto por causa de Carlos e evitava se deixar levar pelos pensamentos, pois quando se lembrava dele sentia um aperto no coração e uma vontade imensa de chorar. O filho era tudo em sua vida. No início sofreu muito, as pessoas lhe perguntavam pelo pai japonês, os colegas não comentavam nada, mas ela sabia que se perguntavam: "Quem será o pai?". Alguns fizeram fofocas sobre ela e um médico japonês, muito bonito, culto e comprometido, que havia ido fazer estágio no hospital e retornara para o Japão, justamente no início de sua gravidez. Ela pouco se importava, achava até graça.

Eduardo, pedindo sua atenção, perguntou:

– Mãe, eu sei que o meu pai morreu, mas eu não tenho parentes no Japão? Tenho a maior vontade de conhecer dois países: o Brasil e o Japão! Eu conheço alguns parentes seus do Brasil e fico pensando que o meu pai certamente tinha os seus parentes no Japão, por que não procuramos por eles?

– Meu filho, eu já lhe falei toda a verdade sobre o relacionamento meu e do seu pai. Não ficamos juntos muito tempo, namoramos um dia. Aconteceu o que acontece entre um homem e uma mulher e fiquei grávida. Não deu tempo de comunicar a ele. Eu não sei nada da família dele no Japão. Vamos deixar essa conversa triste de lado? Mamãe não quer vê-lo triste nem quer ficar triste. Amei demais seu pai e continuo amando, mas você é a minha vida, é a continuação dele.

– Você amou muito mesmo meu pai? Ele era legal com você? Eu queria tanto que ele estivesse conosco...

– Eu o amei muito, muito, muito. E ele também me amou. Foi o melhor homem que conheci na vida. Era parecido com você: lindo, gentil, inteligente, amoroso, bondoso, um ser humano nobre, mas, infelizmente, o Pai do Céu não permitiu que ficássemos juntos, temos de entender a vontade Dele.

– Então eu quero crescer e ser igual ao meu pai! E não vou morrer! Vou cuidar de você e do meu avô, que é muito legal! Se o meu pai estivesse vivo quantos anos teria?

– Eduardo, você quer ir comer aquele lanche gostoso com batatinhas fritas? – perguntou Bruna criando nele uma nova expectativa a fim de que esquecesse o assunto.

– Claro que quero! Oba! Adoro o lanche e, principalmente, as batatinhas fritas! – respondeu o garoto eufórico.

– Vamos lá, então! Fique de olho se não tem nenhum guarda por aí – disse Bruna fazendo o retorno para estacionar.

A mãe de Danielle, Ana, fez amizade com Bruna, e elas ficaram amigas. As crianças se davam superbem. Os avôs e o marido de Ana curtiam muito os torneios de xadrez.

Os dois amigos inseparáveis, Eduardo e Danielle, completaram nove anos e continuaram na mesma escola. Nas férias daquele ano, os pais de Danielle convidaram Eduardo para passar alguns dias no Havaí na casa do tio de Danielle.

Eduardo pediu para a mãe e para o avô que o deixassem acompanhar a amiguinha e seus pais. Bruna sentiu um aperto no peito, o filho queria ir, mas ela tinha dúvida se a viagem lhe faria bem. Ele ainda era tão pequeno! Nunca havia saído sem ela. Os pais de Danielle prometeram cuidar dele e ela sabia que o fariam. Lembrou-se da última conversa que tivera com Carlos. Ele disse ter uma irmã viúva com dois filhos que viviam no Havaí. Será que ainda moravam lá?

Por fim, ela concordou em deixá-lo ir com a família amiga. Seu pai lhe chamou a atenção, e estava totalmente certo: ela morria de medo de perder o filho, mas não seria privando-o de viver sua vida que conquistaria seu amor.

Eduardo passou dez dias no Havaí e trouxe muitas fotos. Voltou apaixonado pelos novos amigos, pela tia Simone e pelo tio Oscar. Disse que Mateus era muito bonito e os jovens eram demais!

Bruna olhou as fotos e sentiu um aperto no coração, era uma família muito bonita... Se Carlos não fosse um padre, ela poderia ter uma família parecida com aquela...

Enquanto examinava as fotos e o filho contava as aventuras de sua viagem, ela voltava ao passado... Como reagiria Carlos se soubesse que tinha um filho? Deixaria a igreja por ele? Seriam felizes? Fizeram um juramento: não procurar notícias um do outro, e foi ele quem propôs. Ela precisava se dar a oportunidade e, no decorrer daquele tempo, ela tivera alguns romances breves, mas não conseguiu se envolver com ninguém. Como dizia o pai, alguns corações eram eternamente fiéis.

À noite, o pai chegou com um envelope e colocou sobre a mesa do jantar. Pediu para Eduardo abrir e ler. Ele leu em voz alta e ficou emocionado. Lá estavam duas reservas: ele iria com a mãe fazer uma viagem para Portugal, França e Itália.

O pai sorrindo explicou:

— Eduardo ainda tem muitos dias de férias e você, Bruna, precisa aproveitar os dias para ficar ao lado dele. Pesquisei com o agente de viagens e ele me recomendou este pacote.

O garoto ficou superfeliz e, abraçando-o, agradeceu-
-lhe. Virando-se para a mãe disse:

— Vamos curtir bastante esta viagem, mamãe! Você não
quis ir para o Havaí e não sabe o que perdeu, mas esta viagem nós dois vamos aproveitar cada minuto.

Bruna viajou com o filho. Realmente, cada minuto
parecia um sonho! Ela estava encantada com cada lugar
novo que conhecia.

A viagem estava chegando ao fim.

— Que pena — reclamou Eduardo.

Eles estavam na Itália, país encantador. Haviam feito
algumas excursões maravilhosas. O guia propôs que eles co-
nhecessem os arredores de Roma, lugares históricos, verdadeiras relíquias da história da humanidade.

Eduardo perguntou se não havia a possibilidade de
conhecerem o Vaticano. Queria conhecer a igreja de São
Pedro. Bruna empalideceu.

O guia respondeu que poderiam ir e que ele era um
garoto muito inteligente. Ir a Roma e não conhecer o Vaticano era de fato imperdoável.

Assim, todo o grupo que viajava com eles aplaudiu a
ideia do garoto. Todos visitariam o Vaticano e no outro dia
estariam retornando ao destino.

Bruna ficou emocionada, a igreja de São Pedro era
algo além do imaginável. Tudo ali era muito bonito. O movimento na Praça São Pedro era grande, muitos padres, freiras se misturavam com a multidão. Seus pensamentos iam
ao encontro do padre Carlos. E não era coincidência o filho
amar tanto a igreja.

De mãos dadas com Eduardo, Bruna se desviava dos grupos; sentia-se um tanto incomodada com tantos padres e freiras à sua volta. As lembranças vinham fortes, e ela pensava que nunca chegara a ver Carlos vestido de padre nem queria! Procurava não formar nenhuma imagem dele a esse respeito. Como será que ele estava? Sentia um aperto no coração cada vez que pensava nele. Distraída, não percebeu que deixara cair o cachecol. Já estava deixando o jardim quando um rapaz veio correndo até ela pedindo licença e disse-lhe:

– Você deixou cair isto!

Ela pegou o cachecol e agradeceu-lhe. Por alguns segundos os dois se entreolharam. "Como ele lembrava Carlos...", pensou Bruna. O rapaz olhou para Eduardo e perguntou:

– Você, como eu, deve ter parentes no Japão, não é?

Eduardo, sorridente, respondeu:

– Acredito que tenho sim, apesar de não ter contato com nenhum deles. Como é o seu nome? – perguntou o menino.

– Eu me chamo Marcos, e você?

– Eduardo! – respondeu o menino alegremente.

Em poucos minutos, os dois já haviam trocado valiosas informações. Bruna ouviu o rapaz falando que morava nos Estados Unidos. Era brasileiro, descendente de japonês. Eduardo respondeu-lhe que era filho de brasileira com japonês.

– Seu filho é muito simpático – disse ele, voltando-se para Bruna. – Então, você é brasileira como eu?

– Considero uma sorte encontrar alguém que fale português por aqui – respondeu ela.

– Posso pagar um chocolate para o meu novo amigo? – pediu ele, apontando um café próximo.

Bruna os seguiu e em poucos minutos ele contou que estava voltando da França, fora levar a filha para passar alguns dias com os avós. Ela ainda estava sofrendo muito a perda da mãe ocorrida havia três meses em um acidente de carro. Ele estava tentando cumprir sua missão de vida, pois a filha precisava muito dele.

Eduardo, tocando o braço dele, falou:

– Não cheguei a conhecer meu pai, pois ele morreu antes que eu chegasse ao mundo. Minha mãe sofreu muito, mas eu estava ali para ficar ao lado dela. Sua filha vai ser feliz ao seu lado, pois eu sou muito feliz, mesmo não tendo meu pai perto de mim.

Marcos pediu perdão a Bruna por ter tocado em um assunto tão delicado! Ela respondeu:

– Não se preocupe comigo, faço o possível para ver meu filho feliz e aconselho a você a fazer o mesmo, o tempo é um grande aliado. Conversaram alguns minutos e logo Marcos já sabia que eles também moravam nos Estados Unidos.

Antes de Bruna se retirar ele lhe entregou um cartão e pediu:

– Gostaria muito de revê-los! Adorei conhecer seu filho; temos algo em comum e, se não for pedir demais, gostaria do seu telefone também.

Os dois se olhavam. Bruna sentiu algo muito familiar naquele olhar, ele também dizia para si mesmo: "Não sei o porquê, mas tenho impressão de que conheço esta moça".

Eduardo contava e mostrava para o avô tudo o que conhecera em sua viagem. Falou do amigo japonês que conheceu em Roma e que ele era muito simpático e também era brasileiro, tal como a mãe, e que morava nos Estados Unidos e trabalhava na NASA. Marcos prometeu que ia ligar e marcar uma visita.

O avô, rindo, respondeu:

– Fazer amizade é sempre muito bom, ele será bem-vindo em nossa casa, se é seu amigo e de sua mãe, será meu também.

O pai de Bruna por alguns segundos ficou em silêncio e pensou: "Será uma oportunidade para Bruna tirar o outro japonês da cabeça... E quem sabe, Eduardo ganhar um pai parecido com ele".

Uma semana depois, a família estava reunida assistindo a um filme quando o telefone tocou. A mãe se levantou para atender e Eduardo gritou: vou dar uma pausa até a senhora voltar.

Era Marcos, perguntando como estava Eduardo. Bruna respondeu:

– Você vai saber dele mesmo como está, não para de falar da viagem.

Após alguns minutos de conversa com o garoto, Marcos pediu para falar com a mãe dele.

Desde o primeiro dia que se conheceram houve uma atração entre ambos, que eles não sabiam explicar. Marcos disse a Bruna que gostaria de encontrá-la, queria ver Eduardo, "quem sabe no próximo fim de semana?".

Sem pensar muito ela concordou:

Herdeiro do Cálice Sagrado

– Tudo bem, pode ser no próximo fim de semana. Ele vai ficar contente.

Marcos suspirou do outro lado da linha e perguntou se poderia ligar antes do encontro e qual seria o melhor horário, pois não queria atrapalhar, sabia que ela era médica e não tinha horários.

Ela disse que ele poderia ligar na quinta-feira à noite, pois ela estaria em casa e assim combinariam o encontro. O pai ouvia a conversa e intimamente torcia para que Bruna viesse a gostar do rapaz.

No primeiro encontro, eles foram almoçar em um restaurante brasileiro e depois andar pelo parque que estava cheio de atrações. Eduardo estava feliz da vida. Bruna chegou a pensar: "Será que meu filho está assim por ter semelhança física com ele?".

Antes de se despedirem, Marcos apertou a mão de Bruna e disse:

– Por favor, preciso vê-la outras vezes. Você não pode imaginar o bem que está fazendo ao meu coração.

Bruna, brincando, afirmou:

– Sou cardiologista, talvez seja por isso!

– Não! Não é por sua especialidade médica, são os seus olhos, sua boca, sua voz, seus cabelos que têm me feito esse bem – disse ele.

No caminho de volta, Eduardo pegou a mão da mãe e falou:

– Eu notei que você e o Marcos se olharam de forma diferente. Se você namorasse e casasse com ele, eu iria ficar muito feliz.

— Eduardo! Que história é essa? De onde você tirou a ideia de namoro e casamento?

— Ora, mamãe! Você é solteira e ele é viúvo. Qual seria o problema? Os únicos que poderiam criar problemas seriam eu e o vovô, e tenho certeza de que nenhum de nós seremos contra.

— Meu filho, por favor, acabamos de conhecer o Marcos, somos apenas amigos e você já está com essas ideias na cabeça? Não fale isso para o seu avô, tudo bem?

— Tudo bem, não vou falar nada. Mas você mesma me disse que ficou apenas uma vez com o meu pai e eu nasci, e que foi um grande amor. Não pode acontecer novamente?

— Sim, pode. Mas por enquanto vamos guardar segredo, ok?

— Prometo. Mas se você quiser se casar com o Marcos eu vou gostar muito. Ele é parecido comigo e quando andarmos pelas ruas vão perguntar se ele é o meu pai e eu vou dizer que sim. Todos vão acreditar.

Três meses depois do primeiro encontro, Bruna e Marcos saíam sozinhos pela primeira vez. Fizeram um pacto, não iriam perguntar nada sobre a vida passada, o que importava era dali para a frente.

Bruna passou a ter Marcos ao seu lado. Ele era maravilhoso, ele e Eduardo se tornaram inseparáveis, eram como pai e filho. A filha de Marcos também gostava de ficar com eles, e o pai de Bruna estava confiante na felicidade de todos.

Algumas vezes, antes de dormir, ela revia Carlos pedindo que ela se casasse e fosse feliz. Era o que ela iria fazer. Deus fora muito bom, colocara outro japonês maravilhoso em seu caminho. Os boatos no hospital diziam que ela tivera um caso com ele e nascera Eduardo, e que agora os dois haviam reatado. Bruna achava graça e até sorria.

Seria bom. Tendo Marcos ao seu lado, o filho não iria mais querer saber dos parentes do Japão e ela teria um pouco mais de tranquilidade. Daria tudo para saber como Carlos estava. Teria se esquecido dela? Que bobagem, ele não a amava, fora apenas uma noite que ele se desviara para os seus braços, logo recobrando a razão pela qual vivia: sua igreja, ali era a sua vida, quem sabe entre uma fuga e outra, amando outras mulheres?

O envolvimento entre Marcos e Bruna ficava mais forte a cada dia. Ele já fazia planos para o casamento. Iriam esperar até o fim do ano por causa dos estudos de Maeva.

Eduardo mais uma vez fora convidado para ir passar os feriados prolongados no Havaí e a mãe cedeu. Em conversa com Marcos ela disse que o filho adorava a família de Ângelo que morava lá.

Eles não falavam sobre a vida particular, porém, a ocasião não era inconveniente e Marcos disse-lhe que tinha uma irmã casada que morava no Havaí. Se Bruna desejasse ir até lá eles poderiam visitá-la.

Bruna tentou se lembrar... Carlos também tinha uma irmã no Havaí, mas ela era viúva daquele senhor que estivera no hospital e desencarnara vítima de câncer.

O Casamento de Marcos

Hideo ficou muito contristado com a morte súbita da nora, que desencarnara em um acidente de carro. Sua netinha tão meiga e inteligente ficara sem a mãe, e seu filho Marcos ficara desolado. Ele também havia passado por isso e sabia o quanto era doloroso, mas todos deram muita atenção a Marcos e, graças a Deus, as coisas já estavam melhorando.

Marcos estava vindo ao Brasil a passeio com a filha. Era uma felicidade imensa receber os netos em seu apartamento, que tinha espaço para todos. A cobertura era de fato uma beleza, ele fizera um jardim com flores, ervas e frutas, e tinha uma piscina particular, onde os netos e o padre adoravam nadar.

Marcos se despediu de Bruna no aeroporto prometeu que assim que chegasse ao Brasil ligaria pra ela. Iria visitar os familiares e também comunicá-los do seu casamento.

Bruna abraçou-o, desejando boa viagem. Beijou Maeva, que não escondia a alegria de poder visitar o avô. Eduardo comentou com Marcos:

— Um dia quero ir com você ao Brasil. Tenho muita vontade de conhecer a terra de vocês. — Virando-se para

Maeva pediu: – tire bastante fotos de todos os lugares a que você for, eu quero ver tudo!

– Pode deixar, vou tirar fotos até da ONG que tem o meu nome, lógico que é por causa da minha avó, pois foi ela quem começou a desenvolver o trabalho com o meu tio. Prometo que vou lhe trazer muitas fotos!

Sentados no jardim, pai e filhos observavam alguns idosos que circulavam de um lado para o outro. Marcos reparou nas reformas que haviam sido feitas para abrigar os oitenta idosos que viviam ali. Maeva tirava as fotos e pensava: "Eduardo vai ficar superfeliz em saber que a nossa família mantém uma casa que abriga idosos carentes e assistem a outros tantos em consultas e tratamentos". Ela tinha o avô como um bom homem, inteligente, trabalhador e bondoso. O tio padre, nem se falava! O que ele fazia pelas comunidades carentes era próprio de um ser divinal.

Marcos comunicou ao pai e ao irmão que pretendia se casar em breve. Encontrara uma boa moça, que lhe devolvera a vontade de viver. Ela tinha um filho que ele já havia adotado no coração como seu. E contou aos dois que fisicamente o menino era mais parecido com ele que sua própria filha, e que ele amava tanto o garoto quanto amava Maeva.

O padre, batendo nas costas do irmão, disse:

– É muito bom vê-lo assim, meu irmão. Deus sempre coloca alguém em nosso caminho para nunca desistirmos de crer no amor e na possibilidade de recomeçar nova vida. Você pretende se casar quando e onde? Eu gostaria de estar presente e abençoar o seu casamento com a minha futura cunhada, de quem ainda não sei nem o nome.

Herdeiro do Cálice Sagrado

– Assim que voltar desta viagem, vou oficializar o meu pedido de casamento, espero que Bruna aceite casar-se comigo. Faço questão de sua presença e de sua benção em nosso casamento.

Carlos sentiu uma pontada na fronte, que coincidência a noiva do irmão se chamar Bruna. Ele também amara uma Bruna que em nada tinha a ver com a moça que seria esposa do irmão.

O pai perguntou para o filho:

– Trouxe uma foto de sua noiva para conhecermos?

– Santo Deus! Como eu sou desligado! Acredita que não pensei nisso? Para falar a verdade acho que nunca tiramos fotos juntos.

A garota se aproximou dos três dizendo que já havia fotografado tudo o que precisava levar para mostrar aos amigos, mas, em especial, para Eduardo.

O avô quis saber quem era Eduardo. Ela respondeu:

– É o meu meio-irmão! Um menino muito legal, acho que quando nossos pais decidirem se casar, vamos nos dar muito bem. Todo mundo fala que ele é mais parecido com o meu pai do que eu. Pudera! Os dois são homens!

– E da mãe dele você também gosta? perguntou o padre.

– Gosto muito, além de ser educada, muito bonita, nunca tentou assumir o lugar de minha mãe em meu coração. Ela sempre fala para mim e para o Eduardo que nossos pais morreram e foram para o céu, mas nós devemos guardá-los sempre na lembrança e no coração.

– Ela é viúva, Marcos? – perguntou o pai.

— Não, ela nem chegou a se casar com o pai do filho. Ele faleceu antes de o menino nascer. Procuro não perguntar muito sobre isso porque sei que não são lembranças boas. O senhor, assim como eu, sabe o que é perder alguém que amamos. Ela amava demais o pai de Eduardo. Fizemos um pacto: não tocamos em assuntos de família, não por maldade, mas porque ela cresceu longe da mãe, perdeu o pai de Eduardo, assim evitamos tocar nesse assunto, ao menos por enquanto.

Atendendo ao pedido do encarregado pelo abrigo, eles entraram para acompanhar as novas diretrizes dadas pelo padre. Tudo estava conforme ele havia planejado. O pai se orgulhava de tudo o que o filho fazia.

Marina veio ao encontro deles. Emocionada, beijou e abraçou os meninos. Passando o braço sobre os ombros de Maeva ela disse:

— Meu Deus! Como esta menina cresceu! Está uma mocinha. E como é linda. Venham, vamos fazer um lanche! Eu preparei dois bolos: nozes e chocolate. Não sei se ainda gostam dos dois bolos, que eu era obrigada a fazer porque cada um tinha um gosto. A Simone não, ela preferia mais uma torta de morango. Como sinto falta daqueles tempos — disse ela suspirando.

Sentados à mesa, Carlos pediu que Marcos contasse a boa nova sobre o casamento dele para Marina.

— Vou me casar novamente, você acha que estou certo?

— Meu filho, quem ama tem o coração cheio de amor! É justo que divida sua vida com outra pessoa, que o ame e divida com você os cuidados de uma mãe para com esta mocinha. Quem é a felizarda que vai levar meu menino para o altar?

– Uma brasileira que mora nos Estados Unidos há muitos anos. Uma moça bonita e educada, que me devolveu a vontade de viver e ser feliz.

– Sendo assim, meu filho, Deus o abençoe, é isso que todos os dias eu peço a Ele por vocês.

Enquanto servia a mesa, a velha governanta, que já apresentava dificuldades nos movimentos, perguntou:

– Senhor Hideo, cadê dona Maria que não veio com o senhor?

– Ah! Ela saiu logo cedo, foi visitar alguns parentes que chegaram da Bahia e que havia muito tempo não os via. Fique sossegada que amanhã ela deve vir por aqui cuidar dos afazeres.

– Pois é, parece mentira. Vocês não imaginam a falta que faz dona Maria por aqui. Nem sei o que seria de nós se ela tivesse de se afastar por muito tempo.

– É bom você ir se acostumando a não contar muito com a presença dela. Em breve, vamos para o casamento do Marcos. Depois, pretendo ir ao Havaí e depois vou ao Japão. Estou com vontade de fazer uma viagem prolongada com a minha esposa. Nasci no Japão, cresci com seus costumes antigos, porém, não conheci os lugares sagrados e históricos. Quero ir conhecer o novo Japão, seus costumes atuais e visitar os templos que foram construídos há milhares de anos. Acho que mereço esse presente. Trabalhei muito, já ganhei o suficiente para viver bem até quando Deus quiser; portanto, decidi que vou conhecer as coisas boas da minha terra.

– Faz muito bem, papai! – respondeu o padre batendo no ombro dele. – Viajar sempre faz bem ao corpo e à alma; e o senhor soube juntar com dignidade recursos que lhe permitem isso.

– Endosso o que Carlos disse! – afirmou Marcos, abraçando o pai.

Senhor Hideo abraçava os dois filhos e agradecia à dona Marina pelo lanche, acrescentando:

–Vá se acostumando porque você vai assumir as tarefas da Maria enquanto estivermos fora. Eu tenho certeza de que vai tirar de letra!

– Do jeito que o senhor está falando parece que vai ficar meses fora! Quanto tempo o senhor pretende ficar longe, sr. Hideo? – perguntou a governanta.

– Sinceramente? Não estou calculando nem tempo, nem dinheiro! Quero viajar com Maria o tempo que nos fizer bem. Enquanto não me sentir plenamente satisfeito não pretendo voltar. Vou colocar essa ideia na cabeça dela, vamos viajar pelo mundo sem compromisso de voltar.

Marcos, abraçando Marina, perguntou:

– Eu gostaria que a senhora fosse ao meu casamento. Posso contar com sua presença? As passagens e as estadias são por minha conta.

– Oh! Meu filho, não fique zangado comigo, você sabe que eu não gosto de sair de casa, quem dirá fazer uma viagem dessas! Não fique triste nem magoado, quando você vier novamente ao Brasil sei que vai trazer sua mulher e eu vou cuidar de tudo o que for preciso.

– Está bem, bicho do mato! Quando eu vier, trarei minha mulher e o filho dela. Vou contar para eles sobre os bolos que você faz!

Maeva puxou a mão do pai e reclamou:

– Está se esquecendo de me incluir na sua lista?

Beijando os cabelos dela e abraçando-a, ele respondeu:

–Você não entra em nenhuma lista de pessoas queridas, você é um pedaço de mim mesmo, filha.

Hideo pediu a Marina para pegar as chaves das salas onde eram conservadas as relíquias da família. Parado diante de uma pintura de sua ex-esposa, seus olhos encheram-se de lágrimas. Os filhos emocionados se abraçaram a ele.

– Por mais que a gente venha a gostar, até amar a outra pessoa, como é o nosso caso, filho – disse olhando para Marcos –, jamais deixamos de lembrar com saudade das pessoas que fizeram parte de nossa vida. Eu seria mentiroso se falasse que não sinto falta e saudade da mãe de vocês, ela foi e sempre será uma pessoa muito especial.

Carlos, de cabeça baixa pensou em Bruna. Como estaria aquela que era parte de sua vida? Seu pai estava coberto de razão, por mais que se gostasse, se amasse outras pessoas, era impossível arrancar, apagar a chama do verdadeiro amor, uma vez acesa essa chama, ela era eternamente luz...

Em breve, o irmão estaria se casando novamente com uma moça chamada Bruna. Estranha coincidência... O mesmo nome daquela que vivia com ele vinte e quatro horas.

Ele pediu tanto que ela refizesse sua vida, construísse uma família; será que ela se casara? Tivera filhos? Estaria feliz? Ainda pensava nele?

Logo se refez e pediu perdão a Deus. Ele não tinha o direito de sentir ciúmes dela, assim que pudesse iria ajoelhar-se, rezar e pedir perdão pelos seus pensamentos.

O pai percebeu o silêncio dele e pensou:

"Mãe é mãe... Choro de saudade dela todas as vezes que entro aqui, imagino eles, que são filhos..."

Marcos voltou de viagem e Eduardo fez a maior festa com as fotos que Maeva lhe trouxera. Os dois trocaram fotos de viagens. Os pais acharam graça. Marcos contou para Bruna que Maeva não largou a câmera um minuto, tirando fotos para trocar com Eduardo. Parecia que o mesmo acontecera com ele. Isso era bom, os dois se davam muito bem.

O casal decidiu esperar o ano letivo acabar, pois Maeva iria estudar no mesmo colégio que Eduardo. Marcos comprou uma belíssima cobertura perto do colégio e do hospital onde Bruna trabalhava, propriedade do pai dela. Ele, como engenheiro, trabalhava nos projetos da NASA em um escritório, também próximo ao apartamento, e se orgulhava de dizer que adquirira tudo o que tinha com o seu próprio trabalho.

Eduardo chegara a comentar com o avô que agora tinha uma família de verdade: mãe, pai, irmã e avô.

Padre Carlos foi indicado para assumir um alto cargo dentro da igreja. Precisaria ficar fora do Brasil por um bom tempo. Retornaria como bispo, aumentando suas responsabilidades.

Viajou para Roma com todo o apoio da família. Faria um estágio por lá e não sabia quando regressaria ao Brasil. A felicidade de servir a Deus compensava todas as outras coisas.

Por telefone, Marcos lhe desejou muitas felicidades e lhe disse que ia sentir sua falta em seu casamento, mas sabia

Herdeiro do Cálice Sagrado

que ele estava a serviço de forças maiores. Pediu apenas que ele rezasse pela sua felicidade.

O casamento de Marcos e Bruna estava próximo. O apartamento montado, a transferência de Maeva em ordem. Eduardo estava mais tenso que o noivo. Ele e Maeva levariam as alianças dos pais. Depois do casamento, eles viajariam para a Grécia e os garotos ficariam com o pai dela na fazenda, lá tinha uma infraestrutura muito boa.

Dois dias antes do casamento, Marcos recebeu um telefonema do pai dizendo que se preparava para embarcar com Maria, mas que sua irmã não poderia ir ao casamento. Por obra do destino ou coisas de Deus, os dois filhos, seriam abençoados no mesmo dia. O padre iria ser consagrado bispo em Roma. Alguém da família deveria ir à Roma e Hideo decidiu: ele ia ao casamento do filho, e a filha, com os netos, iriam para a consagração de Carlos.

Marcos disse que sentiria falta deles, mas que ao mesmo tempo se alegrava pelo irmão, e que não faltariam oportunidades para que a família se reunisse e fizesse outra comemoração.

Uma cerimônia simples uniu Bruna e Marcos como marido e mulher diante de Deus, dos filhos, familiares e amigos. Bruna agradeceu a Deus por ter colocado aquele homem em sua vida. Ele lhe trouxe muita paz e felicidade. O filho estava radiante e orgulhoso. Ele era parecido fisicamente com Marcos e em muitas coisas pessoais.

Maeva pediu para os noivos que deixassem Eduardo e Danielle levarem as alianças, pois ela já estava uma mocinha e não ficava bem. Eduardo e a amiguinha eram do mesmo tamanho, ficaria mais bonito. Os pais concordaram e Bruna lamentou muito a falta de Ângelo, que ainda não conhecia Marcos. Ele estava no Havaí ajudando o filho.

Hideo, a sós com a esposa comentou:

– Olho para o filho da minha nora e ele não me é estranho! Lembra-me meus filhos quando crianças.

Maria, sorrindo em tom de brincadeira respondeu:

– Meu bem, todo japonesinho se parece um com o outro. Ele é uma graça de menino, além da educação que a mãe lhe dá! Para falar a verdade, ele até parece mesmo da família. Bom, de qualquer forma agora será seu neto! E de sua nora, você gostou? – perguntou curiosa.

– Sinceramente? Meu filho sempre teve bom gosto, Nikita, que Deus a tenha, era uma boneca...Agora essa outra é tão bonita quanto ela e dá para perceber o quanto eles se gostam. Ela é uma pessoa do bem.

Padre Carlos pela manhã, em vestes ricamente trabalhadas, recebeu o anel de bispo em uma cerimônia em que se encontrava o clero do mundo inteiro. Ele chamava atenção da multidão por seus traços orientais. O destino, após deixar Roma, seria o Oriente. Trabalharia em uma missão grandiosa em Tóquio. Assim que foi chamado em Roma imaginou que voltaria a trabalhar no Brasil, somente em Roma soube de sua nova missão. Foi conscientizado da necessidade do trabalho em outro país. Ele não foi apontado por mera coincidência, a decisão tomada pelo alto Clero de enviá-lo ao Japão era exatamente por ele ser descendente direto daquele país.

Ele evitou contar para a família. Ainda era segredo da igreja e, com certeza, o pai não ficaria tão triste com a sua transferência, pois tinha muitos parentes em Tóquio. Iria para o país do pai.

Diante do altar, ajoelhado, olhos fechados, cabelos caindo na testa molhada de suor, o bispo rezava e pedia forças a Deus. A imagem de Bruna surgia na sua frente como um cálice, que ele sabia que não mais colocaria nos lábios. As lágrimas desciam do seu rosto.

"Senhor, perdoe-me. Este é o meu segredo. O meu pecado diante de Ti. Ajude-me! Não quero esquecê-la, não posso esquecer o que para mim é sagrado, pois são essas lembranças vivas que habitam dentro de mim que me dão forças para continuar vivendo e cumprindo com dignidade a minha missão."

Com o coração em chamas, de olhos fechados ele, diante do altar, continuou:

"Preciso, Senhor, amá-la com alegria no coração, sem qualquer outro sentimento que envolva o desejo da carne. Entrego em Seus braços a minha vida, sou seu servo, humildemente Lhe peço: olhe por ela, Senhor."

Ficou orando e se elevando por alguns minutos, distanciando-se das coisas terrenas e penetrando no mundo sutil da luz.

O relógio da igreja anunciava as horas. De olhos fechados, o bispo lembrou que naquela hora o seu irmão estaria entrando na igreja, aproximando-se do altar. Iria se casar com uma moça chamada Bruna; ele ainda não a conhecia, mas da forma como o irmão a descrevera como pessoa e pelo amor dele pelo filho da moça, sentia muito respeito e amor pelos dois. Pediu muitas bênçãos de paz, amor e felicidade para ambos e toda a família. Pensou no pai que estaria ao lado dele, e lembrou com pena que a irmã, o cunhado e os sobrinhos não estariam no casamento de Marcos. Por outro lado, não podia negar a felicidade de vê-los diante do altar. Bruna também estava com ele, fazia parte de sua existência, era sua própria vida. Onde estavam o terço e a Bíblia, a imagem dela também estava. Ela era uma imagem de sua devoção.

Em três dias, ele estaria embarcando para sua nova missão. Lembrava-se com carinho e sentia saudades de sua comunidade. Desde que ingressara para o celibato foi conscientizado de que nenhum padre poderia se apegar a uma comunidade, e sim seguir o exemplo de Jesus levando a palavra e o amparo espiritual a qualquer parte do mundo. Ele fez o que pôde pela igreja e seu rebanho. Sentia falta da velha governanta que vivia para servir aos servidores de Deus. Como estaria sua horta? De olhos fechados sentia o perfume dos jardins que cercavam a igreja, contribuição do pai. Diante da imagem do Senhor, ele decidiu que avisaria o pai e a irmã um dia antes da sua partida. Ia pedir ao pai para comunicar ao irmão quando este voltasse da lua de mel.

Suspirando profundamente ele se ergueu, encostou a cabeça no altar respeitosamente e beijou o sagrado altar. Ao voltar-se, deparou com alguns jovens seminaristas que, em silêncio, ajoelharam-se diante dele pedindo a bênção.

Emocionado, com lágrimas nos olhos, ele os abençoou e se dirigiu aos seus aposentos. Iria tomar algumas providências, arrumar os poucos pertences pessoais e depois celebraria sua primeira missa como bispo.

Em seu aposento bispal ele pegou seus pertences pessoais, incluindo o Cálice Sagrado, presente de seus pais.

Ele havia pedido permissão aos superiores para usá-lo, e a igreja aprovara aquele ato de amor. Ele mesmo cuidava do Cálice Sagrado com todo o cuidado, carinho, respeito e amor. Cada vez que elevava o santo cálice aos céus era pelo mundo, mas em seu coração nunca deixou de pedir humildemente a Deus por aquela moça que era metade de sua própria vida. Chegou até a sonhar que se pudesse deixar como herança para alguém alguma coisa preciosa, seria o cálice e seria para ela... "Que tolice, Jesus...", disse pedindo perdão a Deus pelos pensamentos.

Fazia uma análise de sua trajetória como padre. Em pouco tempo, conquistara muitas coisas boas para a comunidade, mas mesmo no seio da igreja havia intrigas e inveja. Houve muitos comentários pelo fato de, em tão pouco tempo exercendo a missão de sacerdote, ter alcançado um grau tão elevado dentro da igreja. Contudo, ele jamais fez algo pensando nos cargos, mas sim pensando em ajudar o povo. Não achava que seu título era injusto, pois não se acomodara como faziam alguns padres que, simplesmente, rezavam as missas, celebravam casamentos, realizavam batismos, davam assistência a algum moribundo e faziam suas pregações aos domingos. Ele arregaçara as mangas da camisa, colocara os pés no chão e construíra casas populares, oficinas de costura, escolas, abrigos para crianças e idosos, hortas comunitárias, padarias, centros comunitários em que se vendiam os produtos fabricados e plantados. Sempre fizera o que podia, com muito amor e da melhor forma possível. Sua consciência estava em paz.

Acariciando o cálice, ele se lembrava de Bruna. Muitas coisas na vida não condiziam com a vontade do Senhor... Ele respeitava as leis deixadas pelos homens e não por Deus, jamais iria discutir esta trama tão difícil para os que optavam servir a igreja: eram homens comuns, porém, proibidos de expressarem os sentimentos mais nobres da alma: o AMOR por uma mulher, os filhos...

Um dia, com certeza, o mundo e os homens estariam preparados para viver em plena paz com corpo e alma, mas naquele momento precisava honrar o juramento feito diante do Pai. Jamais procuraria Bruna, não que seu coração não pedisse, mas continuaria amando-a, isso ele tinha certeza, seria por toda sua vida.

Marcos Adota Eduardo

Hideo, ao receber a notícia de que Carlos serviria em Tóquio, ficou feliz e radiante pelo filho. Ele dizia para si mesmo: "Ele é um herdeiro do Oriente, é justo que Deus queira levá-lo para a nossa terra". Animado, disse ao filho que em breve iria visitá-lo. Falou dos seus planos em fazer algumas viagens e aproveitar a vida e o tempo que ainda tinham pela frente. O filho o animou, dizendo que ele estava certíssimo e que iria ficar muito feliz em recebê-lo.

A irmã ficou entristecida e comentou com os filhos e o marido que achava injusto o que fizeram com o irmão. Ele desenvolvera um trabalho magnífico na comunidade e cidades vizinhas, o que havia feito nunca antes fora desenvolvido, ele até atraíra outros religiosos para o Brasil. Depois que tudo estava andando bem, mandaram-no para longe de sua terra! Era uma ingratidão muito grande.

O filho respondeu:

– Mamãe, meu tio me disse que o trabalho de quem abraça o celibato é esse! Eles devem ajudar a melhorar o mundo e as pessoas. Fique tranquila, eu acredito que meu tio está muito feliz.

– Você tem razão, Ryan. Às vezes, imaginamos que todas as pessoas pensam como nós. Realmente, o meu irmão é muito feliz na escolha que fez. Eu fico aqui falando bobagens quando deveria cumprimentá-lo por esse novo caminho que está abraçando e alegrar-me por ele. Será que não estamos errados em não avisar Marcos? – questionou.

– Mamãe – disse-lhe a filha –, se avisarmos o tio Marcos vai mudar alguma coisa? Com certeza ele irá do mesmo jeito, e, cá entre nós, não deve ser tão ruim assim. Temos parentes no Japão, e eu acredito que ele aceitou porque quis. Quanto ao tio Marcos, ele está em lua de mel. Não seria justo importuná-lo; quando ele retornar a senhora conta. Aliás, nós não conhecemos a esposa dele. Que tal convidá-los para vir passar uns dias conosco?

– Lya, nem sei como o seu tio tirou essas férias! Depois que enviuvou agarrou-se à NASA como se fosse sua própria vida. Graças a Deus que conheceu essa moça que, segundo meu pai, é um anjo de bondade. Ele disse que ela cuida de Maeva como se fosse sua própria filha.

– O tempo passou tão depressa, mamãe... – disse a filha se lembrando da avó e da tia francesa que falecera, deixando Maeva. Graças a Deus ela superou bem, está tão linda minha prima! Morro de saudades dela. Será que tio Marcos vai ter outro filho? Sinto falta de crianças na família! Maeva está mocinha, nós crescemos o suficiente, meu irmãozinho já está grande também!

– Ah, filha, tomara que sim. Você já está namorando, seu irmão também. Não serão muitos anos e vocês vão encher nossa casa de crianças – respondeu a mãe rindo.

Herdeiro do Cálice Sagrado

– Eu só vou pensar em me casar quando estiver com tudo em ordem em minha vida! Por essa razão, não sonhe que vai ser avó de filhos meus tão cedo. – E, cutucando o irmão, disse em tom de brincadeira: – Por parte do meu irmão, a senhora tem grande chance de ser avó dentro de pouco tempo, se ele não tomar mais um pouco de cuidado.

– Meninos! Vamos parar com isso! O telefone está tocando, vou atender. Deve ser o tio Marcos! – falou Simone.

Marcos disse para Simone que havia ligado para o pai e já soubera da novidade. Ele estava triste, não esperava que o irmão fosse transferido para o Japão e, segundo lhe disse o pai, antes de três anos dificilmente deixaria o país para visitar sua terra natal e outros países seria ainda mais difícil. Ele tinha esperanças de que o irmão voltasse para o Brasil depois de tantas coisas magníficas que desenvolvera.

A irmã lhe respondeu o que acabara de ouvir dos filhos. Conversaram alguns minutos e Simone o convidou para passar uns dias no Havaí, com a nova família. Ela queria conhecer a cunhada e o filho dela.

Bruna encontrou Marcos sentado na sala pensativo e perguntou:

– Meu querido, aconteceu alguma coisa? Você ficou assim depois do telefonema. Alguma coisa que posso ajudá-lo?

Ele se levantou, abraçou a esposa e respondeu:

– Não fique preocupada, não aconteceu nada de mal, pelo contrário, meu irmão foi trabalhar no Japão fazendo o que gosta. Eu é que preciso compreender as escolhas de cada um. Fiquei entristecido porque não pude abraçá-lo antes de sua partida e ele só poderá deixar o Japão daqui a três anos.

– Fique calmo, meu amor. Você pode visitá-lo quando desejar! O Japão não é o fim do mundo, depois que inventaram o avião não existem distâncias inatingíveis.

– Você tem razão. Abrace-me, vamos esquecer o assunto, ok?

Nisso entraram os dois garotos correndo e apostando quem iria ganhar um jogo inventado por eles.

Vendo a alegria deles, Bruna comentou:

– Você não sabe o quanto agradeço a Deus e a você pela felicidade que deu ao meu filho. Percebeu como ele está mais alegre e animado depois que nos casamos?

– Graças a Deus, ele e Maeva se dão muito bem, ela está tranquila e segura e nosso casamento não fez bem só a nós dois, fez muito bem aos nossos filhos – falou Marcos.

Danielle ligou para Eduardo e propôs comemorarem o aniversário juntos. Ele achou a ideia genial, consultou Maeva e disse que iria falar com os pais, depois daria uma resposta.

O avô dela, Ângelo, estava voltando do Havaí e como o garoto gostava muito dele, então eles poderiam fazer uma festa que todos aproveitassem.

Eduardo ficou entusiasmado com a ideia, pedindo a opinião de Maeva, que achou excelente! Ficou de consultar os pais e ligar de volta. Se eles aprovassem, ambos iriam programar a festa.

Maeva, brincando, falou:

– Nossa! Vocês dois estão ficando velhos! Sempre desconfiei que a Danielle fosse apaixonada por você!

— Engraçadinha! E eu acho que o John é apaixonado por você! Quanto a estar velho, se estou ficando velho, você já passou de ser velha! — os dois começaram a gargalhar, chamando a atenção dos pais.

— O que será que os dois estão aprontando? Passam o tempo todo rindo e brincando um com o outro — falou Bruna, continuando: — Meu pai vem jantar conosco esta noite! Preciso verificar o que está faltando. A minha madrasta é minha colega de trabalho e sei do que ela gosta. Sei o que meu pai gosta de beber e quanto aos nossos filhos, tendo o pudim de dona Maria, ambos ficam satisfeitos. E você, o assado Maeva, receita dada pelo sr. Hideo, lhe agrada? É uma pena não tê-la conhecido, acho que iríamos nos dar bem.

— Que bom, meu amor, que você está falando de família! Poderíamos começar a pensar em aumentá-la, você não acha?

— Sinceramente? Acho que você tem razão, eu gostaria de ter outro filho!

— Eu também. Quero ter um menino ou uma menina ou quem sabe dois de uma só vez, ou podem vir um primeiro e o outro depois, não me importo.

A festa de aniversário de Eduardo e Danielle chegou. Os dois se telefonavam três ou quatro vezes ao dia. Estavam ansiosos, seria uma linda comemoração. Os avôs estavam orgulhosos pelos netos.

O salão estava cheio de convidados. Bruna, puxando o marido e o filho pelo braço, disse:

— Maeva está aos abraços com o sr. Ângelo e com meu pai, vamos até lá que quero apresentá-lo, Marcos.

Ao deparar com Ângelo, Marcos abriu um sorriso exclamando:

— Não acredito! Meu amigo! É o senhor?

Após se abraçarem, Ângelo abraçou Eduardo e Bruna e, olhando-os, pensou: "Santo Deus, agora está tudo explicado! Ele é filho de Marcos! Naquela ocasião ele era casado, eis o porquê das lágrimas de Bruna. Que moça honrada!Viveu todo esse tempo em silêncio, que bom que o tempo faz justiça".

—Vocês se conhecem? — perguntou Bruna admirada.

— Bruna, este é o sogro da minha irmã! Somos da mesma família!

Eduardo, de olhos arregalados, exclamou:

— Então eu conheci os seus sobrinhos? Então a tia Simone é sua irmã?

— Sim, você conheceu a minha família, Eduardo.

Bruna ficou pálida. O pai observou preocupado. Fingindo alegria com a descoberta, propôs um brinde e chamou Bruna para sentar-se com ele e a nova esposa.

O assunto era agradável, falavam das grandes e boas coincidências da vida. Por exemplo: o casamento do pai de Bruna com a colega dela. Ele, que defendia a tese de que havia alguns corações fiéis a vida toda, de repente, apaixonou-se e amava como um adolescente sua atual esposa.

Ângelo observava os traços do garoto com Marcos e não tinha mais nenhuma dúvida: o menino era filho dele.

Marcos chamou os três garotos: Danielle, Maeva e Eduardo e pedindo a atenção dos adultos, disse:

– Pessoal, gostaria de dar um presente especial para Eduardo; naturalmente, vou precisar ouvi-lo e também sua mãe, seu avô e os demais. É o seguinte: quero reconhecer Eduardo como meu filho, registrá-lo, pois já o adotei em meu coração. Quero saber a opinião de Eduardo em ter em sua certidão de nascimento o meu nome.

Os olhos do garoto encheram-se de lágrimas e ele se lançou em seus braços. Depois de alguns minutos, secando as lágrimas que teimavam cair dos seus olhos, respondeu:

– O mais importante para mim é o amor que você tem me dado desde que nos conhecemos, mas ficaria muito feliz e orgulhoso de exibir meus documentos e dizer o nome do meu pai.

Bruna abraçou os dois e, emocionada, completou:

– Meu amor, só tenho a agradecer a Deus pela felicidade que você trouxe para minha vida. Este é o maior presente que o meu filho está recebendo.

Ângelo sorria e dizia para si mesmo: "A justiça de Deus tarda, mas não falha. E eles são pessoas inteligentes, assim que o garoto tiver idade suficiente para compreender certas coisas, com certeza, dirão a ele o porquê dos acontecimentos". Olhando para o amigo que demonstrava muita alegria, imaginou: "Será que o avô sabe a verdade? Bom, isso é assunto muito particular e familiar, preciso silenciar o que sei".

Assim, Eduardo foi reconhecido como filho legítimo de Marcos, que dividia sua vida entre o trabalho na NASA e a família.

Bruna mandou fazer um jantar especial e pediu aos filhos que se preparassem para esperar por Marcos aquela noite. Queria fazer uma surpresa para todos, mas em especial para ele. Maeva e Eduardo se entreolharam, depois tentaram lembrar o que estariam comemorando naquele dia, mas não encontraram nenhuma resposta. Seria melhor esperar.

Marcos ficou surpreso com a recepção e tentou se lembrar se estavam comemorando alguma data importante entre o casal, mas não chegou a nenhuma conclusão. Ansioso, pediu:

– Pessoal, pelo amor de Deus, falem logo, vamos comemorar o quê? Lamento dizer, porém não consigo me lembrar de nenhum acontecimento especial. Todos os nossos dias tem sido especiais, aí se torna difícil saber o que é mais importante.

– Nós também não sabemos o que é, papai! –responderam os filhos ao mesmo tempo.

Bruna, abraçando o marido, disse:

– Gostaria que vocês se sentassem à mesa, só eu fico de pé!

Bruna criou uma expectativa. Depois de pequena pausa, pegou um envelope do bolso do casaco e pediu para Marcos abri-lo.

Ele ficou corado, levantou-se e suspendeu Bruna no ar. Emocionado, entre lágrimas, falou para as crianças:

– Vocês vão ter um irmãozinho ou uma irmãzinha. Vamos ter um bebê!

A notícia da chegada do bebê deixou todos felizes. Eles discutiam nomes, apostavam se era menino ou menina, e os avós ficaram ansiosos com a notícia.

Ângelo iria ao Brasil e Marcos pediu que ele visitasse Hideo e levasse o CD com as gravações do aniversário de

Eduardo, comentando com o amigo que o pai estava viajando bastante, ficava um mês no Brasil e três meses fora. Realmente estava usufruindo a vida que merecia. Em breve, iria para o Japão e poderia levar a filmagem para o irmão, que ainda não conhecia a cunhada e o sobrinho Eduardo.

Faziam as contas e comentavam como o tempo havia passado rápido. Segundo as últimas notícias que tivera do irmão ele estava desenvolvendo um trabalho maravilhoso, já havia saído do Japão duas vezes para ir a Roma. Infelizmente, ainda não tinha ido ao Brasil, e o pai o visitara algumas vezes. Mas o importante é que tudo estava bem. Ele se sentia feliz e realizado com o caminho escolhido.

Marcos confidenciou a Ângelo alguns procedimentos determinados pela NASA. Ele não tirava férias havia dois anos, todos os engenheiros estavam empenhados no novo projeto que exigia a presença constante deles. Disse que o projeto estava chegando ao fim e assim que pudesse tirar férias iria ao Brasil, Havaí e Japão. Levaria a família, tinha prometido a Eduardo e Maeva.

Hideo ficou feliz com o telefonema de Ângelo dizendo que estava no Brasil e que trazia algo muito especial para ele: o CD da festa de aniversário de Maeva e Eduardo. Convidou o amigo para jantar em seu apartamento. Maria se encarregou de preparar um cardápio especial.

À noite, sentados à mesa, Hideo comentou com o amigo que mantinha apenas um restaurante, administrado por um sobrinho que viera do Japão com toda boa vontade de crescer na vida. Era competente, honesto e muito trabalhador, por essa razão ele viajava tranquilo, sabendo que na volta tudo estaria em perfeita ordem.

Sabendo da atitude do filho em adotar Eduardo, elogiou-o. Não sabia explicar, mas quando conhecera o garoto sentira algo muito especial. Era parecido com seus filhos, o jeito dele lembrava Carlos e Marcos quando pequenos.

Ângelo ficou olhando para o amigo e pensando: "Santo Deus! É a força do sangue que corre nas veias dos dois. Tomara que um dia ele venha a saber que o menino é seu verdadeiro neto".

Após o jantar, Hideo convidou a todos para assistirem ao vídeo enviado por Marcos. Marina estava presente, pois era considerada pessoa da família e estava ansiosa para conhecer a família de Marcos. Reclamou que Hideo prometera várias vezes lhe mostrar o vídeo do casamento, mas como não parava no Brasil, ainda não o tinha passado. Pensava que ainda bem que Ângelo havia trazido aquela gravação.

As crianças apareceram e Marina observou em silêncio: "Como o menino é parecido com Carlos quando criança, o jeitinho de sorrir e andar é idêntico. Como pode ser tão parecido? Deus faz as coisas certas! Marcos conheceu a mãe do menino e o adotou, ele já viera predestinado a ser da família".

Quando Marcos apareceu abraçado a Bruna, Marina ficou sem fôlego e começou a tossir. Todos correram para socorrê-la.

– O que houve, dona Marina? – perguntou Maria abanando-a.

Hideo respondeu:

– Emoção! Marina é como se fosse mãe dele. Calma, nosso menino está muito feliz.

Voltaram a ver a filmagem e Marina olhava sem prestar atenção. Ela fazia as contas e chegava ao resultado: aquele menino era filho de Carlos! O dia em que eles ficaram juntos, ela engravidou. Mas por que ela não contara para ele? Talvez ele tivesse tomado outra decisão na vida. Ele não sabia da existência do filho. E Marcos? Será que sabia?

Ela havia jurado para o padre segredo absoluto sobre aquela noite e jamais tocaria no assunto nem com ele, nem com ninguém. Que Deus tomasse conta e fizesse o melhor por todos. Em silêncio, derramava lágrimas.

– Senhor Hideo, pode deixar o CD comigo? Quero ver novamente! Amanhã eu prometo lhe entregar – solicitou Marina.

– Pode ficar com ele, é seu! Veja quantas vezes quiser. Eu não entendo nada desses aparelhos, é conversa quando se fala por aí que todo japonês é bom em eletrônica, pois eu não entendo nada! Mas a Maria, que entende, gravou tudo enquanto assistíamos, o nosso CD está aqui. Só vamos testar para ver se ficou tudo em ordem.

Marina não fechou os olhos aquela noite, pensava no padre e em Bruna. A imagem do menino não saía de sua cabeça. Ele era a cara do padre quando criança. Por que será que Bruna escondera de todos?

Seria justo o inocente não conhecer a verdade sobre sua paternidade? Se Carlos soubesse de sua paternidade não largaria tudo por ele? Virando-se na cama de um lado para o outro para descansar o corpo, ela começou a pensar: "E se ele ficou sabendo e preferiu ignorar?. "Não, isso ele jamais faria!". Ela conhecia bem os meninos. Se ele soubesse a verdade, com toda a certeza assumiria o filho. "E se Marcos sempre soube e ao enviuvar resolveu adotar o menino e se casar com a moça?". Ela quebrava a cabeça e não chegava a nenhuma conclusão.

Nada fica escondido

Bruna deu à luz um lindo menino, e em unanimidade a família aprovou o nome: Marcos Júnior. Maeva, muito feliz pela chegada do irmão, perguntou ao pai se o tio não poderia batizar o bebê. Ele viria visitar a família dali a dois meses e seria tão bom que todos estivessem juntos!

— Vamos conversar, há alguns procedimentos exigidos pela igreja. Precisamos, inclusive, consultar Bruna e saber o que ela acha.

— Por falar nisso, ela sabe do meu tio padre? — perguntou a menina.

— Ela sabe que eu tenho um irmão no Japão, mas nunca falamos sobre o que ele faz.

— Papai! O nosso tio é um motivo de orgulho! Eu já falei para o Eduardo há muito tempo, mas o Edu é um túmulo! O que eu falo para ele, morre com ele. Tenho certeza de que nem com a mãe ele fala sobre nossas conversas.

Marcos ficou pensando na conversa que tivera com Maeva. De fato, seria uma grande oportunidade para toda a família se congratularem. Fazia mais de três anos que a família não se reunia. E o batizado do bebê poderia ser uma grande comemoração unindo todos os membros da família.

Marcos telefonou para o pai e este confirmou que o bispo passaria alguns dias no Brasil e que gostaria muito que toda a família pudesse se encontrar. Marcos falou da ideia da filha e Hideo a aprovou, dizendo que o batizado do bebê, realizado pelo tio bispo, seria algo que ficaria marcado para sempre.

No fim de semana, a família estava reunida. O pai de Bruna, paparicando o netinho, e a esposa com a filha preparando o almoço. O tempo estava quente, os garotos se divertiam nadando de um lado para o outro.

Marcos chamou os dois para almoçar e ficou observando-os. Como estavam crescidos! Outro dia sua filha era uma menininha. Conhecera Eduardo tão pequeno, e agora via nele um rapazinho, sentia orgulho dos dois.

Sentados à mesa, Marcos pediu atenção de todos:

– Pessoal, quero fazer um convite a toda a família, inclusive ao senhor meu sogro e sua esposa. Meu pai está preparando a nossa chegada ao Brasil! Meu irmão chegará do Japão depois de quase quatro anos. Ele é bispo, mais o que é mesmo engraçado foi que no mesmo dia do meu casamento ele estava recebendo a consagração do Papa, por este motivo minha irmã e meus sobrinhos não vieram ao nosso casamento.

Bruna sentiu as pernas tremerem e a cabeça girar. O que ela estava ouvindo não se referia nem a ela, nem ao seu passado. Depois que conhecera Marcos muitas coisas mudaram dentro dela. Quando as lembranças teimavam em aparecer ela desviava os pensamentos, agora tinha a quem amar de verdade, Carlos fora apenas um sonho e nada mais.

Herdeiro do Cálice Sagrado

Ela precisava saber se era obra do destino Marcos ser irmão de Carlos ou se tudo não passava de coincidência. Não ouviu as últimas palavras do marido, que tocando em seu braço perguntou:

– Quem vai decidir é você! O que acha?

– Acho a ideia ótima! – respondeu completamente alheia ao que estava dizendo. – E, olhando para o marido com as faces ruborizadas, perguntou:

– Como se chama seu irmão?

– Carlos! Ele é o meu irmão caçula. A diferença de idade entre nós é pouca. Sou quatro anos mais velho que ele. Entre nós dois tem a Simone, minha irmã querida.

O pai percebeu a inquietação da filha e fingindo que precisava dela para trocar o bebê, levou-a para dentro do apartamento. Sozinhos, vendo que a filha tremia dos pés à cabeça, perguntou:

– Bruna, é o que estou pensando?

– Sim. É o que o senhor está pensando! Carlos é o pai do meu filho e eu não sei o que vou fazer da minha vida agora.

– Calma. Vamos pensar com bastante serenidade. Você não tem culpa de nada, minha filha. Se tivermos de acusar alguém, que seja o destino. Mantenha-se calma, não deixe o seu marido perceber. Depois você saberá o que fazer.

– O senhor tem razão. Não vou afetar o meu relacionamento por causa disso. Não procurei pelo passado e se ele veio ao meu encontro vou recebê-lo de cabeça erguida; afinal, quem mais sofreu fui eu.

Voltando à sala, Bruna não conseguia disfarçar o nervosismo. Em dado momento, o marido perguntou:

– Amor, você está se sentindo bem? Parece cansada e está com as mãos transpirando. O que há?

– TPM! Esqueceu que sempre fico assim? Nada que já não tenha sentido antes. Não se preocupe, não é nada sério, apenas inconveniente. Vou tomar meu remédio para amenizar um pouco o mal-estar e melhorar minha cara.

À noite, ela não conseguiu dormir. Marcos notou sua inquietação e, sem perguntar, levantou-se e foi até a cozinha preparar um chá de jasmim. Oferecendo uma xícara para a esposa, disse:

– Tome e relaxe. Quero que você durma tranquila. Deixe o bebê aos meus cuidados.

No outro dia, logo cedo, Bruna procurou o pai no hospital e colocando a cabeça no ombro dele, questionou:

– O que faço, meu pai? Sinceramente estou me sentindo muito mal. Não posso prorrogar de contar a verdade ao meu marido. Uma das coisas que ele me pediu quando nos conhecemos foi para sempre falarmos a verdade um para o outro.

– Minha filha, ouça sempre o seu coração, tenho certeza de que ele vai compreender a situação, vocês não premeditaram nada, foi obra do destino. Por outro lado, Marcos é um homem nobre e íntegro, saberá lidar com a situação. Estou aqui para ajudá-los no que for preciso.

– Hoje eu não tenho condições de cuidar do coração de ninguém, preciso cuidar do meu. O senhor pode designar alguém para me substituir?

Ele, abraçando-a, respondeu:

– Façamos melhor: vou lhe dar três dias para colocar o seu coração em ordem. Fique tranquila quanto aos pacientes, está tudo sob controle. Vá consultar os seus santos e ouça o que eles têm para lhe dizer, depois, com calma, você faz as coisas que precisam ser feitas.

Com os olhos marejados de lágrimas ela o abraçou, agradecendo:

– Muito obrigada, papai. O senhor é maravilhoso, tenho orgulho de ser sua filha.

Bruna ligou para Marcos, deixando-o apreensivo. Ele percebeu que ela estava ansiosa e se questionou sobre o que poderia estar acontecendo. "Ela não estava trabalhando, será que não se sentira bem e estava escondendo alguma coisa dele?" Num impulso, chamou um dos assistentes e disse que estava tudo em ordem e que precisava dar uma saída.

O assistente, que conhecia os hábitos e a responsabilidade profissional do chefe, ficou preocupado e quis saber se havia alguma coisa em que ele podia ajudar.

– É um problema pessoal que preciso resolver. Não se preocupe, apenas assuma o controle e qualquer eventualidade me chame.

Marcos se retirou e o assistente ficou intrigado. O chefe não se ausentava do expediente de trabalho sem um motivo muito sério.

Chegando de surpresa, Marcos encontrou Bruna deitada no divã, olhando para o alto. Aproximando-se dela, e pegando suas mãos, perguntou:

– Meu amor, o que está acontecendo? Estou aqui do seu lado. Combinamos nunca esconder nada um do outro, lembra-se?

– Claro, meu amor! Somos felizes porque somos transparentes um com o outro. Eu o amo e lhe agradeço por tudo o que tem feito por mim e por nossos filhos. Você é parte de mim; minha vida teve outro sentido depois que o conheci. Sou muito feliz ao seu lado. Por favor, Marcos, o que tenho para lhe dizer vai doer em você como está doendo em mim.

– Bruna, conte comigo. Não me deixe nessa agonia! Seja o que for, meu amor, eu estou aqui para ajudá-la. Confie em mim.

– O que tenho a lhe falar é sobre nosso filho Eduardo, ou melhor, sobre o pai biológico dele. Ele não está morto como vocês pensam. O pai dele está vivo e nunca soube de sua existência. E ele é alguém que você conhece muito bem.

– Bruna, por Deus. O que você está me dizendo?

Marcos estava pálido. Ficou alguns segundos em silêncio tentando imaginar quem seria o pai biológico de Eduardo. Não se lembrava de ninguém que pudesse ser o pai.

– Bruna, por que você mentiu para mim? Eu, que sempre lhe dei toda a liberdade, justo eu que confiei cegamente em você!

Desprendendo-se dela, ele se pôs de pé e perguntou:

– E você pode me dizer quem é esse homem que conheço muito bem? Algum colega seu ou meu?

– Por favor, Marcos. Não se altere, sente-se e me ouça.

Ele se sentou com as duas mãos cobrindo o rosto. Bruna começou a relatar o seu envolvimento com Carlos e Marcos lembrava que muitas vezes o irmão falara sobre ela, que não tinha coragem de se declarar. Então, a garota era Bruna!

A esposa lhe contou sobre o encontro no hospital quando Carlos acompanhara Hiroshi, que estava muito doente. Da ida dela ao Brasil e da única noite que ficaram juntos e resultou na gravidez de Eduardo. Falou do juramento que fizeram juntos de nunca mais se procurarem. E foi isso o que ambos fizeram. Nunca mais soubera dele e acreditava que ele também nunca a procurara. Bruna confessou que sofreu anos de solidão ao lado do filho e pensou muito nele, mas nunca lhe passou pela cabeça procurá-lo.

Chorando, acrescentou:

– Depois que nos conhecemos em Roma, minha vida mudou e tirei Carlos definitivamente de dentro de mim, e fiz como ele queria: encontrei alguém e me casei. A única coisa que eu não poderia imaginar é que iria justamente encontrar, amar e me casar com o irmão dele. Jamais menti para você, Marcos! Não fui eu quem lhe disse que o pai do Eduardo tinha morrido, foi ele! Para ele sim, eu sempre disse que o pai morrera antes de ele nascer. Para você, eu pedi não falar sobre família, tive problemas com minha mãe, com o pai do meu filho, e não me sentia à vontade para falar do assunto. E você aceitou, estou errada?

Marcos abraçou Bruna e disse baixinho:

– Vamos nos acalmar para pensarmos melhor em tudo. Nada vai mudar com relação a nós dois nem aos nossos filhos. Fique calma e me perdoe por ter sido rude com você.

Permaneceram abraçados. Choraram um no ombro do outro. Quando se acalmaram, sentaram-se e se olharam nos olhos. Marcos então falou:

– Eu imagino o seu sofrimento, sem poder dividir sua dor com ninguém. O meu irmão, com certeza, jamais desconfiou que você levava um filho dele no ventre e nunca saberá a verdade. Eduardo é meu filho, tem o meu sangue e você vai me prometer que nunca contará para ele a verdade sobre o pai biológico. Fale-me, Bruna, além de mim quem mais sabe sobre a paternidade dele?

– Apenas meu pai. Nem para a minha madrasta ele contou. Apenas eu e ele somos conhecedores dessa história que marcou nossa vida. Hoje eu contei para ele que você e Carlos eram irmãos e que nunca havíamos falado sobre ele, por esse motivo, eu não sabia de nada. Meu pai ficou espantado e disse que isso fora obra do destino. Como poderíamos supor que vocês eram irmãos? Que o meu filho tem o seu sangue? Você se lembra, Marcos, que ele foi à casa da tia no Havaí, conheceu os primos, trocam mensagens, se adoram, quando iríamos imaginar que ele e Maeva são primos de sangue, e o seu pai o avô dele?

– Vamos convidar o seu pai para vir tomar um drinque conosco e quem sabe ele, com toda sua vivência e experiência possa nos dar uma palavra de conforto. Estamos tensos, nervosos e abalados, o seu pai é um homem equilibrado. Vamos ouvi-lo antes de tomarmos uma decisão definitiva a respeito do caso.

Mais tarde, o pai de Bruna chegou com presentes para os três netos. Ele amava Maeva como se fosse uma neta de verdade. Virando para a mocinha, ele pediu:

– Maeva, você cuida desses dois garotos que eu preciso falar com seus pais sobre negócios? Coisas de gente adulta que um dia vocês também saberão.

Sozinho com o sogro, Marcos, ansioso, perguntou o que ele achava de tudo aquilo e o que poderiam fazer.

– Bem, vou dar a minha opinião sincera. Não sei até quando vocês poderão esconder a verdade! Mas acho que devem evitar a aproximação de Eduardo com o pai biológico pelo menos por enquanto, até que a vida por si mesma mostre os caminhos a serem tomados. Ele ainda não está preparado para entender essa situação, e desconhecemos o que poderá acontecer ao seu irmão se souber da verdade a respeito dele. Faça o possível para afastar Bruna e Eduardo da presença do bispo e tudo ficará bem – pediu o sogro.

Conversaram bastante tempo e prometeram que aquele segredo ficaria entre eles. Iriam proteger Eduardo de todas as formas.

As revelações inesperadas tocaram muito fundo Bruna e Marcos. Eles se esforçavam para manter as aparências quando estavam com os filhos, mas quando ficavam sozinhos, os dois choravam abraçados e em silêncio.

Bruna pediu para Marcos ir ao Brasil encontrar os familiares. Ele confessou que não queria ir, não sabia a reação que teria diante do irmão. Se ele escolhera seguir a igreja, por que foi seduzir uma mulher e fazê-la jurar que acontecesse o que acontecesse jamais deveria procurá-lo? Ele via isso como um ato de covardia e não de amor e responsabilidade. Não queria ver o irmão, não poderia responder pelos seus atos diante dele pregando amor, solidariedade, fraternidade entre os povos. E o filho dele? Ele não se preocupou em saber o que aconteceu com a moça que se entregou a ele por amor. Isso não estava certo, Deus não poderia aprovar essas ações tomadas por alguns padres.

– Vou desculpar-me com meu pai e minha irmã. Direi que na última hora surgiu um imprevisto e eu não pude deixar a NASA. Depois que o meu irmão partir para o Japão, iremos visitar meu pai e minha irmã.

– Seu pai tem várias fotos e vídeos do nosso casamento, aniversário do Eduardo, nascimento do nosso bebê, você acha que não vai mostrar para ele?

– Você tem razão, ele vai mostrar! Mesmo contra a minha vontade partirei para o Brasil sozinho, ficarei por lá uma semana e voltarei com os vídeos, fotos e tudo o que possa comprometer você e Eduardo.

– E o seu pai não vai desconfiar de nada? Como você vai pegar tudo isso? – perguntou Bruna.

– Fique tranquila. Vou arrumar uma forma de fazer tudo sem deixar que ele desconfie. De repente, coloco na mala pensando ser minhas coisas e deixo outras no lugar.

Bruna implorou que ele não demonstrasse ressentimento contra o irmão. O que acontecera entre ela e o padre não deveria interferir na relação deles como irmãos. Afinal, o irmão não sabia nada sobre o filho. E também Hideo, que aguardava os filhos com tanto amor e carinho, não podia sofrer esse desgosto.

Marcos prometeu que iria fazer de tudo para manter as aparências em família, não que dentro do seu coração tudo estivesse resolvido. No fundo, sua vontade era esmurrar o irmão e falar algumas palavras que estavam entaladas em sua garganta.

Marcos viajou. O pai ficou surpreso e disse ao filho que sentia muito por ele não ter levado a família. Questionou como fariam para batizar o bebê.

O filho desculpou-se dizendo que os padrinhos eram o sogro e a mulher dele, e que eles não poderiam deixar seus compromissos, pois a política da saúde nos Estados Unidos era severa demais. Bruna também fazia parte da diretoria; enfim, todos estavam comprometidos. Prometeu trazê-los em breve, assim que fosse possível, e disse que iria levá-los para visitar a irmã no Havaí.

Hideo conversou com Marcos sobre a situação da casa que amparava idosos doentes. Ele e a esposa não poderiam mais se envolver como antes e estava difícil para continuar. Queria ajuda dos filhos, juntos eles deveriam encontrar um destino para a instituição.

— Pois é, meu pai, tudo estava indo bem enquanto o padre estava por aqui, se ele retornasse ao Brasil poderia tomar conta da instituição; afinal, foi ele quem pediu, não é mesmo? Ele não pensa mais em voltar ao Brasil? — insistiu Marcos.

— Pelo que sei, ele não tem planos de voltar, não! Comentou comigo da última vez que fui visitá-lo que está ocupando um cargo muito importante dentro da igreja e desenvolvendo uma tarefa missionária no Japão, que havia muitos anos esperava por alguém. Não acredito que volte para o Brasil, o campo de trabalho dele será no Oriente.

— Então, de fato, precisamos resolver o que fazer com a casa que você e minha mãe tanto lutaram para construir.

Não é justo jogar em suas costas uma responsabilidade inventada por ele; afinal, o compromisso é dele, não nosso.

Hideo ficou alguns segundos parado olhando para o filho perguntou:

— Marcos, estou enganado ou você está aborrecido com seu irmão? Seria porque ele nunca foi visitá-lo desde que se casou?

— Não estou aborrecido com ele, não. Estou preocupado com o senhor e com dona Maria. Vocês estão assumindo uma tarefa que foi o padre quem se propôs a fazer. Vocês têm uma vida, devem viajar sem preocupação e aproveitá-la. Não quero nem tenho tempo para administrar uma instituição de caridade. Acredito que Simone também não tem essa disponibilidade. Carlos, que tanto fez para que a nossa casa virasse uma instituição, talvez encontre dentro da igreja uma saída.

O pai não compreendia suas palavras. "Será que ele não estava com algum problema familiar?" Alguma coisa não ia bem com Marcos, ele lhe pareceu triste e perturbado. Esperaria por Carlos e pediria que conversasse um pouco com o irmão.

Hideo mudou de assunto e quis saber do trabalho dele. Marcos era apaixonado pelo que fazia, contou ao pai os grandes avanços da NASA e segredou-lhe alguns projetos em que trabalhavam e que estavam em fase experimental. Levaria dez anos ou mais para serem revelados ao mundo.

O pai ficou extasiado e respondeu:

— O homem está avançando muito nas descobertas! Tenho muito orgulho por ter um filho que faz parte dessa equipe de engenheiros da NASA.

Oferecendo a bebida preferida do filho, disse:

– Faça aos seus filhos o que vou fazer a você, mas lembre-se: quando eles souberem o que estão bebendo. Você sabe, tomo meu saquezinho uma vez ou outra, graças a Deus sei colocar limites nos meus desejos, coisa que os homens ocidentais estão aprendendo agora.

– Sim, meu pai. Graças aos seus cuidados e percepção nós herdamos essa consciência, diria eu que física e espiritual. Nestes últimos tempos, estou descobrindo que um homem não precisa renunciar aos seus deveres com a sociedade e com a família para estar próximo de Deus. Não frequento nenhuma igreja, sinceramente ando discordando de muitas coisas que ocorrem com alguns religiosos.

O pai olhou para o filho atônito.

– Meu filho, o que está acontecendo com você? Fala de uma forma tão amarga, como se estivesse revoltado com aqueles que resolveram servir a Deus, como o seu irmão. Quer exemplo maior, filho? Que motivos, a não ser a fé, teria levado seu irmão para a escolha que fez?

Abraçando o pai, Marcos pediu:

– Papai, falemos de outras coisas. Não quero aborrecê-lo com essa conversa. Não estamos aqui para falar de religião e sim de nós dois.

Marcos mostrou as fotos do bebê e de Maeva e Eduardo. O pai ficou orgulhoso com o neto e acrescentou: vou procurar o álbum de fotos de vocês quando eram crianças, ele é sua cara quando era bebê. E esse garoto, o Eduardo, é tão parecido com você e com o Carlos, tem algo nele que me lembra vocês dois!

Marcos engolindo o saquê lentamente dizia para si mesmo: "De fato, o senhor está certo... Ele tem algo meu e do meu irmão, o mesmo sangue!".

Simone chegaria no dia seguinte com a família e possivelmente com o irmão. Marcos estava com muita saudade da irmã e dos sobrinhos. Quanto ao irmão, não sabia como iria encará-lo. Quando lembrava que ele era o pai biológico do seu filho, uma raiva muito grande invadia seu coração. Tinha vontade de espancá-lo até aliviar sua revolta.

Aproveitou a desculpa das fotos e pediu ao pai para dar uma olhada nos vídeos e fotos da família. Queria gravar alguma coisa e salvar as fotos que trouxera.

Naturalmente, sem desconfiar de nada, o pai apontou a aparelhagem dizendo que não entendia muito daqueles aparelhos e contando que quando precisava fazer algo do gênero, solicitava ao sobrinho, que, além de cuidar dos seus negócios, também entendia de informática.

Hideo se recolheu. O filho lhe disse que estava com insônia, talvez pela mudança de fuso horário, ia permanecer um pouco mais e aproveitar para gravar as fotos para ele. Marcos investigou o que estava gravado e que poderia comprometer Bruna. Apagou todas as imagens em que ela aparecia e deixou apenas as dele e das crianças. Examinando todos os DVDs, cartões de imagens etc., certificando-se de que nada mais havia, dirigiu-se ao seu quarto.

De luz apagada, pois não gostava de dormir com claridade, lembrou-se de sua infância e sentiu uma imensa saudade invadir seu coração! Sua mãe... que falta fazia em sua vida. Depois de sua morte, os irmãos se distanciaram uns dos

Herdeiro do Cálice Sagrado

outros. Lembrou-se do irmão, que ele amava mais que tudo na vida; era o seu irmãozinho. Carlos abria mão de tudo por ele, se ele percebesse que o irmão gostara de algo, ele dizia não querer, não ter gostado, só para deixar para Marcos. Por que foi acontecer aquilo entre eles? Amar a mesma mulher? Se o filho dele fosse com outra mulher, seria diferente, bem diferente... Sua consciência lhe mostrava isso. O que de fato estava doendo nele era o fato de essa mulher ser a sua mulher!

Hideo, estava deitado ao lado de sua esposa. Ressonava tranquilamente, mas não conseguia dormir. O que estaria acontecendo com o filho Marcos? Ele havia jurado para Maeva que cuidaria dos filhos enquanto estivesse vivo. Será que não se descuidou deles? Talvez o motivo de não querer batizar o bebê estivesse ligado à mudança de religião. Estaria a esposa dele frequentando outra igreja?

Ficou um tempo parado tentando encontrar resposta satisfatória, mas nada lhe vinha à mente. Lembrou-se de que ouvira de um primo do Japão que o pessoal da NASA que pesquisava muito e chegava a muitas descobertas, passava a não acreditar no Criador. Será que o filho estava naquele grupo? Seria possível?

Como pai, ele precisava dedicar um pouco mais de tempo aos filhos. Não importava que eles estivessem crescidos, havia jurado para a mãe deles nunca abandoná-los, e essas atitudes de Marcos o preocupavam.

Marcos virou de um lado para o outro e adormeceu. Sonhou com a mãe, que lhe estendia as mãos e dizia:

– Meu filho, não consigo abraçá-lo. Vamos fazer uma oração para quebrarmos essa barreira que nos separa.

Ele tentou chegar perto dela, mas não conseguiu, uma força o empurrava para trás.

– Mamãe, o que está acontecendo? Por que não posso chegar perto da senhora?

– Reze, meu filho. Peça perdão a Deus. Essa barreira que está colocando em seu coração também o está afastando de Deus e da luz. Mamãe vai rezar muito por você. Por favor, ouça-me: não julgue seu irmão, ele não tem culpa nenhuma se você encontrou essa moça e amparou o filho que ele nem conhece. Foi a benevolência de Deus com todos vocês. Procure ser feliz com sua esposa e seus filhos e deixe que Deus faça o que for da vontade dele com cada um de vocês.

Ele viu o irmão ajoelhado ao lado da mãe. Ele orava de mãos postas para o alto. De repente, uma luz azulada chegou até ele e abriu caminho, levando-o até a mãe, que o abraçou e encostou sua cabeça no colo dela. Foi uma emoção muito grande. Ele olhou para Carlos, que estava com os olhos marejados de lágrimas e lhe transmitia imensa bondade, mas não lhe disse uma palavra.

Sentindo um nó na garganta, queria abraçar o irmão, mas a lembrança de Bruna e Eduardo lhe veio à mente: ele fora o responsável pelo sofrimento de Bruna e de seu filho, que crescia acreditando que o pai havia morrido!

Acordou chorando, coisa que nunca lhe acontecera. De olhos fechados, sentiu o perfume de sua mãe. Tudo fora tão real que ele não queria abrir os olhos. O abraço dela ainda o aquecia.

Chorou em silêncio. Por que aquele sonho? Os psicólogos da NASA tentavam explicar os sonhos dos astronautas e todos aqueles ligados às grandes pesquisas. Se ele revelasse o que acontecera com ele, diriam que eram as últimas emoções vividas em família. Era vontade que tudo aquilo não estivesse acontecendo. Contudo, o perfume da mãe não estava sendo sonho! Ele não podia vê-la, mas podia senti-la perto dele.

Após o café da manhã, Marcos se desculpou com o pai e saiu, prometendo retornar o mais cedo possível. Queria ver Marina e sua antiga casa.

Ao chegar à mansão, ele desceu e ficou observando. Muitas coisas haviam mudado. A casa de sua infância estava muito diferente! Marina o recebeu com um aperto no coração.

– Meu filho, que bom tê-lo aqui!

Ela olhava para ele e pensava em Eduardo. As lágrimas não paravam de cair.

Marcos, abraçando-a, disse:

– Estou aqui para alegrá-la e não para fazê-la chorar! Por que está chorando assim?

– Saudade, meu filho, muita saudade... – respondeu secando os olhos. – Trouxe fotos dos seus filhos e de sua esposa para me mostrar?

– Claro! Vamos entrar. Quero lhe dar alguns presentes e vou lhe mostrar as fotos de meus filhos.

Marina observava Marcos enquanto ele exibia as fotos da família. Bruna, linda como sempre! Parecia que o tempo não passara para ela, observou Marina. "Meu Deus! Ele não sabe a verdade! Por que será que ela escondeu uma verdade tão séria? Mais cedo ou mais tarde Deus chamará todos para ajustarem contas. Pobre Marcos, tem nos braços o seu próprio sangue, que pensa ter sido adotado por um bondoso estranho".

Abraçou a foto do garoto e sentiu um aperto no coração. "Meu filhinho querido, tão inocente! Como gostaria de cuidar de você, como cuidei de seu pai..."

– É tão lindo! – falou em voz alta.

– Quem é lindo? – perguntou Marcos.

– É lindo ver seus filhos abraçados e felizes – respondeu, disfarçando a emoção.

– Meu pai disse que gravou todas as nossas fotos para a senhora. Posso dar uma olhada? Quero acrescentar estas aqui.

– Pois é, meu filho! Você sabe que eu não sei mexer com esses aparelhos! Até lhe agradeço se der uma olhada para ver se tem algumas fotos do seu casamento. Meu sobrinho é quem cuida disso para mim. Mas perdi muitas coisas e não sobraram muitas imagens.

Marcos verificou e não encontrou nenhuma foto de Bruna, apenas das crianças! Que coisa estranha... Ele ficou intrigado e perguntou:

– A senhora tem os CDs, DVDs, o que tem mais aí guardado?

– Não tenho mais nada, meu filho! Uma faxineira que cuidava aqui da instituição, por ignorância ou sei lá o quê, deu fim em tudo! Nem falei para o seu pai senão ele ficaria triste. Peço que não comente com ele nem com seus irmãos.

Marcos suspirou. O destino estava lhe dando uma mão. Não havia mais nenhum perigo de Carlos ver as fotos de Bruna.

Sentado à mesa com Marina, que lhe servia o bolo preferido, ele olhava à sua volta. Sentiu uma saudade imensa da mãe, de sua vida em família... eles foram tão felizes naquela casa! Olhando para a antiga governanta, pediu:

– Marina, sente-se perto de mim. Estou com um nó na garganta. Sonhei com minha mãe e acordei com uma sensação de que ela me abraçou. Vou lhe contar porque sei que você confia e acredita em mim. Acordado, de olhos fechados, senti o perfume de minha mãe. O que você acha?

– Meu filho, entre o céu e a terra não somos doutores de nada. Podemos conhecer e até afirmar muitas coisas, mas nunca dizer que temos o domínio e o conhecimento de tudo. Apesar de ser católica praticante, devo lhe confessar que muitas vezes também senti a presença de sua mãe andando ao meu lado e, de vez em quando, esta casa fica tomada pelo perfume dela. Qualquer pessoa que entrar aqui pode sentir o perfume, por essa razão acredito que ela o visitou, sim. Há sonhos que não são sonhos, filho, são visões. Eu mesma posso garantir que já vi coisas boas e ruins, mas sempre guardei segredo.

– Sabe o que eu quero pedir para vocês? Mandem celebrar uma missa aqui na sala em que ficam os pertences de Maeva. É onde eu mais sinto a presença dela. Peça ao seu irmão e a toda a família para participarem. Sei que ela é uma alma pura e iluminada, só vem nos ajudar.

Marcos não respondeu, pegou Marina pela mão e pediu:

– Vamos dar uma olhada na casa, quero rever os pertences de minha mãe e quem sabe ela pode me sugerir alguma coisa a respeito do que fazer com esta casa.

De mãos dadas foram até a sala onde ficavam expostos os pertences de Maeva. Marcos pegou um vidro de perfume, era o perfume dela... Enquanto inspirava o perfume, olhava para as fotografias, especialmente para uma em que ela estava sentada com os dois filhos mais velhos: ele e Simone, um do lado direito e o outro do lado esquerdo. O caçula estava sentado no colo dela. Lembrou-se do dia em que tiraram aquela fotografia. Se ele pudesse fazer o tempo voltar, seria tudo diferente...

Voltaram e passaram por todos os cômodos ocupados pela família. O dormitório em que agora dormiam quatro velhinhos, antigamente fora ocupado por Carlos. Marcos ficou parado na porta olhando e imaginando que ali Eduardo fora gerado. Fora ali que o irmão teve sua mulher nos braços.

Vendo o olhar de angústia do rapaz, Marina perguntou:

– O que foi, meu filho? Não se sente bem?

– Vamos embora daqui! – respondeu ele, saindo às pressas e sendo seguido pela governanta.

Marcos foi se sentar perto de um canteiro que em nada lembrava os tempos que fora cuidado pelo pai. Balançando a cabeça, ele falou em voz alta:

– Marina, o que aconteceu conosco? Nunca mais quero voltar a entrar nesta casa. E você sabe o porquê, não sabe?

Trêmula, ela falou:

– Não estou entendendo, filho. O que você quer dizer? Está magoado com alguma coisa? Por que não quer voltar à esta casa, onde cresceu ao lado dos seus pais e irmãos?

– Meus irmãos... – disse vagarosamente. – Você sabe, Marina, tenho certeza de que você sabe de tudo. Por essa razão desapareceu com as fotos de Bruna. Ela me contou o que ocorreu naquele quarto. E você sabe o que aconteceu naquela noite, foi você quem preparou o jantar para os dois e o café da manhã! Há pouco mais de uma semana eu fiquei sabendo a verdade sobre ela e o meu irmão, o meu filho Eduardo tem o meu sangue! Não posso condená-la, de fato ela não sabia que éramos irmãos. Imagine como estou me sentindo... Estou magoado, ressentido com tudo. Você a conheceu e, logicamente, reconheceu-a nas fotos e sabe de quem o Eduardo é filho legítimo! Sabe que ele é neto de meu pai, sangue do meu sangue! – ele falava e as lágrimas caíam de seus olhos. Marina nunca o vira daquele jeito, nem quando criança.

Abraçando o rapaz, ela também chorou e pediu:

– Calma, meu filho! Tenha calma, não fique assim, vou lhe contar o que sei.

Assim, ela contou-lhe que a moça de fato dormira lá, mas ela nunca imaginou que Bruna tivesse engravidado do padre, e ele jamais sonhou com isso. Ela desconfiou quando viu a foto do menino, que era a cara deles quando criança.

– Pois é, Marina, foi muito fácil para ele vestir uma batina e se fechar dentro de uma igreja, enquanto uma mulher tinha de lutar no mundo lá fora levando pela mão um filho que idolatrava o pai, achando que ele havia morrido e estava no céu. Será isso certo? Se alguém merecia ser castigado por Deus seria quem?

Ele estava sofrendo, apesar de amar Bruna, não conseguia mais olhar para ela como antes. E Eduardo? Cada vez que ele olhava para o menino, sentia uma dor profunda, lembrando que ele não usufruía nada de sua família, nem o reconhecimento do avô. Um garoto lindo, inteligente e educado, como poderia viver com aquele peso diante daquele menino?

Passaram horas conversando, Marcos saiu mais aliviado com os conselhos da governanta, que era como sua mãe.

Olhou no relógio e percebeu que já era tarde, não podia fugir da situação.

O pai havia reservado um apartamento para acomodar a irmã com a família e o outro para ele com a família. Ele ficou na casa do pai, pois o irmão ainda não havia chegado. Depois, iria para o apartamento e o irmão ficaria no quarto de hóspede que ele estava ocupando.

No elevador, suas mãos suavam. Ao entrar na sala, foi recebido pelos sobrinhos com beijos e abraços. Cumprimentou todos, abraçou a irmã e o sobrinho caçula, que sentiu-se intimidado perto dele.

Hideo não escondia a felicidade de ver a família reunida. Apontando para o escritório disse:

– Seu irmão está ligando para Roma. Sabe como é a ordem da igreja, os bispos são monitorados, precisam estar sempre fornecendo suas posições aos superiores. Quanto mais alto o cargo dentro da igreja, mais responsabilidade. Daqui a pouco, ele estará de volta.

A sobrinha, abraçada a Marcos, lamentou:

– Puxa, quando é que vamos conhecer a sua esposa? Parece que a esconde de nós! Tudo bem que o seu sobrinho é perigoso, não pode ver uma mulher bonita que enlouquece, mas tia é diferente!

Ryan, rindo, respondeu:

– Mulheres! Ainda bem que o senhor entende. Essa garota fala muitas bobagens a meu respeito, mas, no fundo, sonha em encontrar alguém com os meus atributos.

Simone, balançando a cabeça e fazendo ar de riso, comentou com o pai:

– Esses dois se amam e se odeiam. Vivem colocando defeitos um no outro. Sempre foi assim e acredito que vão envelhecer desse jeito.

Marcos sentiu um fogo subindo pela espinha dorsal. Carlos, vestindo uma indumentária roxa, impunha respeito aos presentes. Todos ficaram em silêncio com a aproximação dele.

O bispo aproximou-se do irmão abrindo os braços e exclamando:

– Meu querido irmão! Que saudade! Há quanto tempo não nos vemos! Como você está? Acompanho sua vida pelas notícias que meu pai me fornece. Rezo por vocês todos os dias.

Marcos, controlando a vontade de gritar o que lhe corroía por dentro respondeu:

– Acho que envelheci e já encontro até fios grisalhos entre meus cabelos! Também sou pai de três filhos e não é fácil educar filhos. Pergunte para a nossa irmã, que também tem três filhos. Mas quanto a você, parece que só trocou a batina por uma mais bonita, continua bonitão e de bem com a vida. Estou certo?

Simone, entrosando-se na conversa, disse:

– Marcos tem razão, filhos fazem a gente ficar de cabelos brancos. Sabia que eu também já encontrei alguns fios grisalhos em mim? Ainda bem que temos como escondê-los!

O bispo, sentando-se perto do pai, respondeu:

– Meus irmãos, vocês cuidam dos filhos de vocês, que são joias dadas por Deus. Eu cuido de muitos filhos de Deus, que também são meus filhos espirituais, e a responsabilidade de um pai de fato é muito grande.

Marcos sentiu uma imensa vontade de avançar sobre ele e gritar: "Seu miserável! Enquanto você se preocupa com outros filhos de Deus, jamais se preocupou com o seu!". Engoliu em seco e retrucou:

– Eu o entendo, meu irmão. Eu cuido de um filho de Deus que adotei no papel e no coração e de fato ele é uma joia rara. Perdoe-me, sua santidade, o que vou lhe dizer: se o pai biológico dele aparecesse querendo tomá-lo de mim pode acreditar que, com certeza, um de nós dois pereceria.

Simone, assustada com o que acabara de ouvir, respondeu:

– Graças a Deus que o pai biológico dele já morreu, não é verdade?

O bispo, cruzando as mãos sobre o peito, disse:

– Deus coloca em nosso caminho os que precisam de nós. Certamente esse garoto foi colocado em sua vida por Ele, e quanto ao pai biológico, devemos orar e entregar a Deus para que ele possa encontrar paz. E, por favor, meu irmão, não me chame mais de santidade! Estamos em família, não quero ser tratado com cerimônias.

Marcos, olhando para o bispo com ironia, respondeu:

– Imagino que seja assim para alguém que fez a opção de vida que você fez, jurando votos de castidade diante de um altar como padre! Eu estava presente e ouvi o juramento que fez. Agora então, que atingiu um grau que imagino ser de confiança plena dentro da igreja, acho que é o início da santidade. Embora saibamos que existem dezenas de padres e até mesmo de bispos que tiveram relacionamentos amorosos com muitas mulheres e depois se livraram delas, deixando-as até com filhos. Ouvimos de vez em quando os escândalos que envolvem esses religiosos e nunca ficamos sabemos da porcentagem certa de quantos padres quebraram seus juramentos. Nesse caso, em sua opinião, bispo, eles se tornam falsários ou não?

Carlos ficou pálido, sentiu falta de ar e começou a tossir. Tomou um copo com água e, procurando acalmar-se, respondeu:

– Meu irmão, não me compete julgar os pecados dos irmãos. Devemos orar e pedir ajuda ao Pai para nos afastar dos pecados carnais e não fazermos juízo alheio.

O pai, percebendo que Marcos estava provocando Carlos com as perguntas, cortou a conversa falando:

– Meus filhos, a minha felicidade é muito grande por tê-los reunidos em nossa casa. Só lamento a ausência da esposa e dos filhos de Marcos, e claro, do meu genro, que também não pôde vir!

Depois, falaram sobre muitas coisas. Sempre que podia, Marcos dava uma alfinetada no irmão, até Maria percebeu e ficou se questionando: "Meu Deus! O que estará acontecendo?".

O pai insistiu para que Marcos ficasse no apartamento com o irmão, pois lá havia dois quartos, e ele não iria incomodar, porém Marcos se desculpou dizendo que aproveitaria a solidão e o silêncio das horas que teria livre para desenvolver um projeto para a NASA.

Após o jantar, eles foram para os apartamentos destinados a eles. Ficavam no mesmo prédio e eram de propriedade de Hideo. Combinaram que no outro dia cedo todos deveriam tomar o café da manhã juntos e logo após assistiriam os vídeos da família.

Ainda no elevador, Marcos perguntou para a irmã:

– Você trouxe muitos vídeos para nos mostrar? Tem algum dos meus filhos e esposa?

– Eu trouxe muitos vídeos, sim. Quanto a ter fotos de sua família, só tenho de Maeva e da mãe dela! Cheguei até a pensar besteiras sobre a minha cunhada!Vocês nunca me mandaram uma foto! Fiquei pensando que ela ficou magoada por não termos ido ao casamento, mas sei que papai explicou o porquê da nossa ausência. Como poderíamos deixar Carlos sem ninguém da família perto dele em um dia tão especial?

Marcos, abraçando a irmã, respondeu:

– Eu lhe prometo que em breve estarei de volta ao Brasil com toda a minha família. E também iremos ao Havaí e ficaremos uma semana com vocês. Posso até lhe dizer a data que pretendemos fazer isso.

– Oba! – falou Lya. –Até que enfim vamos conhecer nossos primos e tia, e também curtir nosso importante tio. Quando falo para os meus amigos que tenho um tio que é bispo e outro engenheiro da NASA, eles ficam pasmos e alguns nem acreditam.

Ryan, batendo nas costas do tio, lembrou que ele ainda não tinha cumprido sua promessa que era levá-lo para conhecer a NASA.

– Tudo bem, Ryan. Vamos acertar isso, eu vou para o Havaí, vamos ter feriados prolongados, sua ida à NASA não vai atrapalhar sua faculdade. Você volta comigo e vou levá-lo para conhecer o pesadelo que todos os terrestres sonham conhecer: a NASA.

– Posso lhe fazer uma pergunta, tio? – falou a sobrinha.

– Claro! Tantas quantas desejar. Só não sei se responderei à altura – disse sorrindo.

– É verdade que os astronautas quando voltam do espaço não acreditam mais em Deus?

Conversando, eles chegaram aos apartamentos, que ficavam um de frente para o outro. Estavam parados no corredor e Simone sugeriu:

–Vocês escolhem: ou entram no nosso ou no do Marcos. O que acham?

–Vamos entrar no apartamento do tio – disse Ryan. – O nosso eu já conheço, o do tio ainda não vi! Entrando na sala, ele disse sorrindo: – Meu Deus, um é a réplica do outro!

Lya, de mãos na cintura, falou:

– Ó garoto metido, posso falar com o meu tio em paz?

– Lya, respondendo à sua pergunta: não acredito que nenhum astronauta perdeu a fé em Deus, pelo contrário, aumentou a fé deles em Deus! Concordo que voltam com novos questionamentos do que aprenderam a respeito de Deus. O homem coloca muitas limitações em volta de Deus e, de repente, no espaço, livres e afastados da raça humana, descobrem que existem outras possibilidades de vida fora do nosso planeta, onde há vida, certamente há fé.

– O senhor acredita em Deus? – perguntou garota.

– Acredito sim! Não acredito na hipocrisia que existe dentro da igreja. Os padres tentam nos convencer de que somos pecadores e por essa razão precisamos deles para interferir por nós junto a Deus. Sei que há padres que fizeram coisas que eu jamais faria, sendo esse pobre pecador.

– Nossa! O que houve? Não me lembro que o senhor era tão religioso quanto o tio Carlos, mas também nunca o ouvi falar assim da igreja.

Simone, levantando-se, chamou os filhos, que se despediram do tio, e entraram no apartamento deles. A moça, olhando firme nos olhos do irmão, perguntou:

– Marcos, apesar da distância que nos separa, pois moramos em países diferentes, conhecemo-nos desde os primeiros passos; portanto, fale-me o que está acontecendo! Por que essa revolta toda? Reparei que você o tempo todo tentou humilhar nosso irmão. Qual é o seu problema? Que revolta é essa contra os padres?

– Desculpe, Simone. Talvez eu tenha extravasado nas minhas colocações. Vou tentar controlar meu ponto de vista a respeito do que penso sobre os padres; afinal, vocês não têm nada a ver com isso.

Eles se despediram. Marcos estava tenso e sentindo um aperto no coração. Lembrou-se do acontecera entre Carlos e Bruna. "Será que ela o esqueceu mesmo? Se viessem a se encontrar o que poderia acontecer? Se ele renunciasse à maldita batina será que ela não ficaria com ele?"

No outro dia, após o café, todos se sentaram para assistirem aos vídeos. Marcos, ao lado dos sobrinhos, colocou tantos vídeos que Hideo nem percebeu que faltava os do casamento.

Na hora do almoço, Maria, solícita e educada, convidou todos para se sentarem à mesa farta. O bispo, sentado ao lado do irmão, comentou:

Herdeiro do Cálice Sagrado

—Você não trouxe nenhum vídeo de sua família? Gostaria muito de conhecer minha cunhada e meus sobrinhos.

—Você não vai acreditar o que aconteceu: separei alguns vídeos para trazer, mas acho que na hora de fechar a mala não os coloquei dentro. Nem quero que fale para o nosso pai, pois ele vai ficar aborrecido, você o conhece. Infelizmente, não mudei muito nesse aspecto, não tenho o hábito de verificar nada, deveria ter herdado os bons hábitos do nosso pai, mas não herdei sua paciência. Já você, sempre foi organizado, arrumava e se prevenia com antecedência, continua assim?

— Não que eu seja tão organizado assim! Às vezes não lembro onde coloquei a Bíblia, você acredita? A única coisa que jamais esqueço onde está é o Cálice Sagrado que carrego comigo. E não se preocupe, não precisamos aborrecer nosso pai com isso. Depois você me envia os vídeos e vou brigar com o tempo para assistir aos vídeos da família. Eu precisava que o dia tivesse no mínimo umas seis horas a mais para colocar em ordem o que preciso fazer — completou o bispo.

— Não deve ser fácil cuidar de um rebanho tão grande! Eu cuido de três filhos e tem dias que me pego coçando a cabeça.

Enquanto conversavam, o restante da família chegou para a refeição. Eles os observavam. Hideo pensou: "Que bom que meus filhos estão se entendendo como antes".

À tarde, Marcos saiu com os sobrinhos e a irmã, que lhe contou que o marido ficara no Havaí porque estavam atravessando um período de fiscalização e todo dia era necessário apresentar uma documentação, sendo assim ele preferira ficar para não ter problemas na volta.

Conversaram sobre a casa da família que fora transformada em abrigo. Discutiram sobre qual destino poderiam dar a ela. O pai pediu que eles levassem sugestões para discutirem naquela noite. Precisavam definitivamente decidir em família o que fazer com a propriedade.

Simone foi clara: disse para Marcos que no início não havia aprovado a ideia, mas o pai atendeu ao pedido do padre e agora... Ele não vivia mais no Brasil, tudo sobrara para o pai e ela não queria compromisso nenhum com a administração daquela casa!

No fundo, Marcos alegrou-se com a conversa da irmã, ela ficaria do lado dele e ele já sabia o que iria fazer! Iria deixar o irmão sem nenhum crédito diante da família. Aquela casa iria voltar a ser da família, os netos de Hideo e de Maeva eram os herdeiros legítimos e não os filhos espirituais do bispo, que nunca dera um copo com água para seu único filho.

A sós com o bispo, Hideo desabafou:

— Vou lhe falar como pai, com a sua experiência e sabedoria tente descobrir o que está acontecendo com seu irmão. Ele está muito mudado, você precisa ver o que ele me falou ontem sobre a fé. Falaram-me que os cientistas da NASA de tanto pesquisarem e estudarem encontram coisas novas e passam a não acreditar mais em Deus; temo que isso esteja acontecendo com ele.

O bispo ficou pensativo e reconheceu que o irmão demonstrara certa indiferença pelo trabalho dele. Não lhe perguntou nada sobre sua vida, fugiu o tempo todo das atenções dele. O pai estava certo, alguma coisa estava errada com o irmão. Mas o quê?

Acalmando o pai, ele disse:

Herdeiro do Cálice Sagrado

– Vou tentar me aproximar dele e saber o que está acontecendo. Pode ser problemas no trabalho, mas seja o que for precisamos ajudá-lo. O senhor conhece a esposa dele, o que acha dela? – quis saber Carlos.

É uma moça bonita, educada, maravilhosa! Trata a minha neta como filha. Maeva a adora e se dá muito bem com o filho dela. Você precisa ver. Ele cativa qualquer um, vou ser sincero: gosto dele como gosto dos meus netos!

O bispo ouviu as palavras do pai, porém o seu pensamento estava longe, pensando em Bruna. Teria se casado? Teria filhos? Estaria feliz? Ainda pensava nele? Ele a amava e a levava dentro do coração; sua lembrança era tão sagrada dentro dele quanto a lembrança de sua mãe.

Pai e filho ficaram conversando. Carlos contava sobre o seu trabalho no Japão. Às vezes ficava meses nos campos auxiliando as igrejas e as comunidades carentes. O Japão, apesar de ter um histórico milenar, ainda tinha uma cultura conservadora que não podia ser aplicada nos tempos de hoje, especialmente com a mulher do campo.

No dia seguinte, após o café da manhã, Hideo, todo orgulhoso, convidou a família para ir ao seu jardim. Ele se gabava dizendo que construíra um jardim nas alturas. Falou aos filhos e netos que eles deveriam aproveitar o sol e a piscina que tinha sido preparada para eles.

O bispo, olhando para o irmão, disse animado:

– Banho de sol nunca foi pecado! Que tal apostarmos braçadas na piscina? Vamos lembrar os velhos tempos?

– Não estou disposto, prefiro não entrar na água. Vai você com os nossos sobrinhos – respondeu Marcos.

Os dois irmãos estavam lado a lado, Hideo os observava e se perguntava o que havia de errado com Marcos. Quem sabe Carlos arrancaria alguma coisa dele, só assim poderiam ajudá-lo.

O bispo, beijando o crucifixo que levava pendurado no peito, perguntou repentinamente ao irmão:

– Marcos, você tem ido à igreja? Tem comungado? Sua esposa é católica? Fale-me um pouco da sua vida espiritual. Não me leve a mal, não quero e não estou interferindo em sua vida particular. Estou lhe fazendo essas perguntas como irmão.

– Vou responder para o meu irmão e não para um bispo – respondeu Marcos. – Minha esposa não vai à igreja, ela acredita em Deus. Eu sou sincero, há poucos dias tive uma grande decepção com a igreja, ou melhor, com os sacerdotes acolhidos por ela. Continuo acreditando em Deus, porém, decidi que nunca mais vou à igreja nem levarei meus filhos.

O bispo empalideceu e, voltando-se para o irmão, falou:

– Meu irmão, vou lhe perguntar como bispo:

– O que aconteceu de tão grave com você em relação a nossa Santa Igreja? Por que essa mágoa? Abra seu coração, não para seu irmão, mas para o representante de Cristo.

– Perdoe-me, bispo, não quero me confessar! Acredite em mim, o senhor em nada iria me ajudar, pelo contrário, eu iria piorar.

O irmão foi nadar e ficou na piscina de um lado para o outro, perguntando-se o que poderia fazer para Marcos confiar nele. Alguma coisa grave acontecera com ele, mas o que seria?

Antes do almoço, Maria ofereceu um drinque para os adultos e o bispo pegou um copinho de saquê e virou de uma só vez, dizendo:

– Bendita descoberta dos nossos ancestrais hein, papai?

Todos riram da sua colocação, menos Marcos, que fingiu não ter ouvido.

Maria notou algo estranho no olhar do filho mais velho de Hideo e se questionou: "Esses meninos eram tão unidos, brincavam tanto que dava gosto, lembro-me quando eles apareciam no restaurante, viviam cochichando e rindo. Agora estão distanciados nem parecem mais os meninos que conheci. E o problema maior é com Marcos, que está amargurado, parece que não está à vontade.

À tarde, os filhos de Simone foram ao *shopping*. Ela fez mil recomendações, lembrando a eles que não esquecessem que eram estrangeiros e precisavam tomar cuidados, pois muitas coisas no Brasil eram diferentes do Havaí.

O caçulinha de Simone foi dormir e Maria pediu para ficar olhando o menino enquanto eles conversavam. Não queria participar daquela conversa. Era assunto de família e tinha de ser resolvido entre pai e filhos.

Hideo, abrindo uma pasta sobre a mesa, pediu que os filhos dessem uma lida em alguns papéis. Já havia conversado em particular com cada um, agora chegara a hora de ouvi-los.

– Comece, Marcos – disse o pai –, você é o filho mais velho, vamos obedecer à hierarquia dos nossos costumes.

Assim que todos leram, o pai pediu:

– E, então, Marcos, qual é a sua opinião a respeito? Devemos ouvi-lo, depois é a vez de Simone e de Carlos. Após, entraremos num acordo.

– Eu, particularmente, estou muito bem situado em minha vida financeira. Não tenho problemas com dinheiro e estou colocando estas palavras para que todos entendam a minha opinião. Analisei com muito cuidado o pedido de nosso pai e cheguei à seguinte conclusão: foi naquela casa que vivemos os melhores anos de nossa vida, ao lado de nossos pais. Atualmente, reconheço que Simone estava certa na época, e eu a pressionei para que o projeto do padre saísse. Naquela ocasião, estávamos sensíveis, não pensamos nos sentimentos que viriam depois. Nosso pai não pode e não deve deixar de viver sua própria vida para administrar uma obra de caridade que nunca foi seu sonho. Ele está sendo prejudicado e privado de muitas coisas. Na verdade, essa instituição só poderia continuar com a presença de Carlos. Eu, com toda certeza, jamais vou dirigir uma instituição carente. Posso ajudar, contribuir, administrar nunca! Quando a instituição foi criada, Carlos era padre e assumiu grande parte do trabalho, mas agora é um bispo, vive distante e acabou sobrando para o nosso velho, tanto o trabalho físico quanto o pagamento das despesas – com o que eu não concordo! E, para finalizar, gostaria que a nossa casa fosse restaurada e que nossos filhos, que são herdeiros de nossa herança, e uma delas é a nossa cultura, passassem a cultuar a história de nossa vida. Pretendo fazer isso com os meus filhos.

Ninguém dizia nada, todos estavam assimilando as palavras de Marcos, que, diante do silêncio, continuou:

– Quero deixar aos meus filhos, além da estabilidade financeira, os princípios de nossa cultura que vem sendo dispersa por nossa culpa, naturalmente. Quando falei em filhos herdeiros, falei de mim e de Simone, claro que o bispo não se encaixa nesta condição, apesar de que, mesmo eu sendo um leigo no assunto, suspeito que a sua herdeira seja a igreja.

– Simone, a palavra é sua – pediu o pai. O bispo estava pálido e de cabeça baixa.

– Bem, papai, estamos aqui para ajudá-lo. Concordo com Marcos, o senhor não tem obrigação nenhuma de se prender por causa da instituição. Quanto à restauração da casa, precisamos analisar com cuidado se vale a pena, nossos filhos talvez nem queiram. Concordo também com o Marcos, que foi ali que vivemos os melhores momentos de nossa vida. – Ela estava com os olhos cheios de lágrimas: – Foi naquele jardim que troquei o primeiro beijo com Hiroshi, meu grande amor e amigo. Crescemos ouvindo as histórias do Japão contadas pelos nossos pais e seria bom voltarmos às raízes, só não sei se é possível. O que for decidido por todos, certamente estarei de acordo – finalizou.

– Carlos, meu filho, por favor, é a sua vez – pediu o pai.

– Eu peço perdão a todos, especialmente ao nosso pai pelos transtornos e prejuízos causados. Os meus irmãos têm razão, nosso pai não pode se privar de sua liberdade pessoal para atender aos doentes carentes, isso é trabalho para pessoas que, como eu, fizeram uma opção de servir a Deus cuidando dos necessitados. O senhor meu pai, que está sentindo essas dificuldades, o que nos sugere fazer para resolver a questão? Transferir os doentes para outra instituição, solicitar ajuda do estado ou o quê?

Hideo ficou parado por alguns segundos antes de responder:

— Estive me informando, temos como alojar todos os internos e os trabalhadores em geral em um espaço amplo e bem localizado. Minha verba e de alguns empresários vai continuar, os doentes e empregados não serão prejudicados, já têm uma boa administração que funciona no local. Marcos falou algo que eu confesso não ter pensado antes: reconstruirmos a nossa árvore familiar, começando pelos meus filhos e netos; de fato, aquela casa é a base de nossa história. Se todos concordarem desejo reconstruir os jardins, e ver de volta os pássaros e borboletas, e também os meus filhos e netos, e quem sabe vocês venham mais ao Brasil!

Marcos, olhando para o semblante do irmão, suspirou aliviado e respondeu:

— Fico feliz por dona Marina e seu Teodoro, que vão continuar vivendo na casa. — Olhando para o irmão perguntou: —Você, Carlos, não guarda boas lembranças da nossa casa? A dona Marina já confessou que deu seu primeiro beijo lá; eu confesso que na minha adolescência aprontei muito na ausência de nossos pais, cheguei até a levar garotas para o meu quarto enquanto eles estavam fora.

— Meu irmão, posso lhe afirmar que as melhores lembranças de minha vida aconteceram dentro daquela casa. Contudo, carrego e convivo com elas em qualquer lugar. Minha casa é o mundo, onde Deus me chamar devo me apresentar, disposto a servir, essa é a minha missão.

— Carlos, eu e Simone temos filhos, pensamos no futuro deles, preocupamo-nos com o que vamos deixar de herança, coisas assim, como fez nosso pai. Só por curiosidade, o que fará no dia em que receber o que lhe pertence pelo trabalho e luta de nossos pais?

Hideo olhou para Marcos. Desconhecia o filho, sempre alegre e brincalhão, agora estava se comportando de forma quase cruel com o irmão.

O bispo engoliu a água do copo e olhando calmamente para o irmão respondeu:

– Sinceramente nunca me preocupei com isso, aliás, nunca havia pensado, mas lhe dou a minha palavra que tudo será dos meus irmãos e sobrinhos. Eu carrego como herança um Cálice Sagrado que ganhei de nossos pais, celebrei a minha primeira missa com ele e o levo a todos os lugares e isso eu gostaria de deixar para alguém que de fato reconhecesse os seus valores.

– Que interessante, Carlos. Então deixará de herança um Cálice Sagrado? Quem será o seu herdeiro?

– Poderá ser alguém da família ou não. Por falar nisso, acho que devo aproveitar e lavrar em cartório a minha renúncia sobre todos os valores que pertencem à minha família. Já devia ter feito isso, foi descuido meu.

O pai se levantou. Estava pálido.

– Meu filho, pelo amor de Deus, não fale mais nada! Do jeito que vocês estão falando dá a impressão de que eu já morri e vocês estão disputando a herança. Eu já carrego o remorso pelo que fez sua mãe, deixando aquele testamento que me obrigou a ficar administrando o dinheiro de vocês.

A conversa terminou e o novo destino da casa seria voltar a ser a essência da família de Hideo, mesmo que todos só viessem ao Brasil uma vez por ano, a casa estaria lá, de portas abertas para eles.

Marcos se desculpou, dizendo que precisava sair e prometendo voltar para o jantar. Abraçou a irmã e pediu que ela ficasse tranquila, os filhos com certeza estavam ótimos. Despediu-se do irmão com um gelado aperto de mão. O bispo não entendia a frieza do irmão. Tentava se lembrar se fizera alguma coisa que porventura o tivesse magoado, mas nada lhe vinha a mente.

Os jovens chegaram cheios de pacotes e fazendo brincadeiras entre eles. Trouxeram presentes para toda a família. A mãe perguntou se eles tinham ganhado algum prêmio e que não pedissem mais dinheiro para ela. Pelo visto, haviam gastado tudo o que receberam para se manter durante a viagem.

– Onde está o tio Marcos? – perguntou Lya com um pacote na mão.

– Ele saiu, mas à noite vem jantar conosco – respondeu o bispo abraçando a sobrinha.

Simone acompanhou os filhos até o apartamento e o pai ficou com o bispo, que preocupado lamentou:

– Meu pai, não estou entendendo o que se passa no coração de Marcos. Ele está amargo, chega a me tratar com frieza, tentei saber algo sobre sua vida religiosa e ele me falou quase com rancor que não frequentava mais a igreja católica. Temo que esteja se afastando da fé pelas coisas que me disse.

Parando de falar, tinha os olhos cheios de lágrimas. Pai e filho ficaram em silêncio; o bispo orava e pedia a Deus que lhe mostrasse uma luz a respeito do seu irmão. E, olhando para o pai, perguntou:

– A esposa dele trabalha? Tem algum emprego?

– A minha nora é médica! Você não sabia?

– Médica? – perguntou Carlos sentindo um frio no estômago e pensando: "Que coincidência... a sua Bruna também era médica, ele a reencontrara nos Estados Unidos na ocasião da doença do cunhado". – Ela é americana? – perguntou angustiado.

– Ela é brasileira, mudou-se para os Estados Unidos ainda mocinha. Vive com o pai e me parece que o hospital em que ela trabalha é dele.

– Qual é a especialidade dela?

– Cardiologista! Ela é médica de coração.

O bispo começou a transpirar e abriu os botões da batina. Não podia haver tantas coincidências assim, mas também não podia ser verdade!

De repente, ele se levantou e pediu ao pai para ver os vídeos dos sobrinhos americanos. O pai lhe entregou os vídeos e disse que iria até o jardim cuidar de uma planta recém-chegada. Era assim que ele se referia às novas mudas plantadas no seu jardim. Disse que não demoraria.

O bispo olhava para Eduardo e sentia a cabeça girar, suava gelado. "Meu Deus, esse menino! Esse menino... Santo Deus, quantos anos tem esse menino?" Sentiu vontade de correr atrás do pai para saber, mas sentou-se e ficou voltando as imagens. Eduardo lembrava muito ele mesmo, lembrava Marcos, um turbilhão de pensamentos passava-lhe na cabeça.

Hideo o encontrou sentado no sofá passando mal. Chamou a esposa e pediu que ligasse para o médico imediatamente.

– Meu filho, venha para o quarto, vou ajudá-lo. Tire essa roupa pesada, isso pode ser mudança de temperatura, de horário, um pouco de tudo. Fique calmo, o médico já está chegando.

Carlos estava gelado, sentia um aperto no coração. "Não podia ser, não, não era verdade, ele estava cansado e imaginando coisas."

O médico chegou, examinou, fez perguntas e por fim disse:

— Senhor Hideo, vamos levá-lo para realizar alguns exames. Ele cuida demais dos outros e se esquece que também é feito de carne e osso. Vamos fazer eletrocardiograma e outros exames, não posso dar nenhum diagnóstico sem os resultados em mãos. O senhor sabe há quanto tempo seu filho não faz um exame de prevenção? O mal-estar foi de repente? — quis saber o médico.

— Estávamos conversando. Ele foi ver os vídeos dos sobrinhos, coisas normais, não aconteceu nada fora do normal.

— Bispo, o senhor já sentiu isso antes? — perguntou o médico.

Angustiado, Carlos respondeu:

— Não, é a primeira vez. Faz dez anos que não vou ao médico.

— Vamos levá-lo ao hospital para realizar alguns exames que se fazem necessários. O senhor me disse que faz dez anos que não passa por uma consulta; isso é descuido de sua parte, senhor bispo! — disse o médico chamando o resgate.

Maria chamou Simone, que veio correndo com os filhos e falou:

— Meu Deus, o que aconteceu? Ele estava tão bem! Já localizaram Marcos? — quis saber Simone.

— Deixei um aviso, o telefone dele está fora de área — disse Hideo.

—Vamos acompanhar Carlos ao hospital. Dona Maria, a senhora fica com o meu bebê? — pediu Simone.

— Claro! Podem ir sossegados. Mantenham a calma — disse ela abraçando o marido. — Se Deus quiser foi apenas um mal-estar, eu passei mal quando fui ao Japão, lembra-se, Hideo? São os horários, a temperatura e tudo o mais que é diferente daqui.

— Se Marcos ligar, não o apavore, fale que o irmão se sentiu mal e foi realizar um exame. Passe a ele o endereço do hospital. Eu ligo, fique sossegada — disse Hideo.

O Cálice Sagrado

Marcos soube que o irmão ficaria internado. Ele estava com Marina e repassou a notícia sem demonstrar muita tristeza. Ela implorou que ele a levasse ao hospital, lembrou-o de que jurara para a mãe deles que sempre daria amparo aos filhos dela. Ele, caindo em si, lembrou-se da mãe e chegou a sentir até remorso de sua própria atitude, mas era o que estava sentindo no coração.

Enquanto aguardava por Marina, que fora trocar a roupa, Marcos pensava: "Se ele morrer talvez seja melhor para todos. Vou me sentir menos mal diante de Eduardo. O tempo vai se encarregar de apagar as más lembranças de Bruna, é será nossa chance de ter paz".

No caminho, ele pedia perdão a Deus pelos próprios sentimentos. Enquanto desejava a morte do irmão, não pensava no sofrimento do pai, da irmã; enfim, ele era seu irmão.

Os primeiros exames estavam dentro do normal, nada que pudesse preocupar a família, outros exames demorariam alguns dias, porém, tudo indicava que fora um mal-estar passageiro.

O bispo voltou para a casa do pai abatido. Tomou uma sopa e pediu para se recolher. Estava sob efeito dos remédios, precisava dormir.

O pai pediu para Marcos para dormir aquela noite com o irmão, achando que ele poderia se sentir melhor.

Marcos ia dizer não, quando uma ideia lhe passou pela cabeça: "E se eu o atormentar um pouco mais? Estou sofrendo, por que ele não pode sofrer também?"

– Tudo bem, vou ficar fazendo companhia a ele, pode arrumar minha cama ao lado da dele.

Marcos conversava com a família. Marina estava entre eles. Simone sugeriu que ela deveria dormir na casa de Hideo, pois o outro quarto estava desocupado. Assim, Carlos iria se sentir amparado por todos e, quem sabe, o médico não estava certo ao dizer que por ele viver tão longe e distante da família o encontro familiar o emocionara, fazendo-o lembrar-se dos tempos em que viveram juntos. Marina concordou. Ajudara a criar aqueles meninos, ela amava todos eles.

Carlos estava deitado à meia-luz. Marcos entrou no quarto acompanhado de Marina. Chegando perto da cama onde estava o irmão, Marcos perguntou:

– Como está se sentindo? Precisa de alguma coisa? Estamos aqui para ajudá-lo. Vou dormir aqui, assim posso tomar conta de você.

– Não se preocupe, Marcos. Vai trabalhar em seus projetos, eu estou bem, fique sossegado – respondeu o bispo.

– Vou dormir aqui você querendo ou não! Ficou todo esse tempo querendo falar comigo e agora que lhe dedico o meu tempo me manda embora? Vou tomar um banho e já volto, fique com ele, Marina.

Marina olhava para ele e via o pequeno e inocente menino correndo pelos jardins montado em um cavalinho de pau. As lágrimas teimavam em cair dos seus olhos.

– Marina, pelo amor de Deus, não fique assim. Estou bem! Você nunca teve um mal-estar de repente e do mesmo jeito que veio foi embora? Estou meio tonto porque tomei um remédio na veia. Isso, sim, mexe um pouco com o organismo. Vamos falar de coisas alegres? Já foi informada da transferência da instituição para outro local? Meu pai vai reformar toda a mansão, inclusive os jardins que já não são os mesmos. Você vai continuar lá tomando conta de tudo como sempre.

– Antes de você ir embora vai celebrar uma missa lá, não vai? – perguntou ela ansiosa.

– Claro que vou! Amanhã vamos decidir a hora. Quero toda a família e os amigos da nossa instituição. Que pena não poder batizar meu sobrinho, filho do Marcos. Marina, você acredita que eu não conheço a minha cunhada nem por foto? Meu pai disse que você tem os vídeos do evento, pode me emprestar?

– Emprestaria se a arrumadeira não tivesse dado fim a todos os vídeos que eu possuía. Nem contei nada para o sr. Hideo, pois ele ficaria magoado. Deu-me com tanto gosto, e eu guardava com tanto cuidado! Ela jogou água em tudo e não tive como recuperar nada, foram todos os vídeos que eu tinha.

Nisso, Maria bateu à porta levando um suco para o bispo. Marina respirou aliviada "Santo Deus!", pensou. "Se ele começasse a lhe fazer perguntas o que ela iria responder?"

Marcos entrou no quarto e brincou com Maria dizendo que também iria ficar doente e queria ver se ela ia trazer suco e biscoito para ele.

As mulheres riram e Marina comentou:

– Esses meninos sempre foram assim, desde garotinhos! São ciumentos! Não podemos dar atenção pra um que o outro já fica reclamando.

As mulheres se despediram. Marina disse que pernoitaria no apartamento e que qualquer coisa estaria ali para ajudar.

Sozinho com o irmão, Carlos precisava saber a verdade. Rezava a Deus que não fosse verdade o que se passava na mente dele, e a mesma pergunta que fizera a Marina, faria ao irmão. Depois que ele o questionara sobre falsidade religiosa, ele ficara se remoendo e se perguntando se o irmão realmente não estaria certo. Ele fizera um juramento que foi quebrado, amou uma mulher e a levava dentro dele, dividia com ela o Cálice Sagrado, vivera todos aqueles anos em plena paz, mas nunca imaginara que uma noite vivida com Bruna pudesse lhe trazer consequências tão graves! Precisava se certificar da verdade.

Olhando para o irmão, quase implorando que ele prestasse atenção ao seu pedido, falou:

– Marcos, quantos anos tem seu filho Eduardo?

Marcos não o olhou nos olhos, mas respondeu: Ele é dois anos mais novo que Maeva.

– Fale-me, onde conheceu sua esposa? O que ela faz, quero saber um pouco de vocês – pediu o irmão.

– Eu a conheci em Roma, você acredita? Estava voltando de Paris, tinha levado Maeva na casa dos avós, que moram lá. Estava viúvo, carente, eu amava minha esposa, sempre nos demos bem, fomos muitos felizes! Não costumo enganar mulheres, principalmente as que me são caras, nunca a traí. Resolvi dar uma passada no Vaticano, naquela época eu acreditava muito nos padres. E a única coisa boa que tenho para contar sobre os padres, é que conheci Bruna nas escadarias que leva à Praça do Vaticano. Ela deixou cair o cachecol e não percebeu, corri atrás para entregar e deparei com a criatura mais linda que os meus olhos já viram. Ao lado dela, dois olhos parecidos com os meus me conquistaram à primeira vista. Ali, já se abria um caminho para nós. Bruna era uma mulher fechada e magoada, levava consigo uma história que a incomodava e ao filho. Preferiu dizer a ele que o pai havia morrido. O menino cobrava a presença dos parentes paternos, pois, querendo ou não, ele era diferente: era mestiço e sabia que o pai era oriental ou descendente. Trocamos telefones e não demorou muito voltamos a nos encontrar e fazer passeios. Casamos e somos muitos felizes, graças e Deus tenho a família que sempre quis. Maeva conquistou a confiança dos dois. Meus três filhos são as relíquias mais preciosas que possuo.

O bispo ouvia e parecia que estava entrando em túnel desconhecido e assustador. Voltava ao passado por um corredor escuro e estreito. Sua cabeça doía, sentia um aperto no coração. Conforme o irmão descrevia sua vida com a mulher que amava, ele sentia uma pontada no coração a cada palavra dita. Marcos o olhava com indiferença.

– Minha mulher é brasileira, filha de pais separados. Assim que terminou o ensino médio, foi morar com o pai nos Estados Unidos. Ele é médico e dono do hospital onde ela coordena o setor de cirurgias cardíacas. Ela teve um filho com um cara que ficou apenas uma noite e o imbecil pediu que ela encontrasse alguém, se cassasse e fosse feliz. Ela engravidou, teve o filho e nunca mais ele a procurou, por essa razão ela disse ao filho que ele havia morrido antes de seu nascimento. Essa é a história que o Eduardo conhece. Uma mentira que foi inventada para livrá-lo do sofrimento. Agora, de fato, ele tem um pai: eu! Para defender a minha família serei capaz de tudo, já lhe falei sobre isso, lembra-se? Que se o pai biológico dele aparecesse exigindo ou pedindo algum reparo eu me tornaria um assassino, lembra?

O bispo continuava imóvel, não conseguia se mexer nem falar. Uma dor profunda cortava seu peito, um nó apertava sua garganta. Marcos se aproximou dele e, olhando-o dentro dos olhos disse sem qualquer piedade:

– Agora você já sabe com quem eu me casei, não é verdade? Sabe quem é o pai biológico do Eduardo? Sabe por que eu o considero um canalha? Entende por que sinto nojo dos padres e do que eles fazem dizendo-se fiéis servidores de Cristo? Fiquei sabendo de toda essa sujeira que você fez na vida dessa moça há poucos dias. Eu desconhecia a verdade sobre o seu caráter. Estou me sentindo traído, carregando um desejo dentro de mim que enquanto não se realizar não vou descansar: quero vê-lo morto! Está percebendo como estou me sentindo na sua frente?

O bispo, de braços cruzados sobre o peito, teve a impressão de que algo explodira dentro de sua cabeça. Sentiu um jato quente percorrendo todo o seu corpo. Os olhos se viraram para cima e da boca retorcida escorria uma baba amarelada. Ele lutava para respirar.

Marcos olhou para ele e disse:

— Eu lhe desejo boa morte! Vá se queixar com Deus da grande injustiça que o seu irmão acabou de fazer! No inferno, lembre-se: os canalhas sempre têm o fim que merecem!

Dizendo isso, Marcos saiu e foi chamar o pai, falando que o irmão estava passando mal. Foi um corre-corre e, com ajuda do motorista e de Hideo, transportaram-no para o hospital que, avisado, já o aguardava.

— Foi um acidente vascular cerebral! — informou o médico. — Estamos aguardando a análise dos exames para ter certeza da gravidade.

A família passou a noite no hospital. Marcos tomou vários cafés e ficou o tempo todo ao lado do pai e de Marina, que o olhava e se perguntava: "Meu Deus, que castigo é esse?".

No dia seguinte pela manhã, a família foi informada de que o bispo passaria por uma cirurgia, pois havia coágulos no cérebro e eles iriam fazer de tudo para ajudá-lo. Hideo estava arrasado, Marcos tentava consolá-lo. Abraçado ao pai que chorava, ele sentiu pena; não merecia estar passando por tudo aquilo! E que desgosto teria se conhecesse toda a verdade! Ele que tinha tanto orgulho dos filhos!

Alguns dias depois, Carlos deixou a UTI e foi para o quarto. Marina prontificou-se a ficar com ele. Ela havia jurado para a mãe dele que cuidaria dele e iria cumprir a promessa.

Os médicos disseram que ainda era cedo para avaliar o quadro geral do bispo. E que a família continuasse orando e pedindo a Deus pela recuperação dele. O derrame fora gravíssimo, possivelmente ele iria ficar com sequelas comprometedoras para o resto da vida.

Uma semana havia se passado. Marcos falou para o pai que deixara compromissos e que não poderia esperar mais. O pai compreendeu e disse que ele podia ir sossegado. Disse que o Vaticano enviara um ofício de solidariedade à família pelo acontecido e que rezavam diariamente pela recuperação do irmão, e que toda a igreja estava à disposição. Diariamente muitos religiosos cercavam o bispo de orações e atenções.

Foi difícil para Marcos falar com o irmão. Ele não mexia nenhum músculo do rosto, mas estava consciente, podia ouvir. Marcos aproveitou um momento que os padres estavam rezando, aproximou-se de seu ouvido e disse:

– Espero que você viva por muitos anos, sem poder dizer uma palavra, mas se porventura voltar a falar, não diga nenhuma palavra sobre o que conversamos. Meu pai não merece, meu filho não merece. Estou voltando para a minha casa, para os braços de minha esposa, que não só o esqueceu como o odeia. Vou abraçar e beijar meu filho Eduardo, que nunca foi tocado pelas suas mãos sujas.

Uma lágrima escorreu pelo canto dos olhos do bispo. Se pudesse sair dali, iria se arrastar pelo chão pedindo perdão ao irmão pela infelicidade que lhe causara.

A imagem de Bruna estava em seus pensamentos. Marcos disse que ela o odiava, ela teve um filho... Eduardo era seu filho, jamais lhe passara pela cabeça nem por um segundo essa possibilidade... Ter um filho com ela! Deus o estava castigando, nem se confessar ele podia, perdera esse direito, não podia falar nem escrever, apenas sua mente estava viva e o acusando do grande mal que havia cometido contra sua família e duas criaturas inocentes: Bruna e Eduardo. Seu irmão tinha razão de odiá-lo.

Marina percebeu um brilho no olhar de Marcos quando ele deixou o quarto do irmão. Não podia ser o que ela estava pensando: "Marcos não teria dito a verdade para o irmão! Seria muita crueldade. Eles haviam conversado, ela aconselhou tanto Marcos a voltar em paz e evitar aproximação do bispo com Bruna e Eduardo! Contudo, ela os conhecia... Aquele olhar de Marcos era de desforra".

Ela o acompanhou de volta para casa e depois de ter preparado um café, convidou-o para ir até a mesa. Sentada em sua frente, perguntou:

— Marcos, você quer ajuda para arrumar as malas? — Notei alguns DVDs espalhados no sofá!

— Não precisa se preocupar, Marina. Até parece que você não me conhece; enfiei meia dúzia de peças na mala de viagem. Não trouxe nada para me barbear, usei tudo do meu pai! Continuo como sempre, um desorganizado! Ao contrário do meu irmão, que sempre foi certinho, organizadinho em tudo.

— Marcos, meu filho, olhe bem dentro dos meus olhos e me fale o que eu preciso saber. Lembra quando você era pequeno e quebrava alguma coisa de sua mãe e eu pedia para você falar a verdade senão ela podia cometer uma injustiça achando que havia sido os empregados?

— Lembro. E daria tudo se esse tempo voltasse, especialmente para ter minha mãe perto de nós — respondeu ele, tomando o café.

– Marcos, meu menino, você bem sabe que isso não acontece! Mas eu quero que você seja sincero comigo, como foi sincero naquele tempo.

– O que quer saber? – perguntou olhando-a com carinho.

– Marcos, você contou para o seu irmão alguma coisa sobre Bruna e Eduardo? Fale-me a verdade, eu preciso saber!

– Nunca menti para você quando criança e não seria agora que iria lhe ocultar algo. Eu joguei na cara dele, sim! Havia planejado, conforme conversamos, esconder Bruna e Eduardo dele, mas percebi que enquanto eu estava me sacrificando, roendo-me por dentro, ele estava de bem com a vida, olhando para o céu como se nada existisse abaixo dele. Aborreceu-me vê-lo orando a todo instante, dando bons conselhos aos meus sobrinhos, arrancando do meu pai lágrimas de orgulho! Tentando me dar lição de moral a respeito da igreja! Não fiz de propósito, ele insistiu, perguntando sobre Bruna e Eduardo. Ele já desconfiava; as coincidências e as evidências despertaram sua consciência. Acredito que juntou as peças e começou a desconfiar da verdade. Antes de sair do quarto pedi a ele que não abrisse a boca com ninguém, espero que se sobreviver a esse derrame, mantenha silêncio ou eu, juro por Deus, vou matá-lo.

Marina colocou as mãos sobre o rosto e pensou: "Meu Jesus! Por que isso foi acontecer? Pobres meninos! Não mereciam passar por isso. Deus, livre o sr. Hideo de uma tragédia entre seus filhos"!

Chorando, ela conversou muito com Marcos, como fazia nos tempos de sua adolescência. Aconselhou-o a recomeçar uma vida feliz com a mulher e pediu que não deixasse transparecer nada para as crianças, pois Deus colocara Bruna e Eduardo no caminho dele para ajudar a ele e Maeva, aliviando o coração deles com amor. Essa era a vontade de Deus.

Marcos viajou aliviado. Tentaria seguir alguns conselhos de Marina. Quanto ao sentimento de respeito pelo irmão, continuava o mesmo. Pensava em Bruna, queria olhar nos olhos dela quando lhe falasse o que acontecera ao irmão. Se ela ainda o amasse, ele perceberia em seus olhos.

Quando ele retornou, houve grande alegria das crianças. Ele levou as encomendas de cada um e Maeva quis ver as fotos. Perguntou do avô. Estava saudosa de tudo e de todos.

Eduardo colocou o DVD no aparelho e falou em voz alta:

– Olha só o bispo! Parece com o meu pai e, engraçado, comigo também! Nem venha você, Maeva, dizer que todo japonês é parecido!

Marcos sentiu uma pontinha de ciúmes e suspendendo Eduardo nos braços falou:

– Mas eu acho que você parece mesmo comigo! Se o pegar por aí falando que se parece com outro japonês, vai se ver comigo, garoto!

Bruna estava no hospital. Ele telefonou informando que chegara e que ficaria com os filhos até ela voltar. Encomendou um jantar especial, queria fazer a refeição em casa, com todos.

Bruna, verdadeiramente feliz e emocionada, saudosa do marido, perguntou:

– Posso arrumar meu cabelo para você?

Marcos respondeu em voz baixa para não ser ouvido pelos filhos:

— Peça licença ao seu pai, saia mais cedo, arrume o cabelo e venha! Antes do jantar quero descansar da viagem, ao seu lado...

Ela riu do outro lado e também falou baixinho no telefone:

— Vou tentar...

Bruna chegou bem antes do horário costumeiro. Marcos a olhou e reconheceu que ela nunca estivera tão linda. Como a amava! Abraçado a ela, disse:

— Senti muito sua falta, não sairei mais um dia sem você.

— Eu também senti sua falta, não via a hora de tê-lo em meus braços. Você, nossos filhos e meu pai preenchem o meu coração, não sobra espaço para mais ninguém. Pode até ser egoísmo, mas estou sendo sincera.

Sozinho com a esposa, nos aposentos do casal, Bruna quis saber como havia sido a viagem e como estava a família; enfim, como ele estava se sentindo?

Olhando-a dentro dos olhos, ele respondeu:

— Meu irmão sofreu um derrame, foi operado para retirar coágulos no cérebro. Parece ter sido muito grave, apesar de estar consciente, permanece imóvel, sem movimento.

Ela, calmamente, respondeu, olhando dentro dos olhos dele:

— Sinceramente, lamento pelo seu pai, sou mãe e não posso negar que filhos, errados ou certos, continuam sendo nossos filhos. Deus faça o melhor por ele e proteja seu pai.

Marcos suspirou profundamente. Não viu nenhuma emoção nos olhos de Bruna. Criando coragem, falou:

– Vou te fazer uma pergunta e quero que seja sincera comigo!

– Jamais mentiria para você. Pode me perguntar, só não vou lhe responder se não souber a resposta – disse ela.

– Você esqueceu o meu irmão ou os acontecimentos dos últimos dias mexeram com suas lembranças? Não fique magoada comigo, eu preciso conviver com todas as verdades.

– Marcos, quantas vezes você quer que eu jure? Quando nos conhecemos, você preencheu o vazio do meu coração, ensinou-me e me deu a essência do verdadeiro amor. O que aconteceu entre mim e seu irmão acontece todos os dias, são os sonhos da adolescência que, quando não são bem resolvidos, nos fazem cometer erros desastrosos, como foi o meu caso. Sei perfeitamente que a minha situação seria bem diferente se o meu marido não fosse irmão do pai biológico do meu filho, mas quero que você confie em mim. Como poderia imaginar que vocês eram irmãos? Agora quem quer fazer uma pergunta para você sou eu!

– Faça! – respondeu ele, abraçado a ela.

– Você deixou de me amar com essa descoberta?

– Não. Jamais deixarei de amá-la, jamais vou me separar do meu filho! Mais do que nunca, tenho certeza de que ele é um pedaço de mim.

Marcos relatou tudo o que acontecera entre ele e o irmão. Por fim, acrescentou: não estou nem um pouco arrependido do que fiz! Sinto pelo meu pai, não por ele.

Espero que ele não me deixe de herança o Cálice Sagrado, pois iria cortar os ossos dele com isso.

O bispo foi melhorando. Todos os cuidados eram dispensados a ele. Sua imaginação atravessava o mundo de um lado para o outro. Ele tinha um filho que o imaginava morto e era odiado pela sua mãe. Não poderia tirar a razão dela. Quando pensava na tristeza estampada nos olhos do irmão e na amargura do seu coração, suas palavras foram como fel. O que ele fizera com a vida daquela moça? O que ele fizera com o irmão? Tinha de se confessar, precisava de conselhos, precisava falar com Deus... Uma coisa já havia decidido: nunca mais iria diante do altar celebrar uma missa, não voltaria a vestir as vestes sagradas do Senhor, se Deus ainda permitisse, ele queria ir ao Vaticano pedir para ser excomungado, queria se isolar de tudo e de todos.

Hideo correu com as mudanças da casa e preparou tudo para instalar o filho com todo o conforto ali, onde ele crescera ao lado da família. O bispo foi transferido para a mansão e alguns padres se instalaram lá; afinal, seria melhor para todos.

Apesar da gradativa melhora, ele ainda requeria cuidados especiais. Marina assumiu o lugar da mãe e não o deixava sozinho nem de noite, nem de dia. Ele já balbuciava algumas palavras, mas segundo o médico levaria algum tempo para voltar às atividades normais. Em uma dessas ocasiões, ele deixou claro para um padre que estava querendo levá-lo à igreja que não pretendia voltar a uma, até ter condições de se confessar com o Papa. Todos acharam que era por conta das sequelas e que precisavam ter paciência.

Oscar, marido de Simone, conversava com o pai a respeito da doença do cunhado. Lamentava por ele e dizia que não se importava com as visitas constantes da esposa e dos filhos; afinal, ele era membro da família, apesar de não ter tanto contato com ele, estimava-o muito. Dizia ao pai que estranhara o comportamento de Marcos. A esposa lhe confidenciara que antes do segundo casamento ele era muito presente, mas depois que se unira à Bruna, distanciara-se de todos, o que era uma pena. O irmão, que estava em recuperação, nunca mais recebera a visita dele, o que entristecia Hideo.

E, fazendo uma pausa, ele acrescentou:

– Interessante, o filho adotivo é um garoto e tanto! O senhor conhece a história, não é mesmo? Por obra do destino ele veio com Danielle passar uns dias conosco e ficamos apaixonados por ele. A mãe eu não conheço, o senhor a conhece bem, não é? É amigo do pai dela, pelo que eu sei.

– Ah! Sou amigo do pai dela e do seu cunhado também! E vou lhe falar uma coisa com sinceridade: a Bruna é uma moça extraordinária! Educada, simples e de um caráter invejável. Vou lhe confidenciar algo que deve ficar entre nós, e talvez seja esse o motivo do comportamento do Marcos. Anos atrás, eu encontrei Bruna no avião quando voltava do Brasil. Ela estava fora de si, chorava muito e parecia mal, até chamei a comissária de bordo para ajudá-la. Anos depois, reencontrei-a na escola, em uma reunião de alunos. O filho dela tem apenas alguns dias de diferença de Danielle. Comecei a fazer uma ligação da paternidade de Eduardo, fiz as contas e descobri que ela estava grávida naquela ocasião. Depois que a reencontrei e soube que ela ia se casar com o Marcos percebi como o menino é parecido com ele. Liguei os fatos, e creio que ela engravidou dele e, para proteger o filho, disse que o pai havia morrido. Tanto que logo após ele ter enviuvado, casou-se com ela e ele fez o que era certo: assumiu o filho. Mas, que isso fique entre nós, filho. São apenas suposições, nunca toquei nesse assunto com o meu amigo, o pai da Bruna. Embora em algumas conversas sobre filhos e netos ele tenha ficado desconcertado a respeito da paternidade de Eduardo.

– O senhor tem toda a razão, esses japoneses caladinhos e na deles são danados! O importante é que ele reparou o erro do passado e ela, pelo que sei, é uma verdadeira mãe para a filha dele. É o que Simone fala, mas seja o que for, deixemos para lá, não é mesmo?

Hideo suspendeu a programação de viagem e pediu aos filhos que seria mais fácil eles visitá-lo. Enquanto Carlos precisasse de sua presença, ele não arredaria o pé do Brasil. Simone constantemente ia visitá-los. Quanto a Marcos, ele telefonava todas as semanas, mas não fizera uma visita sequer ao irmão que tanto precisava da família. Hideo sentia muito com a situação.

Maria sentia muita pena do marido, sempre que ele falava em Marcos seus olhos se enchiam de lágrimas. Ela sabia que ele guardava muito os seus costumes orientais, Marcos era o filho mais velho, ele jamais iria cobrar isso dele, mas pela tradição ele deveria se importar um pouco mais com a família. Abraçando o marido, ela disse:

– Hideo, meu querido, não fique assim! O seu filho é um homem muito importante! Ele trabalha na NASA e talvez não possa se ausentar dos projetos, ele mesmo não disse que estavam trabalhando dia e noite no tal projeto novo?

– Meus filhos não são japoneses! Para o japonês não existe nada mais importante que o compromisso com a família, eu acho que não consegui transmitir isso a eles.

A recuperação do bispo surpreendeu os médicos. Ele andava perfeitamente e os movimentos dos músculos se recuperaram milagrosamente. Ninguém dizia que ele havia tido um derrame.

Ele falou com o pai que gostaria de ir a Roma. Já havia conversado com o monsenhor que nos últimos tempos era seu amigo, confessor e conselheiro, e ele conseguira uma audiência com o Supremo Pontífice (o papa). Ele precisava ir ao Vaticano resolver definitivamente sua vida religiosa.

O pai ficou feliz com sua decisão, desde que adoecera nunca mais vestira uma indumentária religiosa. Sentia falta de vê-lo com os trajes da igreja. Animou o filho dizendo que ele deveria fazer o que pedia seu coração, uma vez que Deus lhe restituíra a saúde ele tinha de preocupar-se em não assumir tarefas pesadas. Quanto a voltar à igreja, era o que ele estava precisando, podia contar com o apoio dele para tudo e até se ofereceu para acompanhá-lo.

O bispo lhe explicou que por se tratar de assuntos religiosos e envolver grandes tratados, era aconselhável ele ir acompanhado apenas do monsenhor.

Hideo entendeu. O filho estava certo, porém, exigiu que ele levasse certa quantia em dinheiro para cobrir as despesas. O monsenhor aceitou com muita alegria a oferta de Hideo.

O bispo cuidadosamente carregou as indumentárias e os objetos litúrgicos, propriedades da igreja, e também sua única herança: o Cálice Sagrado.

Ajoelhado aos pés do monsenhor, em confissão, ele relatou seu sofrimento e pesar. O Cálice Sagrado tinha um herdeiro. O pastor a quem Jesus confiara seu rebanho havia se desviado do caminho e cometera adultério ao Sagrado Juramento. Ele não iria colocar a hóstia consagrada na boca, não vestiria suas sagradas vestes e não poderia ajoelhar-se em um altar na morada do Cordeiro para semear palavras de amor. Ele não fora forte o suficiente para entender o amor de Jesus, e para o seu pecado não tinha perdão.

O monsenhor, com todo amor paternal, tentava abrir seus olhos, pedia a ele que não fizesse julgamento diante do Senhor, pois estava se precipitando em uma condenação que ainda não tinha sido ouvida e analisada pelo Supremo Representante da Ordem Sagrada do Mestre Jesus.

O bispo foi convidado para se instalar nas dependências eclesiásticas do Vaticano, mas disse que só depois da audiência com o Papa decidiria aceitar ou não a hospedagem.

Ouvido pelo Supremo Pai da Igreja, este lhe estendeu as mãos, recolheu-o de volta ao rebanho e disse que ele trabalharia servindo a Santa Madre Igreja em regime fechado.

Não poderia deixar o Vaticano sem a sua permissão. Essa era uma oportunidade para resgatar seu débito.

O papa, com a sabedoria transmitida pelo Espírito Santo, não o condenou, reconhecendo que ele não fora forte o suficiente para vencer as tentações da carne. Dentro da casa de Deus ele deveria recolher-se do mundo externo.

O bispo não poderia deixar a Casa Santa em hipótese alguma, não deveria envolver-se com o mundo. Viveria em regime interno até que o supremo papa tivesse certeza de que ele estava pronto para enfrentar novas batalhas. Poderia receber a visita da família desde que acompanhado por outros religiosos. Poderia receber correspondências da família desde que autorizasse passar pela ótica de um irmão que estava ali para protegê-lo. Assim também como poderia dar notícias aos familiares sob a ótica de um amoroso irmão que se preocupava com sua vida.

Com o coração cheio de júbilo, ele beijava os pés de todos os irmãos que participaram do seu processo, pois o papa não decidira sozinho. Casos como o dele passavam por um processo rigoroso. Ele voltou a usar as vestes determinadas pelo supremo pai das igrejas. Passou a desenvolver muitas tarefas internas; acompanhado e amparado, ele voltou a sorrir. A felicidade de fato tomou conta do seu ser, sua vida passada não lhe interessava mais nem mesmo as questões familiares. Ele decidiu que quanto menos se envolvesse com o passado, mais próximo de Deus estaria.

O monsenhor voltou ao Brasil com uma carta escrita pelo bispo. Ele contava ao pai da grande felicidade encontrada na igreja de São Pedro, onde ele iria cumprir a missão de sua vida em paz e harmonia com Cristo. Daria notícias e pediu que ele lhe escrevesse. Quando resolvesse visitá-lo, deveria avisar com antecedência; as visitas eram rápidas, mas possíveis.

Hideo chorou de emoção, saudades, tristeza, lembrando que o filho mais velho não viera visitar o irmão e agora seria muito mais difícil vê-lo.

Quando Marcos foi informado do acontecimento, alegrou-se, e reunindo a família convidou a todos para visitarem o Brasil. As férias escolares se aproximavam e seria uma ótima ocasião para rever os parentes. O vovô estava ansioso para recebê-los, contou aos filhos.

Maeva e Eduardo se entreolharam e foi Maeva quem falou:

— Posso lhe pedir uma coisa por mim e pelo Eduardo?

Marcos, abraçando a filha e Eduardo, respondeu:

— O que é que os meus queridos filhos me pedem que eu não faço se achar conveniente?

— Papai, querido, podemos levar Danielle e John? Eles são nossos melhores amigos e como não temos viajado para fora do país nesses últimos anos e não imaginávamos que iríamos para o Brasil, havíamos combinado com eles o esquema das férias anteriores: banhos de cachoeira, mar, andanças a cavalo nas fazendas de nossos avôs, passeios aos *shoppings* e outros. Podemos? Somos dois jovens responsáveis e exemplares!

Bruna piscou para o marido que pediu socorro com o olhar. Tudo bem, mocinhos. Os amigos de vocês são realmente bons meninos! Precisamos conversar com os pais deles, por mais que os senhores se achem independentes quero que saibam que ainda precisam de nossa autorização.

Herdeiro do Cálice Sagrado

— Nós sabemos, papai! — falou Eduardo torcendo as mãos.

Marcos olhou para ele e notou a grande semelhança dele com o tio. Ia animá-lo para fazer um novo corte no cabelo. Puxando o garoto para mais perto dele disse:

— Você é um verdadeiro homem! Tenho certeza de que vai cuidar bem de sua irmã. Pode convidar Danielle, e você, Maeva, pode convidar John. Desde que se comportem, podem estar sempre juntos.

Os dois saíram correndo de mãos dadas. Marcos abraçou Bruna e comentou:

— Existe algo melhor do que isso? Ver a felicidade nos olhos dos nossos filhos?

Antes de Bruna responder, o filho caçula puxou a calça do pai e perguntou:

— E eu, não vou levar ninguém?

O pai, suspendendo-o no ar, respondeu:

— Você vai levar o papai e a mamãe, tudo bem?

— Tudo bem. Eu também quero levar alguém — disse o garotinho.

Bruna abraçou o marido e falou:

— Nossa vida é abençoada por Deus. Temos filhos lindos e saudáveis, enfrentamos nossas dificuldades e superamos todas elas. Eu o amo, e agradeço a você pela felicidade que nos deu.

— Vamos programar nossa viagem ao Brasil e também para o Havaí. Aceita?

— Claro, meu amor! Ao seu lado e com os nossos filhos aceito qualquer caminhada!

Sozinho, Marcos suspirou aliviado. O irmão se estabelecendo no Vaticano dificilmente voltaria para visitá-los. E se isso acontecesse seria sempre em intervalos desencontrados. Ele, Bruna e Eduardo estavam livres.

Naquele mesmo dia, após o jantar, ele telefonou para o pai comunicando que dentro de vinte dias estaria chegando com a família, e que estava morrendo de saudade dele, de Marina e de Maria. Dizia ao pai que depois de dois anos, tirava férias e já estava com tudo planejado: visitaria primeiro o Brasil, depois o Havaí, iria com a família.

Hideo sentiu-se pleno de felicidade, e lhe respondeu:
— Você já telefonou para sua irmã?
— Não. Ainda vou lhe dar a notícia das minhas férias e na volta quero trazer Ryan, que vai ter toda oportunidade de conhecer a NASA e descobrir se é isso mesmo o que quer: ser mais um dos nossos engenheiros. A NASA está recrutando engenheiros do mundo inteiro, naturalmente haverá uma seleção final, pois as vagas são apenas 10. Mas quando eu entrei também as vagas eram poucas, eu não acreditava na possibilidade, e não estou aqui? Quem sabe agora é a vez dele.

O pai esperou ele terminar de falar e comentou:
— Sua sobrinha vai noivar e marcar o casamento, que será no fim deste ano, ou seja, daqui a seis meses. O tempo passa tão depressa! Outro dia Lya era uma menininha, agora já vai se casar, pena que o meu amigo não esteja entre nós. Hiroshi sempre teve orgulho dos meus filhos e eu tenho orgulho dos filhos dele.

– Mas que danada! Nem sabia que ela estava namorando firme! E o senhor me fala que ela já vai se casar, acho que parei no tempo.

– Você não sabia, porém, o seu filho Eduardo com certeza é conhecedor desse fato. Ele se corresponde com os meus netos. Se esse menino tivesse o meu sangue não seria tão parecido comigo em algumas coisas!

Marcos sentiu remorso, sua vontade era gritar: "Ele tem o seu sangue! Ele é seu neto!", mas engoliu em seco e respondeu:

– O japonês carrega no DNA os costumes dos seus ancestrais. Não tenho dúvida de que os ancestrais do meu filho são muito parecidos com os nossos.

Marcos pediu ao pai que gostaria de se instalar com a família na antiga casa que ele ainda não tinha visto como ficara depois da reforma. Comunicou que os amigos dos filhos estariam acompanhando a família, pois neste ínterim Marcos já havia recebido a confirmação dos pais que eles poderiam embarcar. A documentação estava em ordem e eles queriam viajar, era um sonho.

O pai disse que ele iria se surpreender, pois a casa voltara a ser a mesma dos velhos tempos. Ele mesmo reconstruíra os jardins e tudo estava em perfeita ordem.

Marcos telefonou para a irmã, que gritou de alegria e disse que os filhos não iriam com ela para o Brasil, mas o fato de ele ir ao Havaí era um presente para eles. Ele pediu à irmã que retransmitisse o recado para o sobrinho, pois ele deveria estar pronto para embarcar com ele.

Dias depois, a casa de Hideo estava cheia de pessoas alegres e felizes. Marina observava os filhos de Simone e Bruna, que brincavam na piscina. Os jovens se divertiam, Eduardo nadava igual o pai, era um verdadeiro peixinho. Será que no Vaticano havia piscinas? Tudo o que o Carlinhos mais gostava na vida era nadar, ela ia perguntar a Hideo. O Eduardo era a cara do Carlos, andava como ele, tinha alguns costumes idênticos! E eles nem se conheciam...

Hideo não saía de perto dos filhos e percebeu que Marcos voltara a sorrir e estava mais tranquilo; isso era muito bom. Contou ao filho sobre o irmão Carlos, dizendo que ele trabalhava em regime fechado no Vaticano, mas estava muito feliz, voltara a ser o que sempre fora: um rapaz confiante e carismático.

– Que bom, papai, fico feliz por ele – respondeu Marcos. – Tudo o que desejo é que ele seja de fato feliz no caminho escolhido e que o senhor não se torture imaginando que ele está isolado do mundo porque não é assim; ele faz o que gosta e isso lhe dá prazer. Eu, por exemplo, fiquei dois anos praticamente preso aos meus deveres profissionais e deixei de lado os meus deveres familiares, mas fiz isso porque gosto do que faço.

Os jovens colaram em Marcos pedindo que ele os levasse ao estádio, eles queriam assistir a um jogo de futebol. Marcos os acompanhou até o estádio e Bruna disse que iria aproveitar para fazer unhas, cabelos etc. Marina se propôs a ficar com Mateus.

Simone acompanhou Hideo na visita a alguns parentes, eles iriam entregar os convites do noivado da filha dela.

A sós com Marina, Bruna pegou em suas mãos e desabafou o que estava escondido em seu coração.

— Dona Marina, Mateus está brincando debaixo dos nossos olhos, não precisamos ficar preocupadas com ele, quero falar com a senhora!

— Está bem, minha filha, vamos nos sentar aqui neste banco! — pediu Marina.

— Dona Marina, por favor, acredite, eu nunca enganei o meu marido, foi realmente algo preparado pelo destino, por Deus, não sei! Quando eu o conheci contei-lhe a história que todos conheciam, que o pai do meu filho havia morrido. Nós nunca mais tocamos no assunto, a senhora não imagina como sofremos quando descobrimos a verdade. Eu e Marcos superamos tudo isso porque nos amamos de verdade, mas eu precisava lhe dar uma satisfação, para a senhora não pensar que eu me casei com ele para castigar Carlos, que fez parte apenas da minha adolescência, e creio que ele também ache isso. Não havíamos programado nada, simplesmente aconteceu! Nunca mais nos vimos, e nestes dois anos que ele esteve em tratamento, Marcos evitou nossa aproximação não por desconfiar de nenhum de nós, mas para evitar constrangimento. Eu sei que o Marcos já lhe pediu, agora eu lhe imploro: nunca revele para ninguém a verdadeira paternidade do meu filho. Ele é tratado pelo sr. Hideo como neto e ele adora meu sogro, não podemos confundir a cabeça dele com a verdade. Ele é feliz e de alguma forma o Marcos é o pai verdadeiro dele.

— Fique tranquila, minha filha, ninguém mais do que eu deseja que a família tenha paz. O Carlinhos está fazendo o que sempre desejou: servindo a Deus, e com certeza sabe que o irmão adotou não apenas fisicamente, mas amorosamente o filho dele.

– Os dias voaram – disse Hideo.

Já estava na hora de os filhos retornarem! Embarcariam para o Havaí e Ryan seguiria com Marcos. Conforme haviam combinado, ele iria se inscrever como um dos futuros candidatos da NASA. O tio deixara bem claro que nenhum parentesco o influenciaria em nada, aliás, era conveniente que não citasse ser parente dele, pois isso poderia até complicá-lo. Apesar de que ele escondia um grande e poderoso detalhe: um dos avaliadores era ele, mas guardava segredo porque se o sobrinho não se saísse bem ele certamente o reprovaria.

À tarde, enquanto Hideo cuidava de uns canteiros de crisântemos, Eduardo nadava e Hideo observava e balançava a cabeça achando que estava ficando velho ou louco: o garoto nadava igualzinho a Carlos e olhando-o dentro da piscina tinha a impressão de ver o filho adolescente. "Meu Deus, como é que pode serem tão parecidos, se nem parentes de sangue são?"

Sentado em uma poltrona à beira da piscina acenou para Eduardo e ficou observando-o. Quanto mais o olhava, mais se lembrava do filho adolescente.

Eduardo foi até a beira da piscina e perguntou:

– Vovô Hideo, o senhor não aprecia a natação? Venha nadar um pouco!

– Para falar a verdade, não gosto muito de nadar, prefiro correr, caminhar, outros desafios! Vou ficar aqui olhando-o nadar. Você lembra muito o meu filho Carlos.

– O bispo? – perguntou Eduardo curioso.

– Sim, o bispo – respondeu Hideo contristado –, se ele estivesse aqui a minha felicidade seria completa...

– Vou lhe confessar uma coisa: tenho a maior vontade de conhecer esse meu tio bispo! Meus pais não vão à igreja, o senhor sabe disso, mas algumas vezes que fui à igreja com alguns amigos senti uma emoção muito grande, principalmente na hora em que o padre ajoelha-se e eleva aquele cálice às alturas. Não sei explicar a minha emoção nem o porquê, mas sinto vontade de chorar e nunca contei isso aos meus pais, estou contando somente para o senhor.

– É uma pena que seus pais tenham se afastado da igreja. Eu descobri com o seu tio que a igreja é um abrigo que acolhe as almas e as alimenta com o maior dos alimentos: o amor.

Eduardo continuava debruçado na beira da piscina e, de repente, veio-lhe um pensamento:

– Vovô, quando é que o senhor vai visitar o meu tio bispo em Roma?

– Possivelmente depois das festividades do fim do ano. Por quê?

– Eu gostaria de ir com o senhor! Fui a Roma na ocasião em que os meus pais se conheceram, naquele tempo eles eram católicos, eu acho. Foi um dos passeios mais lindos que fiz. Nunca mais esqueci, como lhe disse me sinto diferente quando entro em uma igreja, fico feliz, alegre, tenho vontade de ficar lá dentro. Por favor, não comente com os meus pais, eles não iriam entender. Eu gostaria de vir ao Brasil e daqui seguir com o senhor para Roma. Depois contaríamos aos meus pais; afinal, não é nenhum crime visitar um bispo.

–Vamos combinar o seguinte: daqui a seis meses, também é o casamento da Lya. Você vem para o Brasil e nós vamos até Roma. No Vaticano, só podemos ficar algumas horas. Infelizmente, não podemos ficar muito tempo com o seu tio. De Roma eu o acompanho até sua casa e depois ao Havaí, assim um faz companhia ao outro. Nesse ínterim, Maria vai nos encontrar ou no Havaí ou nos Estados Unidos, aí é ela quem vai decidir. O que acha?

– Uma ideia e tanto, vovô! – respondeu Eduardo pulando para fora da piscina. Enxugando-se com as mãos, disse: –Vou lhe dar um abraço, mas preciso tirar um pouco de água do corpo, senão vou ensopá-lo!

Hideo ficou sem fala ao descobrir que Eduardo tinha uma pinta preta na perna esquerda, idêntica ao filho Carlos. Como poderia ser uma coisa daquelas? O pai dele tinha essa mesma pinta na perna esquerda, e quando Carlos era criança o avô sempre se orgulhava de dizer que o neto puxara a ele. Mas Eduardo não era parente deles, como se explicava isso?

Eduardo o abraçava agradecendo e dizia:

– O senhor vai realizar o meu sonho. Eu tenho muita vontade de conhecer o meu tio bispo.

Refazendo-se do susto, Hideo perguntou:

– Deixe-me ver de perto essa pinta que você tem aí na perna?

Eduardo, virando-se para ele respondeu:

– Pode olhar e não se preocupe com a minha pinta, minha mãe já me levou em três especialistas, todos disseram que isso é genético, herança de algum parente, não é nada preocupante!

Os dois ficaram conversando sobre vários assuntos e Hideo perguntou para ele se já havia pensado em uma profissão.

Ele respondeu imediatamente:

– Com toda certeza vou ser médico! Gosto de ajudar as pessoas. Não quero ser aquele médico que só se preocupa com dinheiro e *status*, quero ser como a minha mãe, o meu avô, um bom médico! O meu avô sempre me ensinou que um bom profissional é aquele que cura o maior número de pessoas e não aquele que tem o maior número de pacientes!

O senhor fechava os olhos e parecia ouvir o filho Carlos todo entusiasmado falando que queria ser médico para ajudar as pessoas, pois, no Brasil, muitas morriam pela falta de alguém que lhes prevenissem das doenças. O povo brasileiro, 90%, só ia ao médico quando estava muito doente. Depois ele mudou de uma medicina para outra e passou a ser médico das almas, talvez tenha descoberto que as doenças da alma eram mais graves que as da carne. Os dois ficaram conversando até o sol começar a baixar no horizonte. Eduardo, pegando seus pertences, ajudou Hideo a levantar-se e comentou:

– Que milagre ninguém vir atrás de mim! Maeva e Danielle devem estar aprontando alguma coisa! John foi com o meu pai comprar camisetas de times de futebol, ele quer levar para os amigos, os dois insistiram para que eu fosse, mas eu queria aproveitar a piscina um pouco mais; na verdade, tenho a impressão de que já conhecia tudo isso aqui.

Hideo encontrou Marina e a chamou na cozinha. Ela ficou apreensiva, ele só fazia isso quando queria lhe perguntar algo sigiloso. Ele perguntou:

– Marina, você já viu Eduardo tomando banho na piscina?

– Claro que sim, todos os dias ele se joga na piscina, não perde tempo! Por quê, sr. Hideo?

– Marina, além de nadar igualzinho ao Carlos, você não percebeu algo nele que também é igualzinho do Carlos?

Ela empalideceu e respondeu:

– Não vi nada parecido, primeiro que todo japonesinho é parecido. Lá nos escoteiros eu ficava procurando-os e tinha de gritar o nome deles porque não os reconhecia no meio dos outros, lembra-se?

– Marina, o Eduardo tem uma pinta preta na mesma perna que meu pai e meu filho! É isso que eu estou lhe dizendo! Você nunca viu?

– Eu não! Mesmo de óculos, para eu enxergar até de perto é um sacrifício, o senhor sabe como é, eu nunca iria enxergar essa pinta na perna do Eduardo, ele estando na piscina. Depois, acho que isso é comum entre o povo oriental, todos os bebês japoneses nascem com aquelas manchas roxas no bumbum, depois somem, não é quase uma marca japonesa? Acho até que pintas parecidas com as deles são comuns. O senhor não conhece nenhum japonês que também tem pintas pretas?

– Conheço. – Começou a lembrar: o amigo Hiroshi tinha uma nas costas, outros tinham na barriga, no peito, braços. Pensou ter ficado abalado emocionalmente porque a de Eduardo era igual à do filho. Depois de pensar um pouco achou que era. Ainda bem que Marina estava ali para tirar essas ilusões da sua cabeça. O menino era descendente de japoneses, e a pinta preta não era exclusividade de sua família.

No Havaí eles foram recebidos com muita alegria. Explicaram para Lya que o avô iria para o casamento, e que no noivado ele estava sendo representado pelo filho mais velho, seu substituto.

Ryan estava eufórico, queria conhecer a NASA e tentar concorrer a uma vaga lá. Só o fato de penetrar nas dependências da grande líder mundial, já o deixava entusiasmado. O tio o animou dizendo:

– Acho que você é um cara bom, mas vamos ter certeza após os testes.

Na hora do noivado, Ryan, entre a irmã e o tio, disse:
– Esse é o meu tio mais velho que representa a nossa família. Eu sou o irmão mais velho da Lya, nós brigamos muito, mas é sempre um bate-boca de amor, apesar de ser amigo e considerar Hacha como um irmão, é bom que saiba que se tocar em um fio de cabelo da minha irmã despertará um vulcão adormecido! E ela tem um tio que trabalha na NASA, não custa nada enfiá-lo num desses foguetes e despachá-lo para outra dimensão.

Marcos, abraçando o rapaz, respondeu:
– Ryan, não assuste o rapaz, não menospreze sua irmã! Ela não iria se casar com alguém que não fosse especial, sendo ela quem é.

– Muito obrigado, sr. Marcos, por me defender! Vou lhe confessar uma coisa: pensei se não seria melhor mesmo fugir depois do que ouvi. Só de imaginar-me dentro de uma cápsula flutuando de cabeça para baixo nessa imensidão sem fim, nem por todo amor que sinto por Lya me arriscaria – falou o rapaz abraçando Ryan. Logo após a brincadeira, ele expôs aos presentes as seguintes palavras:

– Ao meu irmão e amigo Ryan, tantos anos estudando juntos, fazendo planos juntos, até aquele dia em que bati os olhos na irmã do meu amigo e disse para mim mesmo: "Essa é a mulher da minha vida!". Não estou apaixonado, não estou encantado pela sua beleza, estou certo do grande amor que existe dentro de mim. Quero construir a minha vida ao lado dela, com muitos filhos, e ser mais um galho forte da árvore genealógica desta família. Apesar da minha descendência de turcos, já me assumi japonês na alma e no coração. Quero pedir ao meu irmão Ryan, ao filho mais velho do sr. Hideo, ao segundo pai Oscar, e em memória pedir a permissão e a bênção do sr. Hiroshi, a quem tive a felicidade de conhecer e com quem tive o prazer de conviver, e naturalmente e acima de tudo à dona Simone, que gerou essa rosa que veio para perfumar a minha vida.

Antes que alguém falasse alguma coisa, Mateus subiu em uma cadeira e gritou:

– Eu protesto!

Todos se viraram rindo e ele sério falou:

– E eu, não sou irmão dela também? Não haverá noivado nem casamento se você, Hacha, não pedir a minha única irmã para mim!

O rapaz, fingindo que estava muito preocupado, ajoelhou-se e falou:

– Perdoe-me, Mateus, por este grande erro, quero que todos me vejam, estou de joelhos pedindo perdão a Mateus e também quero aproveitar para pedir a ele se posso noivar e casar com a irmã dele, única irmã! Consente, sr. Mateus?

– Preciso de alguns minutos para pensar antes de lhe dar a resposta. – Logo em seguida, gritando de alegria, disse:
– Hacha, pode se casar com Lya, mas, quero ir com vocês dois tomar aquele sorvetão recheado com frutas.

– Eu lhe prometo! E o senhor pode levar os seus primos todos! Eu pago a conta! Foram só risos. O casamento foi marcado para dali a seis meses.

Eduardo, como sempre, aonde chegava encantava as pessoas com o seu jeito cativador. O noivo da prima ficou impressionado com a semelhança dele com Marcos. Conversaram bastante, trocaram muitas informações. Hacha falou que sua família era proprietária de uma mina de rubis na Turquia e lhe mostrou algumas fotos no celular. Fotos tiradas na mina. Ele ficou encantado, Hacha presenteou a todos com pequenos rubis que eles poderiam transformar em anéis ou brincos.

Ryan seguiu com a família do tio para os Estados Unidos. Emocionado, acompanhou-o à NASA. Conheceu um segundo mundo dentro do planeta Terra e foi assim que ele classificou. Naquela mesma tarde, foi preencher os requerimentos de inscrição e foi informado de que receberia em sua residência o aviso de convocação para os testes. Seriam sete dias seguidos, e os candidatos ficariam alojados nas dependências da NASA. Ryan não se aguentava de alegria. Comentou com o tio que mesmo que não fosse classificado, ficar sete dias na NASA era para um entre milhões.

Saudade de Eduardo

Eduardo passou a contar os dias para vir ao Brasil. Tentava controlar as emoções diante dos pais, mas quando estava sozinho ficava sonhando em tocar as mãos do bispo. E ficava ao mesmo tempo triste e pensativo, por que seu pai não demonstrava orgulho de ter um irmão bispo?

Não podia julgar seus pais em hipótese alguma, mas ficava incomodado com toda aquela frieza com que eles tratavam o bispo. O pai nunca expressara o desejo de visitá-lo, devia ser muito cruel para o bispo não receber a visita do único irmão. A tia Simone já tinha ido visitá-lo, apenas o pai não fora. Ele queria beijar as mãos do bispo e pedir a bênção.

Dois meses depois da visita de Ryan à NASA, ele recebeu o comunicado para apresentar-se como candidato a uma série de exames. Caso fosse aprovado, seria imediatamente contratado. Ele se comunicou com o tio e embarcou imediatamente.

Apresentou-se no dia e hora marcados, conscientizado de que iria ficar sete dias ali e os resultados sairiam uma semana depois. Ele deixou a NASA. Estava muito ansioso, falou para o tio que nunca tinha passado por testes psicológicos semelhantes àqueles, por essa razão não podia dizer se fora bem ou mal. O tio o acalmou dizendo que aproveitasse os próximos dias para conhecer os lugares bonitos e históricos, enquanto não chegavam os resultados esperados.

Aqueles sete dias foram tão longos para Ryan que lhe pareceu uma década.

— Os resultados saíram! — avisou Marcos para Ryan. — Posso ir dar uma olhada na lista ou você prefere ir pessoalmente?

Gritando de alegria, ele pediu:

— Por favor, tio, olhe a lista e me ligue, vou ficar aqui sentado esperando.

A prima Maeva lhe serviu um chá dizendo:

— Ryan, não adianta ficar sofrendo, o que já aconteceu está feito, acalme-se, espere papai telefonar, e seja qual for o resultado saiba recebê-lo.

O telefone tocou e o menino suava frio. Pediu para a prima atender e saber o resultado; ele não estava em condições de receber a notícia.

Maeva atendeu e Ryan, de olhos fechados, só ouviu quando ela respondeu:

— Eu tinha certeza, papai, não podia ser diferente. Ryan? — Chamou Maeva abrindo um sorriso. — Venha aqui me dar um abraço, você foi aprovado, vai ser colega do meu pai!

Ryan, abraçado a ela, chorava e insistia em saber se ela ouvira direito. Seria mesmo verdade? Ele fora aprovado? Deus, isso era bom demais!

— Vou ligar para o meu tio, quero ouvir mais uma vez da boca dele — disse Ryan já digitando os números.

Marcos o parabenizou dizendo que à noite eles conversariam. Agora teria de correr atrás da documentação exigida pela NASA, fazer exames médicos e providenciar uma série de coisas. Depois viriam os treinamentos, cursos etc.
— E será que eu posso dar a notícia para a minha mãe? É mesmo certeza? Não tem como eles mudarem o resultado?
— Ryan, você foi aprovado! Considere-se um engenheiro da NASA! Ligue para sua mãe, para o seu avô, no Brasil, ligue para todo mundo! Você foi aprovado, cara!
A felicidade da família foi muito grande. Hideo não negava o que estava sentindo: os filhos e netos dele superavam o que havia planejado para cada um. Mesmo Carlos, dentro da igreja, não era qualquer um, era um bispo! E trabalhava na mais alta hierarquia da igreja em Roma: no Vaticano.

Eduardo olhava para o relógio ansioso, ia para o aeroporto com o pai e embarcaria para o Brasil. Iria viajar com o avô paterno e estava com muita saudade dele, mas a sua ânsia tinha outro nome: bispo Carlos.
Hideo o aguardava no aeroporto. Assim que ele chegou foi recebido com um forte abraço, alegria e felicidade. O senhor o amava com um sentimento inexplicável e já havia confidenciado a Maria que tinha mais afinidade com Eduardo do que com os netos de sangue.
Combinaram que ela iria esperá-los no Havaí. Eles iriam a Roma, depois seguiriam para os Estados Unidos, se juntariam aos demais membros da família e iriam para o casamento da Lya.

Eduardo embarcou com Hideo e em Roma ele observava a revoada de pombos que cobria a praça. Sentia um frio na barriga, iria conhecer o tio. Chegando à praça, ele olhava de um lado para o outro e apontava para o avô o local onde os pais haviam se conhecido. Do outro lado, o café onde eles foram tomar chocolate quente.

Após todo o processo de praxe, eles foram conduzidos a um imenso salão. Eduardo ficou boquiaberto, não imaginava que por trás daquelas paredes visíveis aos olhos do mundo se escondesse tamanha riqueza.

Mais de meia hora, depois uma enorme porta se abriu e dois padres apareceram acompanhando o bispo. Vestido em sua indumentária, ele parecia bem mais alto. Ao avistar o pai, abriu os braços emocionado. Hideo o abraçou e chorando, pediu que Deus o abençoasse. Pegou na mão do filho, levou-o até o rapazinho, que tremia da cabeça aos pés. Eduardo estava emocionado.

O bispo olhou dentro dos olhos do menino e sentiu um aperto no coração; aquele era o seu filho. Apertou o menino contra o peito e segurou o pranto, mas as lágrimas caíam sem que ele pudesse retê-la.

Eduardo também chorou. Não sabia explicar, nos braços do bispo ele se sentira amparado, amado como nunca fora em sua vida. E ele não era um garoto carente de amor, era amado por todos de sua família.

Hideo, secando as lágrimas, dizia:

– Esse é o Eduardo, você sabe quem é ele, é o filho do seu irmão Marcos.

O bispo permaneceu alguns minutos abraçado ao garoto. Quando se afastaram do abraço, os dois choravam e se entreolhavam em silêncio.

O padre que acompanhava o bispo convidou-os para se sentarem e serviu um copo com água para todos. O padre olhava bondosamente para Eduardo e imaginava: "Esse deve ser sobrinho dele, parece demais com o tio, mesmo fazendo votos de renúncia, não temos como não chorar e não nos emocionar diante de um ente tão querido".

Hideo, muito emocionado, falou:

– O sonho do Eduardo era conhecê-lo, eu simplesmente estou realizando o maior desejo dele. Em muitas coisas ele lembra você: adora nadar, diz que vai fazer medicina, mas a maior de todas as semelhanças é uma pinta preta na perna esquerda e no mesmo lugar que você tem. Isso é o mais incrível.

O bispo não tirava os olhos do menino. Sua boca era igual à de Bruna, fazia uma covinha no rosto quando sorria. "Santo Deus! Ele estava diante do seu filho." Sentiu o bater do coração do filho em seu peito. Dali a poucas horas ele iria embora e talvez nunca mais voltasse a vê-lo.

Ficaram conversando um bom tempo, falaram sobre muitas coisas da família. Eduardo arriscou uma pergunta:

– É verdade que o senhor, desde que ingressou na igreja de São Pedro, nunca mais colocou os pés fora daqui?

O bispo, olhando para o garoto, respondeu melancolicamente:

– É verdade, aqui tenho tudo do que preciso. Mas Deus, às vezes, me dá presentes-surpresas como esta que recebi hoje: a sua visita.

– Ah! Muito obrigado, sou eu quem deve agradecer a Deus por estar diante de alguém tão especial como o senhor. Sempre tive vontade de conhecê-lo, e quando surgiu esta chance eu não pensei duas vezes – disse o garoto olhando para o avô. – E vou lhe confessar algo: eu amo demais meu avô Hideo, posso não ter o sangue dele em minhas veias, mas tenho muitas coisas em comum, sei que ele também gosta de mim e nos damos muito bem.

Hideo, abraçando o menino e muito emocionado, falou:

– Não posso mentir para Deus diante de um bispo. De todos os meus netos é com você que mais me entroso, somos muitos parecidos. Quanto a ter ou não ter o meu sangue, isso para mim pouco importa, nossos olhos são parecidos e o nosso coração também.

O bispo tinha os olhos marejados de lágrimas, um nó apertava sua garganta, uma voz interior gritava dentro do seu peito: "Ele é o seu filho! Seu filho! Ele tem o sangue do seu pai e o seu!".

E ele respondia para a voz do seu subconsciente: "Eu não posso fazer isso..." Esse seria seu castigo: jamais ouviria da boca do menino a palavra pai. "Meu Deus! Meu Deus! O que fazer meu Deus?", perguntava-se. Algo gritava dentro dele: "Olhe para esse menino que imagina ter um pai morto e você, aqui, na frente dele. Grite para ele que é seu pai!". "Não, não posso fazer isso..." Dentro dele, ouvia:

"Como vai se sentir diante de Deus escondendo a verdade de um de Seus filhos?".

Procurando as palavras certas e não as encontrando ele simplesmente disse:

– Você está feliz por me conhecer? Ainda pensa em voltar outras vezes aqui?

– Eu estou feliz e emocionado, tenho fé em Deus que viremos outras vezes, não é vovô? – respondeu o menino, olhando para Hideo.

– Se Deus quiser, meu filho. Viremos muitas e muitas vezes visitar o seu tio – acrescentou o avô.

Na despedida, o bispo apertou Eduardo contra o peito. Tinha os olhos cheios de lágrimas. Beijou-lhe a testa, colocou nas mãos dele um terço e uma Bíblia, e por fim lhe pediu:

– Por favor, Eduardo, você dá um recado para seu pai?

– Com todo prazer! – respondeu solícito.

– Fale para ele que o irmão dele manda lhe dizer que todos os dias reza e agradece a Deus por ter um irmão que sempre foi um bom filho, o melhor amigo e companheiro, bom marido, e o melhor pai do mundo para os três filhos. Que mesmo não participando ativamente do crescimento dos sobrinhos vive tranquilo, em paz, agradecido a Deus por Ele ter confiado esses três anjos nas mãos dele, pois não haveria outras melhores do que as dele para cuidar de você e de seus irmãos.

– Pode ter certeza de que darei o seu recado na íntegra, sem tirar uma letra! Ele vai ficar orgulhoso de saber que o senhor se importa com ele. E, muito obrigado pelas bênçãos deste dia, vou guardar e zelar com muito carinho esses preciosos presentes.

Avô e neto caminharam rumo à saída. Um simpático padre os acompanhou. O bispo ficou de pé e imóvel, o que acontecera parecia um sonho. Assim que a porta se fechou, um dos padres notou que o bispo continuava de pé no mesmo lugar. Notando sua palidez, perguntou: bispo, o senhor está se sentindo bem? Aceita um copo com água? Sente-se um pouco, bispo, quer que eu chame por ajuda?

— Não, está tudo bem, padre Leonel — respondeu Carlos, sentando-se em uma poltrona e abrindo o botão da pesada vestimenta. — Por favor, eu aceito um copo com água.

Enquanto engolia a água, tentava imaginar Eduardo andando pela Praça São Pedro e comentando com o avô suas impressões sobre ele.

O padre, tentando animar o bispo, disse:

— Ficamos amuados quando recebemos visitas de nossos familiares, coisas do coração; afinal, somos humanos e temos sentimentos e emoções.

—Você tem razão, padre Leonel, sentimentos e coisas do coração... E Deus, em toda a sua misericórdia, presenteia-nos e adverte sobre o livre-arbítrio de cada um. Há várias formas de caminharmos ao lado Dele: *como pastores de suas ovelhas ou como as ovelhas do seu rebanho.* Usando o livre-arbítrio podemos fazer a escolha: casar, ter filhos e aumentar o rebanho ou fazer votos de castidade e nos tornar um representante do Mestre, sendo pastor desse grande rebanho. Como padre e como homem, você está me entendendo, não é Leonel?

— Sim senhor.

Ambos ficaram em silêncio e de cabeça baixa. Em seguida, o padre falou:

– Nestes últimos tempos nos tornamos tão amigos, que às vezes até esqueço a hierarquia e me dirijo ao senhor com certa intimidade nas palavras. Tenho muito apreço pelo senhor e tenho aprendido muitas coisas boas com o senhor. Suas palavras são sempre tão sábias, caem em minha alma como água na terra seca. Jamais vou esquecer essas parábolas que o senhor acabou de me dizer sobre a nossa escolha. É difícil abraçar essa jornada, sofremos a ausência da nossa família e não podemos construir uma... Se existisse só o rebanho não iria longe sem o pastor e se existisse só o pastor não haveria rebanho. Enquanto o senhor estava falando eu imaginava: os padres não são tão importantes para o mundo! Eles deixam de ter filhos e se só existissem os padres a raça humana seria extinta da face da Terra, não é mesmo, bispo?

– Leonel, eu gostaria de lhe dizer tantas coisas! Mas como posso falar o que eu mesmo não entendo? Você tem sido um amigo e tanto para mim, desde que me instalei no Vaticano encontrei em você um ponto de apoio, apesar de ser muito jovem, você demonstra uma maturidade invejável.

O padre estava sério e parecia angustiado com alguma coisa. O bispo não estava diferente, ambos estavam tão envolvidos com seus pensamentos que não perceberam a angústia que lhes abatia o coração.

O padre Leonel se levantou, foi até a janela e depois se voltando para o bispo desabafou:

– Cometi muitos erros, bispo, vivo me perguntando se de fato mereço conviver com pessoas como o senhor. Quando era seminarista, desviei-me do caminho, engravidei uma moça. Recebi a notícia e me apavorei. Não sabia o que fazer.

Preferi me refugiar no convívio da igreja, mas tempos depois recebi uma carta dela dizendo que tinha feito um aborto. O senhor pode imaginar o que aconteceu comigo? Entrei em depressão. Fiquei mal, entre a cruz e a espada. Quis morrer, não tinha mais coragem de colocar os pés na casa do nosso Pai. Desisti de tudo, até de mim mesmo. A moça, sabendo do meu estado de saúde, como Deus sempre toca na consciência de todos, caiu em si, resolveu falar a verdade e confessou-me a verdade. Tudo não passara de uma invenção. Ela queria se casar comigo, por esse motivo inventara uma gravidez. Depois falou do aborto para me castigar.

Padre Leonel continuou contando e grossas lágrimas caíam de seus olhos:

– Ao mesmo tempo em que o peso da culpa de uma morte saía dos meus ombros, não conseguia me perdoar pelo que fiz. Tornei-me uma pessoa amarga, encolhi-me dentro de mim mesmo e só tinha um desejo: morrer! Fui procurado pelos nossos irmãos benfeitores das obras divinas do Senhor e eles me resgataram, levaram-me para um tratamento e meses depois já estava bem melhor, voltei para a casa dos meus pais, contudo, não me sentia em casa, a angústia tomava conta do meu ser. A igreja é o meu verdadeiro lar, procurei a casa do nosso Pai e fui acolhido em seus braços. Graças a Deus, hoje estou amparado e tento me reconciliar com a minha própria consciência, tenho medo de sair daqui e enfrentar o mundo lá fora, as feridas dos pecados deixam cicatrizes na alma.

O bispo se conscientizou dos seus deveres. Ele estava ali, parado, com os seus próprios sentimentos. Indo até onde o padre estava, bateu de leve em suas costas, e disse:

– Não se torture, padre. Nunca lhe passou pela cabeça que pode estar ao lado de muitos pecadores e que a nossa missão na Casa do Pai é exatamente para nos purificarmos? Pode acontecer, padre, que o pastor seja mais doente que suas ovelhas, mas se ele tiver força de vontade chegará ao fim da estrada levando um grande rebanho em segurança para a Casa do Pai. Não vamos pensar em quem entrará primeiro na Casa do Pai, se as ovelhas ou o pastor, pois pode acontecer de o pastor ter de voltar para resolver suas pendências.

– Bispo, quando morrermos vamos para o céu, purgatório ou inferno, não verdade?

– Leonel, sente-se aqui perto de mim e ouça a opinião, não como bispo, apenas como um homem que acredita na misericórdia de Deus. Sinceramente, não posso lhe afirmar com clareza nem divulgar isso dentro da igreja, mas começo a acreditar que as almas voltam tantas vezes quantas se fizerem necessárias. E nessas passagens, vamos encontrando pessoas amadas e queridas que fizeram parte de nossa vida, mesmo antes de termos nascido. Nos últimos anos tenho estudado e analisado muitos casos de pessoas que voltaram em outro corpo, e não posso negar que passei por essa experiência e foi essa certeza que me fez continuar servindo a Deus para poder resgatar meus débitos pretéritos. Cada um de nós, padre Leonel, carrega seu fardo; uns levam menos peso, outros levam mais, e assim, arrastando o peso dos nossos pecados, vamos nos purificando por meio de nossa própria consciência. Eu também, padre Leonel, carrego no coração e na consciência um fardo doloroso, e isso não me dá o direito de me sentir vítima diante do Pai, e sim uma

ovelha que se desgarrou do rebanho e tarde demais descobriu que não havia outro caminho a não ser levar para o
túmulo o seu pecado e ser o servo do Senhor por todo o
sempre; por toda essas vidas das quais lhe falei.

Padre Leonel acompanhava o discurso do bispo para
aproveitar seus conselhos.

– Padre, quando reconhecemos nossos pecados diante
de Deus podemos ter a chance de recomeçar. Temos de
servi-Lo e amá-Lo e entregar em Suas mãos nossos pecados.
Deus é tão companheiro que coloca ao nosso lado irmãos
que, podem nos entender e é assim que dividimos o peso da
consciência. Parece incrível, mas como ficamos aliviados na
alma quando podemos falar da nossa própria dor!

– Tem razão, sr. bispo, é como se fizéssemos um curati-
vo na alma e no coração. Perdoe-me por este desabafo fora
do confessionário, é que tenho tanta confiança e afeição
pelo senhor que, cada vez que posso receber seus sábios
conselhos e, aproveito, pois durmo melhor e não me sinto
tão distante da pureza dos santos.

O padre parecia mais animado com o que acabara de
ouvir sobre a necessidade do cumprimento de uma tarefa,
de levar o rebanho até a Casa do Pai e retornar para terminar o que não se conseguiu realizar na caminhada da vida.
Seria maravilhoso! Ele queria ouvir mais, saber mais, se assim fosse, ele viveria melhor, não se importaria de voltar
quantas vezes fossem necessárias para saldar os seus débitos,
fortalecer-se e poder servir melhor ao Criador.

– Bispo, por favor, o senhor abriu uma porta dentro
de mim e a iluminou com as chamas da esperança. Fale-me

Herdeiro do Cálice Sagrado

mais sobre as possibilidades das almas irem e voltarem para se melhorarem. Há mesmo essa chance? Em nome do Senhor, se for verdade, fale-me, bispo, e desde já vou mudar a minha vida, vou me agarrar a essa esperança.

– Padre Leonel, não é aconselhável falarmos nem discutirmos tais assuntos diante de nossos superiores e irmãos que dividem sua vida conosco nesta casa Santa e Divina. Entre nós dois, em ambientes como estes, sem qualquer perigo de sermos ouvidos, podemos falar e discutir essa ideia, que eu particularmente acredito ser 100% verdadeira.

Depois do diálogo, ambos voltaram aos afazeres. Padre Leonel sentiu-se mais aliviado por ter contado ao bispo algo que ele já havia revelado em confissão outras vezes, mas que não conseguia se perdoar. Começou a analisar e a fazer comparações sobre o assunto abordado pelo bispo. Era difícil comprovar, ele não tinha certeza, mas fazia-lhe muito bem acreditar naquela possibilidade, torcia para que o bispo estivesse certo...

Depois de tantos conselhos sábios, que deixaram o padre Leonel flutuando de alegria com a ideia de não ser condenado ao inferno pelos seus pecados, e poder ter uma nova chance de aprender e fazer coisas novas e boas, o bispo se trancou em sua sala, debruçou-se sobre a escrivaninha e chorou copiosamente. Sua dor era maior que todas as dores físicas, era uma dor da alma. "Meu Deus, meu Deus! Ajude-me! Não posso falar para mim mesmo muito menos para meu Senhor que não foi nada, que não me comoveu ver Eduardo, o meu filho... Dizer que não senti nada, que virei as costas e esqueci. O que faço, meu Deus? O que faço? Fui covarde, ingrato, irresponsável... Meu filho, meu pai e Jesus, Jesus! Meu irmão! O que fiz com essas criaturas?".

Horas depois, as luzes dos corredores da igreja de São Pedro foram acesas e padre Leonel, achando estranho o atraso do bispo, dirigiu-se aos seus aposentos. Bateu de leve à porta, que só estava encostada, e ouviu um "pode entrar sufocado". Questionou-se sobre o que estaria acontecendo para o bispo estar no escuro. Entrou vagarosamente na sala e perguntou:

– Posso acender as luzes, bispo?

– Pode sim, padre Leonel, perdoe-me pelo atraso.

– O senhor não está bem? Acho melhor informar a ordem e chamar um médico – disse o padre, vendo o estado lastimável em que se encontrava o superior. Pálido, ele tinha os olhos vermelhos. O padre, preocupado, perguntou: – O senhor está com febre?

– Não precisa avisar a ordem nem chamar o médico, eu conheço a cura para tratar o mau que me consome. O remédio é Deus! Vamos aos nossos deveres com a Casa do Pai! Não fique preocupado, está tudo bem, sou um bispo e um ser humano em busca de muitas respostas que ainda não encontrei nos livros nem nos confessionários, pois estão dentro de mim. Por esse motivo, é tão difícil encontrá-las, pela minha imperfeição. É dentro de nós, padre Leonel, que estão os maiores riscos e perigos que levam a nossa alma a se atrasar em sua caminhada.

Naquela noite, após cumprirem todos os seus compromissos com a ordem religiosa, ambos ficaram conversando até altas horas da noite. Falaram muito sobre a possibilidade de um mundo espiritual que eles não praticavam e não instruíam dentro da igreja. Discutiram sobre reencarnação e trabalho envolvendo a presença dos espíritos em todas as tarefas espirituais. Achavam que esta era uma possibilidade concedida a quem fizera uma faculdade e a quem não fizera. O bispo pediu ao padre que guardasse segredo daquelas conversas, mas era importante que ele também passasse a observar os fenômenos espirituais que os cercavam.

Os dias se passavam lentos demais para o bispo. Ele andava de um lado para o outro e não escondia sua inquietação. Nos olhos negros e amendoados, ele não conseguia esconder sua tristeza. Os outros bispos comentavam entre si: "Alguma coisa acontece com o nosso querido irmão, estará doente? Precisamos ajudá-lo, ele não está bem, desenvolve suas tarefas, mas, com certeza, está omitindo algo de nós".

O padre Leonel ajudava nos trabalhos desenvolvidos pelos bispos, ouvindo os comentários dos outros. Lembrou-se de que ficara daquele jeito depois da visita do pai e do sobrinho e pensou: "Será que o problema era familiar? E se ele tomasse a liberdade de falar com ele?" O bispo era tão seu amigo, ele temia ser repreendido por se intrometer em algo de sua vida pessoal. Mas e se ele estivesse precisando de ajuda? Ele mesmo dizia que os títulos não mostravam apenas superioridade! Assim, mesmo correndo riscos, ele resolveu falar com o amigo.

No dia seguinte, pela manhã, eles tiveram uma reunião que se prolongou até as catorze horas. Todos foram dispensados de quaisquer tarefas até as dezenove horas. Foram instruídos a descansar para repor as energias. O padre deu graças a Deus pela chance que surgia para ajudar o amigo e, olhando para o bispo, perguntou:

— Posso acompanhá-lo, bispo?

— Pode, padre Leonel, se quiser me fazer companhia vou andar um pouco pelas redondezas dos jardins da igreja. Preciso andar descalço para sentir a terra nos meus pés.

— Ótimo! Eu também aprecio muito fazer caminhadas, mas vou de chinelos, tudo bem?

Os dois amigos se afastaram dos ouvidos da igreja, era assim que eles tratavam uns aos outros, pois todos deveriam ficar atentos contra os ataques do inimigo da igreja com os ouvidos bem abertos.

A tarde estava tranquila. O céu, encoberto por nuvens que pareciam brincar de esconde-esconde com o sol, deixava o templo nublado e bom para uma caminhada.

Em dado momento, eles pararam para apreciar um ninho de quero-quero com filhotes. O bispo emocionou-se, seus olhos encheram-se de lágrimas e em silêncio pensou: "Os pássaros não abandonam os seus filhotes, alimentam-nos e protegem. Não voam para longe, estão sempre voando em volta do ninho protegendo os filhotes. E eu, o que fiz pelo meu filho? Simplesmente o abandonei, ele poderia ter morrido se não fosse a mãe...".

O padre observou o bispo e teve certeza de que alguma coisa se relacionava com a visita do pai e do sobrinho. Tomando coragem perguntou:

— Bispo, pode confiar em mim, eu gostaria de ajudá-lo. Sinto que ficou abalado depois que recebeu a visita de sua família. Todos que gostam do senhor estão preocupados e eu estou tomando a liberdade de lhe perguntar: O senhor aceita minha ajuda? Por favor, confie em mim.

O bispo se sentou em um tronco de árvore e, olhando para o padre, suspirou profundamente com os olhos cheios de lágrimas, e respondeu:

– A minha alma está chorando, meu coração sangrando, uma voz dentro de mim clama por justiça e eu não sei o que fazer! Padre, você reparou bem naquele garoto que esteve aqui com meu pai? Não percebeu nada nele que se parece comigo?

– Sim, reparei, é inteligente e educado. Quanto a parecer com o senhor fisicamente é normal; afinal, é seu sobrinho – respondeu o padre.

– Não, padre, ele não é meu sobrinho, ele é meu filho! – Colocando as duas mãos sobre o rosto o bispo soluçava e balançava a cabeça.

O padre ficou pálido, sentiu as pernas tremerem, aproximou-se do bispo e pegou suas mãos dizendo:

– Pelo amor de Deus, bispo! Eu não sei o que lhe dizer, mas estou aqui para ajudá-lo, ouvi-lo e compreendê-lo. – Ao lado do amigo respirou fundo, refazendo-se do susto.

O bispo, secando os olhos na manga da batina, disse com voz cansada:

– Vou lhe contar tudo, padre. Preciso desabafar com alguém em quem confio, e se Deus o colocou no meu caminho essa pessoa é você.

Quando terminou de relatar sua história de amor com Bruna e a descoberta do filho que foi adotado pelo irmão, ele transpirava e parecia dez anos mais velho.

Olhando para o padre pediu:

– Diga-me alguma coisa, pelo amor de Deus! Ajude-me! Preciso ter coragem para tomar a decisão correta diante de Deus. O meu coração grita que eu vá em busca de meu filho e faça algo por ele. Mas minha consciência pede que eu não interfira na vida dele, pois iria lhe causar mal, além de destruir a vida da mãe dele e de meu irmão. O que fazer, meu amigo, o que fazer?

O padre suava frio, via o bispo quase como um santo, nunca imaginara que ele tivesse tido um envolvimento sequer com uma mulher, imagine ter um filho! "O bispo tinha um filho! O que é que ele poderia dizer para um dos seus superiores? Imaginou que o bispo tivesse cometido os pecados que são praticados dentro da igreja entre os eclesiásticos. Intriga, ciúmes, inveja, fofocas, coisas assim. Será que o Papa sabia? Um dos seus bispos tinha um filho! Agora ele também estava envolvido, ouvira uma confissão do bispo, o que faria quando fosse ao confessionário?"

E o bispo continuou:

– Agora já sabe meu segredo.

– Sim, bispo. Mas estarei sempre ao seu lado, se o senhor o quiser.

– Assim como Jesus prometeu ao pecador que estava ao lado Dele e que iria levá-lo para sua morada, se Deus me confiar um rebanho certamente ele estará sempre ao meu lado. Mas se o melhor for continuar onde está, farei de tudo para que fique.

A Revolta de Hideo

O garoto chegou a sua casa ao lado do avô e não parava de contar para a irmã e os pais o seu encontro com o tio bispo. Exibiu os sagrados presentes e fez questão de transmitir o recado do bispo para o pai. Marcos ficou pálido e, olhando para Bruna, respondeu:

– Ainda bem que ele pensa isso de mim, mesmo sabendo que eu não frequento mais a igreja.

Hideo olhou para o filho preocupado. Não entendia o que acontecera com Marcos em relação ao irmão. Mas Eduardo era um menino inteligente e capacitado. Observava o garoto e dizia para si mesmo: "Ele é mais neto que os meus netos de sangue!".

Sozinho com o pai, Marcos, com muito cuidado, falou:

– Eu não sei se foi bom o senhor ter levado Eduardo ao Vaticano. Ele é muito sensível, viu como voltou? Eu temo que ele seja influenciado, respeito a opção do meu irmão, mas não gostaria de ver meu filho envolvido com a igreja. O senhor viu como ele ficou fascinado pelos presentes do bispo?

Hideo não se ofendeu, já sabia que iria enfrentar aquela conversa. Levara o garoto praticamente às escondidas, mas não estava nem um pouco arrependido. Tranquilamente, respondeu ao filho:

– Eu também não queria que Carlos fosse padre. Queria vê-lo casado, dando-me netos, mas Deus não quis assim. Hoje tenho muito orgulho do meu filho. Ele faz um grande trabalho para a humanidade e com ele consegui enxergar além do meu corpo físico uma vida espiritual, que me aproximou mais de Deus. Acredito que ele foi escolhido por Deus e eu me sinto abençoado por ser seu pai. Você deveria, meu filho, orgulhar-se do seu irmão, um homem que renunciou a tudo para servir a Cristo.

Marcos, olhando para o pai, imaginou: "Meu pobre pai, tão inocente! Não posso deixá-lo triste, acho que o ofendi". Aproximando-se do pai e o abraçando disse:

– Quem disse ao senhor que eu não me orgulho do meu irmão? Admiro a coragem dele, a dedicação e a capacidade de doar-se desta forma. Eu me preocupo com o Eduardo. Ele sentiu por muito tempo a falta de um pai e isso pode levá-lo a querer salvar o mundo, tornando-se um religioso, baseando-se na renúncia do tio.

– Entendo sua preocupação, meu filho. Mas o que tem de ser já foi escrito por Deus. Não sofra antecipadamente, eu acredito que o Eduardo já sabe perfeitamente o que quer da vida, disse-me que vai ser médico! E ele tem a quem puxar: à mãe e ao avô!

Marcos convidou o pai para sentar-se e perguntou:

– Vamos brindar sua visita em minha casa com um saquê especial que guardo para tomar em sua companhia?

– Vamos lá! Ultimamente não tenho tomado meu saquê com tanto prazer, falta a companhia de vocês, e saquê só é bom quando tomamos acompanhados por pessoas queridas – respondeu o pai.

– Então, nada mais do que justo brindarmos essa ocasião tão especial! Vamos chamar Bruna para nos acompanhar.

Sorridente, ela apareceu, estava bem-disposta e animada para fazer a viagem em família. Os filhos chegaram à sala e Eduardo pediu:

– Papai, eu sei que ainda sou um fedelho, mas o senhor me deixaria tocar a ponta do dedo no saquê para ter ideia do que vocês bebem?

– Acho que não fará mal. O que o senhor acha, papai? – questionou Marcos.

– Estou orgulhoso do seu filho! Com toda certeza nada neste mundo lhe será negado nem por Deus, nem por pessoas de bom-senso. Da forma como você faz as coisas, meu querido neto, demonstra a grande alma que é. Toque no meu copo com a licença de seus pais e saiba o que é saquê.

A família ficou conversando por muito tempo. Marcos perguntou se eles já haviam arrumado suas malas, pois iriam viajar no dia seguinte. Maeva disse para Eduardo em tom de brincadeira:

– Este aqui nem desarrumou a mala! Chegou e já está saindo novamente, só que desta vez seu coração está a mil. Adivinhem com quem vamos dividir o mesmo espaço? Com a paixão dele, Danielle, toda família dela está indo também.

Eduardo, rindo, pegou no queixo da irmã e respondeu:
— Está com dor de cotovelo, hein, maninha? Por que não pediu aos nossos pais para convidar John?

Os pais riram e pediram que eles se comportassem na frente do avô.

A família embarcou para o Havaí. Maria e a família de Hideo esperavam por eles no aeroporto. Simone fez uma surpresa para todos: adquiriu a casa ao lado da dela e reformou, ligando as duas casas. Muito feliz, ela disse que como a família tinha aumentado, e esperava que crescesse muito mais, se Deus quisesse, havia providenciado tudo para que todos se acomodassem da melhor forma possível. E realmente, as duas famílias foram acomodadas com bastante conforto e privacidade.

À noite, enquanto a família jantava em um restaurante, Simone lamentou a falta do filho no casamento da filha. Marcos defendeu o sobrinho dizendo:
— Se eu não trabalhasse na NASA também não iria entender o que se passa lá dentro, mas sei que o meu sobrinho está com o coração partido, estou aqui por mim e por ele. O projeto do qual ele faz parte não pode ficar sem nenhum dos seus membros por essa razão não esperem a visita dele tão breve.

Lya respondeu:
— Eu sei que o meu irmão não está aqui fisicamente, mas está comigo no pensamento; ele não está aqui por

motivo de força maior. Ligou-me e conversamos bastante. Meu querido irmão! Nem namorar ele está conseguindo, justo ele que trocava de namorada semanalmente.

Depois do jantar, os jovens foram dançar na discoteca do restaurante e as mulheres foram apreciar as danças e o desfile de moda que aconteciam no espaço reservado à cultura e arte.

Os homens conversavam sobre negócios, avaliavam as Bolsas de Valores do país e lamentavam as quedas sem explicação.

Marcos e Oscar foram conversar com um amigo em comum da família.

Hideo e Ângelo ficaram sozinhos. O pai de Oscar pensou: "Vou jogar o laço para ter certeza de que não estou cometendo nenhum pecado ao pensar que Eduardo é a cara do Marcos e neto legítimo de Hideo!"

– Essa sua nora é uma moça de ouro. Conheci-a em um voo quando ela voltava do Brasil. Na época, estava muito mal, já era a gravidez! Dias depois da minha chegada, soube da gravidez da minha filha, e anos depois voltei a reencontrar Bruna na escola onde minha neta e o filho dela estudavam. Eles tem a mesma idade, apenas alguns dias de diferença; são amigos inseparáveis, já falam que eles vão chegar ao casamento e eu não duvido, os dois não se largam!

Hideo pensou: "Ela voltava do Brasil também".

– Estava com quanto tempo de gravidez?

– Ela me disse que não sabia que estava grávida, suponho que fosse uma gravidez recente.

"Então, o garoto foi gerado no Brasil!", pensou Hideo. "Quem seria seu pai biológico? Se ela tivesse contato com os seus filhos diria que Eduardo era filho de Marcos. De Carlos não, isso era totalmente impossível."

Ângelo, em tom de brincadeira, insistia em saber a verdade.

– Naquela época, onde estava Marcos? Se estava no Brasil eu diria que ele é o pai biológico de Eduardo; nunca vi parecer tanto um com o outro!

– Nessa época atravessávamos um momento difícil de nossa vida. Meu amigo e irmão, que é pai dos meus netos, estava lutando contra sua doença. Marcos nos ajudou muito, coitado do meu filho, não podia se ausentar do trabalho, assim como acontece hoje com o meu neto que não pôde vir ao casamento da irmã. Eu, por vezes, critiquei-o muito achando que ele não dava o real valor à família, mas agora peço perdão a Deus porque compreendo melhor o que é trabalhar no coração e cérebro do planeta. Por incrível que pareça, foi o meu filho, que é bispo quem ficou dando suporte a toda a família: cuidava dos empregados, do restaurante e da família. Eu fiquei seis meses aqui, ao lado da minha filha, eu e minha inesquecível esposa. Foram anos muito difíceis, logo que voltamos do Havaí, ela se sentiu mal e também se foi, pensei que eu fosse morrer, mas como o homem supera a si mesmo quando recebe o amparo espiritual, Deus me levou um anjo e me trouxe outro para caminhar ao meu lado.

Ângelo pensou: "Acho que me enganei, se ela engravidou no Brasil e o Marcos não estava lá, então é mera coincidência a semelhança que há entre Eduardo e ele".

Na semana seguinte ao casamento, a família apertava as mãos no aeroporto: era hora de cada um seguir seu caminho. Eduardo, apertando as mãos Hideo, disse com os olhos cheios de lágrimas:

— Vovô, o maior presente que eu recebi nestes últimos tempos foi ter ido com o senhor ao Vaticano. Não posso falar para ninguém a não ser para o senhor, mas já estou morrendo se saudades do meu tio bispo. Quando falar com ele, diga-lhe que eu o amo muito e me orgulho dele.

— Vou escrever para ele e falar sobre isso. Eu o amo muito, meu neto. Você veio em nossa vida trazer alegrias. Cuide bem de seu pai, sei que ele também o ama muito.

O tempo passara depressa. Hideo monitorava o trabalho de limpeza da piscina, e pensava nos filhos, netos e bisnetos.

Cinco anos haviam se passado, Lya lhe dera uma bisneta linda. Maeva casara-se com John. Quando ela decidiu se casar, Marcos foi contra, dizendo que ela ainda era uma menina, que não ia dar certo, que precisava terminar os estudos e arrumar um bom emprego antes de pensar em se casar.

Contudo, ela pediu a ajuda de Hideo. Queria se casar, não iria parar os estudos, não deixaria de lutar pelos seus ideais, simplesmente queria se casar!

Ele conversou muito com Marcos e, por fim, este cedeu, reconhecendo que a vida dela não iria parar porque iria se casar.

Agora, Maeva estava feliz, montara uma clínica e fazia o que gostava: era veterinária.

Eduardo era um rapaz lindo. Quem conheceu Marcos e Carlos na adolescência diria que ele era a cara dos dois. O rapaz havia passado no vestibular de Medicina, contava com o apoio de todos. Nunca deixou de saber notícias do bispo pelo avô e, apesar de não tê-lo visto mais, não o esquecia.

Hideo sempre que podia visitava o filho e levava fotos da família para ele. O pai não podia imaginar que nos últimos anos, o bispo não dormia uma noite sequer sem antes ficar uma hora ou mais admirando a foto de Eduardo. Tinha um baú bem guardado com as fotos da família. As fotos de Eduardo eram separadas das demais. Bem embalado ficava o Cálice Sagrado, ao lado das fotos de Eduardo. O bispo sabia do valor daquela peça, era valiosa sim, mas o valor real somente Deus sabia. Um dia, aquele cálice iria para as mãos de Eduardo e ele era o verdadeiro e legítimo herdeiro do Cálice Sagrado.

Hideo observava o jardim florido. Parecia que o tempo não havia passado para os canteiros, que renasciam mais fortes a cada dia. Lembrava-se de Maeva: linda, alegre, dinâmica, fora uma companheira e tanto! Mesmo feliz ao lado de Maria, jamais esquecera a esposa, seu grande amor. Parecia ver os filhos correndo pelos jardins. Simone tentava pegar borboletas, Carlos brincava com uma boia em forma de peixe e se achava um peixe. Marcos desenhava e brincava com jogos de quebra-cabeça... Interessante como às vezes os pais não percebem as tendências e os dons naturais dos filhos! Analisando o comportamento deles na infância, o pai chegava à conclusão de que cada um brincava do que queria ser.

Olhando para os canteiros renovados, ele comparava à sua família: no começo era ele e Maeva, depois os filhos, genro e nora, netos, os novos companheiros dos netos e a bisneta, a família crescia tanto quanto os canteiros. E assim como as podas eram feitas em seus canteiros de flores para novos ramos brotarem, Deus também podava a família, levando alguns para brotarem novas vidas.

Um funcionário carregando um telefone se dirigiu até ele. Havia alguém querendo falar com ele, era um antigo empregado, que fazia a segurança da mansão. Maeva gostava muito dele, trabalhara praticamente toda sua vida para Hideo, agora estava aposentado, mas de vez em quando aparecia no restaurante ou ligava para saber de Hideo.

Depois de se cumprimentarem, o antigo empregado perguntou por todos. Hideo disse que estava esperando pelos filhos e convidou Artur para visitá-los quando todos estivessem com ele, dizendo que ficariam felizes. Marina, que gostava tanto dele, também ficaria contente. Disse-lhe que ela estava muito bem e que ainda cuidava das coisas dela e fazia aqueles bolos e pudins que levavam qualquer um a cometer o pecado da gula.

Artur perguntou pelo bispo e disse que a última vez que conversara com o padre foi quando ele havia voltado do Havaí depois da morte de Hiroshi. Disse-lhe que fora no dia em que ele jantara com a moça que viera dos Estados Unidos. Ele havia passado a noite de plantão para atendê-los, embora a moça tivesse pernoitado na mansão. Contudo, ele não se descuidara e, no dia seguinte, pediu que Marina o chamase se precisasse de alguma coisa.

Hideo sentiu algo no coração, nunca soube que Carlos havia levado uma moça para jantar com ele na mansão. Por que Marina não contara para eles? Ele e Maeva não ficaram sabendo, por quê? Artur lhe contou que a moça viera dos Estados Unidos, após a morte de Hiroshi! De fato, Carlos voltara, e ele e Maeva ficaram dando apoio a Simone.

– Artur, onde você está? – perguntou Hideo ansioso.

– Estou em casa, sr. Hideo – respondeu Artur.

– Que tal almoçarmos juntos? Estou com o motorista aqui. Passe-me o seu endereço e vou aí apanhá-lo, não aceito desculpas, posso passar ao meio-dia?

– Tudo bem, sr. Hideo, para mim é uma honra almoçar com o senhor.

Após desligar o telefone, Hideo foi até a cozinha. Marina instruía as cozinheiras, que já preparavam as guloseimas para os meninos, como ela tratava os filhos de Hideo.

– Marina, deixe um pouco essa cozinha e venha me ajudar a decidir algumas coisas sobre as acomodações dos meus filhos. Eles não querem ficar nos apartamentos, querem ficar na mansão. Apesar de ter olhado tudo, quero que me ajude, estou ficando velho e posso ter esquecido alguma coisa de que eles gostam.

Eles inspecionaram tudo e Marina lembrou que no quarto do Marcos precisava ter uma luminária, cestos para ele jogar papéis, blocos de rascunhos e lápis, borracha e canetas. Nos demais, ela não sabia dos costumes.

O antigo quarto de Carlos seria ocupado por Eduardo. Marina ficou parada olhando e sem perceber derramou uma lágrima que não passou despercebida por Hideo, que a abraçando falou:

Herdeiro do Cálice Sagrado

– É, Marina, só falta ele... Eu também sinto um aperto na garganta quando entro neste quarto. Sinto muita falta do meu filho. E por falar nisso, veja que coisa interessante: lembra-se de Artur, que trabalhou conosco? Ele me telefonou e eu o convidei para almoçar comigo daqui a pouco. Acho muito gostoso que as pessoas que conviveram conosco de tempos em tempos se aproximem de nós. Ele ficou feliz em saber da visita dos meus filhos e eu o convidei para vir visitá-los. No meio da nossa conversa ele me falou algo que eu desconhecia. Ele me disse que quando o Carlos voltou do Havaí, após a morte de Hiroshi, ele trouxe uma moça que veio dos Estados Unidos para jantar aqui na mansão. Quem era essa moça e por que você não nos contou? Tenho certeza de que Maeva também não sabia, nós não tínhamos segredo um para com o outro.

Marina ficou pálida. Hideo notou que ela demorou muito para responder.

– Ah! Na época não falei nada, pois pensei que ele tinha contado para vocês. Carlos encontrou a moça no aeroporto, foram colegas do colégio, e ele a trouxe para jantar, ficou muito tarde e eu achei melhor convidá-la para dormir aqui; afinal, não tinha nada de mais.

– E como se chamava a moça, você se recorda, Marina? – perguntou Hideo olhando dentro dos seus olhos, que demonstravam nervosismo.

– Sinceramente? Não me lembro, faz tanto tempo, não é sr. Hideo? A minha cabeça nunca foi boa para guardar nomes, era colega do ensino médio.

Hideo deu uma última olhada nos jardins e na piscina. Estava tudo em perfeita ordem. Ele se despediu de Marina e foi ao encontro do antigo empregado.

Hideo disse para a esposa que iria almoçar com um antigo e fiel servidor e logo mais estaria de volta. Ela riu e brincou dizendo que ainda bem que era um antigo e não antiga!

– Pode ir tranquilo, não vou me chatear, vou aproveitar para cuidar um pouco da minha aparência, vou ao cabeleireiro.

No restaurante, a conversa entre Hideo e Artur estava animada. Eles pediram uma garrafa de vinho e riram. Não iriam dirigir, e o motorista conhecia o caminho da casa deles. Falaram da família, dos filhos, netos e, por fim, do bispo.

Hideo perguntou para Artur:

– No dia em que meu filho levou a moça para jantar em nossa casa você a viu?

– Claro! Vi quando ela chegou de táxi. Eu abri o portão para o padre, que foi recebê-la na entrada de casa. Ela era, loira, tinha os olhos claros, mas não consegui saber se eram azuis ou verdes. Ela era muito bonita. No dia seguinte, antes de sair do meu turno, chamei Marina e avisei que estava indo. Ela me perguntou a que horas a moça tinha ido embora e eu me assustei, pois pensei que ela soubesse que a moça havia dormido na mansão. Ela me disse que não sabia e iria verificar. Eu esperei mais um pouco para me retirar, aprendi com o senhor que não devemos sair deixando algo que nos cause preocupação para trás. Aí vi o padre e a moça andando pelo jardim. Fiquei tranquilo. Despedi-me de Marina e fui embora. Esse praticamente foi o último contato meu com o padre.

Herdeiro do Cálice Sagrado

Hideo puxou a carteira e mostrou a foto de Eduardo com Bruna e perguntou ao ex-empregado:

— Não seria esta a moça?

— Sim! Era essa mesma! E esse garoto, quem é? É a cara dos meninos quando garotos.

— Esta é Bruna e o seu filho Eduardo. Agora já está um homem. Ela é esposa de Marcos.

— Entendi. Então Marquinhos se casou com a moça amiga do padre! Repare bem, sr. Hideo, como a nossa mente não apaga nada! Quando o senhor falou o nome da moça, eu me lembrei que Marina também falara esse mesmo nome se referindo a ela.

Hideo voltou para casa. Estava inquieto, andava de um lado para o outro, mexia em uma planta e andava pelo jardim, na cobertura onde morava. Maria percebeu e pensou: "Será ansiedade pela chegada dos filhos? Alguma coisa está incomodando o meu japonês, o que será?".

Com jeito, convidou-o para se sentar em um dos bancos perto do canteiro, que ele amava e estava florido.

— Hideo, o que está acontecendo? Você, hoje pela manhã, estava ansioso, mas alegre e bem-disposto. O que houve, pode me contar?

— Maria, eu não quero acreditar no que se passa em minha cabeça. Se o que penso é verdade, já não sei o que é falso ou verdadeiro!

— Meu Deus! Confie em mim, Hideo! O que está se passando com você?

—Vou lhe contar, mas peço sua colaboração no sentido de chegarmos à verdade. Ele relatou tudo o que descobrira e sua desconfiança quanto a Eduardo ser de fato seu neto legítimo. Falou até da pinta na perna que o pai dele tinha, Carlos tinha e Eduardo tinha!

– Calma, meu velho. E se for uma grande coincidência? – disse pedindo que ele ficasse calmo, porém, no fundo ela também sentia-se aflita.

– Maria, Artur reconheceu Bruna na foto e me confirmou que Marina havia falado esse nome quando se referiu à ela.

Maria o convenceu a ir descansar, como fazia todas as tardes. Disse que iria à costureira e não demoraria. Saindo apressada, pegou um táxi e se dirigiu à mansão. Marina se assustou, ela nunca aparecia assim sem avisar e geralmente estava sempre acompanhada por Hideo.

– Marina, vim aqui para conversar com você. Podemos falar em particular?

Marina estremeceu, "O que seria?"

– Vamos para a biblioteca, lá ninguém vai nos incomodar.

– Marina, vou direto ao assunto. Hideo está transtornado, suspeita que Eduardo seja seu neto de sangue, e que o filho de Marcos seja do padre. O que você sabe sobre isso?

Maria lhe contou que o ex-empregado reconhecera a foto de Bruna como a moça que dormira na mansão anos atrás, que esse período coincidia com a idade de Eduardo, com o encontro de Bruna e Ângelo no avião. Tudo isso levava a crer que Eduardo era filho de Carlos, e que ela, mais do que ninguém, sabia disso.

Passaram horas conversando, e Marina contou tudo o que sabia sobre Bruna, Eduardo e Carlos. E que ela não tivera culpa, fora tudo obra do destino, providências de Deus, e era aquele o motivo da desavença de Marcos com Carlos nos últimos anos. Contou que Carlos sabia que Eduardo era seu filho, mas que, diante da situação, ele levaria para o túmulo o seu pecado e seu castigo era viver longe do filho e ser desprezado pelo irmão e odiado por Bruna.

Por fim, Maria perguntou:

— O que vamos fazer, Marina? Vamos chamar o Marcos e a Bruna e pedir que eles contem para Hideo? Ou vamos nós duas contar para ele?

Marina pensou e depois deu sua opinião:

— Dona Maria, a nossa conversa de hoje não deve ainda ser colocada para ninguém. Vamos rezar e pedir a Deus que nos ajude. Não é hora de falarmos a verdade, se formos contar para o sr. Hideo, devemos contar para Eduardo e toda a família. Isso seria o justo e o correto, mas, por outro lado, como Carlos ficaria? Seria justo criarmos esse conflito e desconforto para sua alma? Vamos esperar pela vontade de Deus, não fale nada para o sr. Hideo sobre o que lhe contei e tire da cabeça dele essa ideia de ficar investigando coisas que sabemos que quando chegar a hora Deus acertará.

Assim ficou combinado entre elas: não iriam falar nada para Hideo.

A família chegou e foi aquela alegria. A mansão se encheu de luz, como dizia Hideo. Sobrinhos e amigos foram visitar a família. Ele não cabia em si de felicidade. Não se desgrudava de Eduardo e o levou ao restaurante. Eduardo, entusiasmado, falava para Hideo que se orgulhava muito dele. Quando terminasse o curso de Medicina viria morar com ele no Brasil. Era americano de nascimento, japonês de raiz, e brasileiro de coração!

Hideo olhava para ele e dizia:"Esse rapaz é meu neto! Meu Deus eu preciso saber a verdade! Não podem existir tantas evidências assim, ele é muito parecido fisicamente com os meus filhos e seus pensamentos.

O pai observava o filho. Marcos brincava com os filhos e sobrinhos. Ele sempre se dera bem com o irmão, mas de repente se afastara sem motivos que justificassem sua aversão. Abandonara a igreja, não quis os filhos envolvidos com nada que lembrasse padres, bispos... Seria Eduardo o motivo de tudo? Sentia vontade de chamar o filho e abrir o jogo com ele dizendo que já sabia de tudo, mas, e se estivesse errado?

Marcos ficou contente quando Hideo disse que o antigo empregado deles viria visitá-los.

"Ah! Que saudade de Artur, levava-me para a escola e na volta eu batia o pé que queria tomar sorvete. Ele acabava sempre fazendo os meus gostos. Quero vê-lo e relembrar as velhas passagens da minha infância, aprontei muito com ele", pensou Marcos.

Artur chegou e foi convidado a entrar para conhecer todos os novos membros da família. Ele apertou a mão de Bruna respeitosamente e Hideo observou o olhar dela.

O sogro convidou Artur para olhar os jardins e avisou a todos que voltaria rapidamente para lanchar e conversar. Sozinho com o ex-empregado, Hideo pediu:

– Artur, por favor, não comente nada sobre o dia em que você encontrou a minha nora Bruna aqui em casa

Herdeiro do Cálice Sagrado

jantando com o meu filho Carlos. Também não pergunte como eles se conheceram. A história deles é bonita e triste ao mesmo tempo.

– Fique tranquilo, sr. Hideo. Eu entendo, eu sei que quando eles se casaram o Marquinhos era viúvo, lembro-me que liguei para o senhor, e dona Marina me disse que havia ido ao segundo casamento dele, que tinha enviuvado e estava se casando.

Enquanto retornavam, Artur prestou bem atenção em Eduardo, que estava na piscina e acenava para eles. "Esse rapaz nada igualzinho ao padre Carlos. Estranho, pelo que eu fiquei sabendo não faz tanto anos assim que Marcos se casou com a tal moça, mas o filho dela já é um rapaz, embora eu tenha certeza de que esse menino é neto do sr. Hideo. Dizem que pobre não pensa, mas estou pensando e não acho que esteja errado, esse menino é filho do padre! Naquela noite, os dois dormiram aqui, juntos! Agora está explicado por que o sr. Hideo me pediu para não tocar no assunto nem perguntar como eles se conheceram e se casaram... Bom, eu não tenho nada com isso, não vou meter meu bedelho onde não me cabe! Mas que é estranho é! Esses japoneses têm umas tradições esquisitas, vai ver que o tio se casou e adotou o menino para ficarem todos em família. Sorte do garoto! Além disso, padre também tem o que os outros homens têm!"

Marcos e Simone aproveitaram para conversar sobre o passado com Artur. Riram bastante, contaram coisas que Hideo nunca ficara sabendo. Simone contou que Artur pagava os sorvetes e doces que eles comiam às escondidas e Hideo brincou dizendo:

— Agora que vocês reconhecem que devem a ele, tratem de pagá-lo! Os dois têm dinheiro e os débitos foram feitos por vocês mesmos.

Passadas as férias, a família precisava voltar cada um ao seu destino. Eduardo se aproximou de Hideo e pediu:
— Vovô, posso viajar sozinho, porém, quero fazer uma viagem e gostaria de tê-lo ao meu lado. Vou ao Vaticano e quero sua ajuda, desejo mais uma vez ver o meu tio bispo.

Hideo empalideceu, tinha certeza de que o rapaz era filho de Carlos e, não conhecendo a história que os unia, nutria por ele um sentimento diferenciado de todos os sobrinhos. Naturalmente, era o sentimento que unia a alma de pai e filho.
— Quando pretende ir, meu filho?
— No segundo semestre, ou seja, daqui a seis meses. Vou entrar de férias e quero ir ao Vaticano. Depois, voltarei para a minha pátria de coração, o Brasil. Vamos estar no inverno e eu adoro o calor do Brasil. Venho ficar com o senhor e curtir essa piscina maravilhosa. Não sei explicar o porquê, mas cada vez que venho aqui a impressão que tenho é que conheço cada cantinho desta casa; a piscina, então, parece que nasci dentro dela.
— Tudo bem, meu filho. Se eu estiver vivo até lá vou com você — respondeu emocionado com as últimas palavras que tinha ouvido do jovem.

– Não fale isso, meu avô. Eu ainda quero viver ao seu lado por muitos e muitos anos. Esqueceu que vou me formar e vir morar com o senhor?

A família partiu e Hideo voltou a pensar na possibilidade de Eduardo ser filho do padre.

Uma semana depois que os filhos partiram, sem avisar nada ele foi até a mansão e pegou Marina de surpresa.

– O senhor veio fazer uma vistoria? – perguntou Marina. – Acha que está tudo em ordem?

– Acho que está tudo em ordem, sim! – Respondeu ele continuando: – Apenas está faltando uma coisa e você vai me ajudar a colocar no devido lugar.

– O que é, sr. Hideo? Se eu puder ajudar! – respondeu a velha governanta.

– Você é única pessoa que pode me ajudar. E não pense em dizer que não sabe ou não pode porque eu já estou sabendo de tudo! É sobre Carlos, Bruna e Eduardo. Vamos nos sentar nas cadeiras da confissão como a gente as chamava quando os meninos aprontavam. Elas continuam lá, do mesmo jeito. – Estendeu a mão e pegando a mão de Marina, ambos se dirigiram ao jardim, onde havia duas cadeiras, uma de frente para a outra, cercadas por roseiras e coroa de Cristo.

Sentados, Hideo olhou dentro dos olhos de Marina e perguntou:

– Por que não me falou que Carlos era o pai do Eduardo? Aquela noite que eles dormiram aqui na mansão foi o dia em que Eduardo foi concebido e você, Marina, é conhecedora dessa verdade. É justo esconder um direito sagrado desse de mim e do próprio Eduardo? Tive vontade, Marina, de conversar com o Marcos e a Bruna e contar toda a verdade para o meu neto. Não acho justo ele ser privado de um dos seus direitos: saber a verdade sobre sua paternidade. Nem eu me ressentir com Marcos pela frieza com que ele passou a tratar o irmão, ao conhecer a verdade. Acho que ele é muito melhor que o irmão que se esconde debaixo de uma batina! Jamais imaginei que meu filho fosse capaz de trair a igreja muito menos rejeitar um filho! Um filho que ele abandonou. Meu pobre neto não merece! Ele quer voltar ao Vaticano para ver o tio, pois é isso que ele pensa ser o senhor bispo. Quer que eu vá com ele, e eu vou! Vou esfregar na cara daquele filho ingrato o que ele fez comigo, com o irmão e, principalmente, com o meu neto – Hideo falava apertando as mãos e chorando.

Marina estremeceu, achou que Maria havia lhe contado tudo! "Elas combinaram não falar nada, por que será que ela fizera aquilo?"

Chegando mais perto dele, ela falou:

– Senhor Hideo, acalme-se, nenhum de nós tem culpa pelo que aconteceu. Não julgue o seu filho Carlos, ele não sabia da existência de Eduardo. Veio a saber quando esteve aqui e teve aquele derrame. O Marcos não sabia que Eduardo era filho de Carlos. Sua nora não sabia que o padre era irmão de Marcos. Foi tudo obra de Deus, sr. Hideo! – afirmou Marina.

– Você chama isso de obra de Deus? Eu diria que isso é obra do diabo! Onde já se viu um homem japonês deitar-se com uma mulher e não tomar os cuidados necessários se não queria ter filhos? E depois, Marina, todos nós estávamos vivendo um momento triste de nossa vida. E ele, como padre, o consolador, o pastor de Cristo, cometeu uma coisa dessas aqui dentro da nossa casa? Não posso acreditar que Deus proteja e ampare esse tipo de comportamento irresponsável! Se realmente a igreja amparar esse desvio, eu também não acredito mais em nada que venha de padres, bispos, ou sei lá de quem seja! Se a igreja, Marina, amparou e ocultou isso, eu dou toda a razão ao meu filho Marcos quando diz que os padres se escondem atrás das paredes da igreja enrolados nas batinas e muitos ainda acovardados por seus atos, vivem amparados por mentiras dentro da própria igreja! Eu rezava tanto e pedia para que meu filho mudasse esse pensamento pecador; agora eu não sei se ele pecava ou estava certo! Vou ao Vaticano em breve, não vou esperar pelo meu neto, não! Vou levar uma carta direcionada ao Papa. Vou fazer o possível para que esta chegue às mãos dele. Não vou suportar viver com esse peso dentro de mim, eu que acreditei tanto na fé do meu filho, eu que me entreguei de corpo e alma à igreja, de repente, sinto-me traído por ela.

Dona Marina pediu:

– Senhor Hideo, vamos entrar, tomar um chá e acalmar o coração. O senhor está decepcionado, magoado e triste, porém as verdades envolvendo este processo familiar não são tão simples como o senhor imagina.

Eles entraram e Marina serviu um chá de jasmim para Hideo, que parecia abatido e muito amargurado. Olhando desconsolado para ela, ele perguntou:

— Quando você ficou sabendo sobre Eduardo?

— Como o senhor, eu percebi sozinha. Quando o senhor trouxe o DVD do nascimento do bebê, eu passei mal, se lembra? Vi a semelhança de Eduardo com seus filhos e quando vi a moça, não tive dúvida, comecei a fazer as contas e cheguei à conclusão de que ele era filho de Carlos. O Marcos confessou e contou para Carlos. Lembra-se de que Carlos não queria voltar para a igreja? O que ele poderia fazer? O irmão estava casado com a mãe de seu filho! Eduardo adotado por Marcos e feliz! Marcos amava o rapaz como seu verdadeiro filho, e deixou claro que mataria o irmão se este revelasse a verdade a alguém. Com certeza, a sabedoria do espírito santo de Deus fez com que todos aceitassem seguir seu caminho. Senhor Hideo, há verdades que não se consertam, e esta é uma.

Eles passaram o resto da tarde conversando. Quando ele deixou a mansão, estava mais calmo, porém muito triste e decepcionado. Não era justo Eduardo viver toda sua vida ao lado dele e não conhecer a verdade. Tinha vontade de pegar o telefone e lhe contar tudo. Contudo, reconhecia que não podia simplesmente chegar para o neto e lhe dizer: "Olhe, você é meu neto, e o seu pai é o bispo; ele teve um romance com sua mãe!". Isso causaria um mal irreparável na vida do jovem.

De fato, ele não sabia o que fazer. Assim, chegou em casa e abriu o coração para a esposa.

— Maria, não existe mentira que sobreviva ao tempo. Eu, sem querer, descobri tudo o que me ocultaram por todo esse tempo, e estou muito magoado com você que, sabendo a verdade, não me contou.

Herdeiro do Cálice Sagrado

Ela lhe explicou a conversa que tivera com Marina e disse que respeitou o pedido dela, apesar de ter certeza de que ele iria descobrir. Pediu a ele que se colocasse no lugar dela.

O que ele respondeu alterado:

– Se eu estivesse em seu lugar, teria contado tudo! Sou japonês. Não perdi meus costumes! E como você está envolvida na história antes de mim, fale-me, o que devo fazer?

– E se você for pedir ajuda para um padre? Será que ele não vai lhe dar uma orientação adequada sobre o que fazer?

– Por favor, Maria. Nunca mais volte a falar uma tolice dessa! Penso que se os padres fossem sinceros, eu não estaria passando o que estou passando! Não quero saber de padres para me ajudar a resolver a questão! Vou resolver ao meu modo, e você saberá como.

Hideo estava inconsolável e, virando-se para a esposa, perguntou magoado:

– Será que Simone está sabendo dessa patifaria também? Dou graças a Deus que Maeva não esteja aqui. Ela não suportaria. Ela sim, nada escondia de mim, meu pai dizia sempre que mulher fiel nesta vida, nós só encontramos uma, e ele tinha razão. Você me traiu, Maria! – falava socando a parede.

Maria tentou se aproximar dele para ajudá-lo, mas ele gritou:

– Não se aproxime de mim, sua traidora! Todos me traíram! Meu filho, de quem eu tanto me orgulhava de ser um bispo, traiu-me! Marcos também me traiu não me contando a verdade! E minha nora fez tudo isso para vingar-se de nós. Você não me respondeu, mulher! A minha filha é conhecedora dessa sujeira?

– Não, Hideo. Simone não sabe de nada! E acho bom você se acalmar, já me ofendeu muito por hoje. Não vou levar em consideração porque sei o que você está sentindo. Não ligue para os seus filhos nesse estado. Coloque a cabeça no lugar e pare de julgá-los! Por acaso você é Deus? – retirou-se da sala, deixando-o sozinho.

Foi até a cozinha, preparou um dos seus chás e lhe trouxe. Ele estava sentado cabisbaixo, e ela disse:

– Beba, Hideo, é para o seu bem.– Ele bebeu e ficou um pouco mais calmo, ela prosseguiu: – Venha para o quarto, vamos descansar.

Ele obedeceu em silêncio. Tomou um banho e deitou-se, sem falar nada. O chá era calmante, logo após ele ter se deitado, adormeceu. Maria deu graças a Deus e, olhando para ele, imaginou: "Nem vou provocá-lo com as respostas que merecia ouvir".

No dia seguinte, ele acordou cedo. Andou pelos jardins e refletiu sobre o que a esposa lhe dissera sobre julgar os outros e ser Deus.

Sabia que havia dito coisas injustas para ela. Precisava se desculpar, não era verdadeiro o que os japoneses falavam da primeira mulher. Ele agradecia a Deus pela sua primeira mulher, mas não podia negar os valores de Maria. Ele a amava muito. De repente, sentiu medo! E se ela resolvesse ir embora? Ele a havia maltratado com palavras injustas e, com certeza, ela apenas havia tentado poupá-lo a fim de que ele curtisse a família.

Foi até o quarto do casal e encontrou Maria dormindo. Na cozinha, preparou um café, pôs em uma bandeja com um bilhete pedindo perdão pelas besteiras que havia dito na noite anterior, colocou também uma rosa ainda molhada do orvalho da noite e a deixou ao lado dela na cama.

Maria acordou sentindo o cheiro de café, virando, deparou com a rosa e viu a bandeja colocada ao seu lado. Balançando a cabeça, disse sorrindo:

– Esse japonês sabe me conquistar!

Pegou o telefone e ligou no celular dele. Assim que ele atendeu ela falou:

– O senhor aceita vir tomar café no quarto e me fazer companhia?

Logo, ele estava entrando no quarto. Aproximou-se dela e abraçou-a, dizendo:

– Maria, você me perdoa? Fui um tolo e ignorante falando aquelas besteiras, não tive intenção nenhuma de ofendê-la, só queria mesmo desabafar a minha decepção.

– Sente-se aqui e não tenha pressa em querer sair desta cama! Nós vamos ficar conversando e eu quero que você me ouça. Estou do seu lado e da mesma forma que amo os meus filhos sei que você ama os seus. Nossos filhos, Hideo, errando ou pecando, continuam sendo nossos e se nós que somos seus pais não os ajudarmos, que pais seremos?

– Maria, você acha que eu devo ficar quieto e não falar nada com nenhum deles?

– Sinceramente? O que iria acontecer se você falasse com seus filhos, nora e neto? Será que Eduardo não iria se revoltar com todos? Será que resolveria as diferenças entre seus filhos? Por favor, meu querido, não vamos tomar decisões precipitadas. Quer saber mesmo o que eu acho? Se for da vontade de Deus, o Eduardo ficará sabendo que é filho do Carlos, Ele fará isso de uma forma que nenhum de nós está capacitado.

Ambos ficaram trocando ideias até perto do meio-dia e, antes de sair da cama, ele perguntou:

— Maria, ajude-me a tirar a última dúvida: meu neto quer ir ao Vaticano comigo, acha que devo acompanhá-lo?

— E por que não? Vocês já foram uma vez, e não seria diferente para ele ir outra vez ao lado do avô.

— E como vou me sentir, Maria, diante do meu filho, sabendo que ele sabe quem é Eduardo?

— Seja simplesmente o pai do seu filho. Respeite os sentimentos dele e do seu neto, apenas isso.

— Maria? Posso lhe confessar algo?

— Pode!

— Eu descobri que o maior confessionário de um casal é a cama! Estou em paz comigo e com Deus. Muito obrigado por você ser este anjo inspirador em minha vida. Não saberia viver sem você, Maria. Você é a minha vida, a minha estrela, o meu sol.

A Decisão do Bispo

Carlos notou que o volume de correspondência que chegava do seu pai diminuíra. Havia frieza em suas palavras. Ele escrevia poucas linhas, não falava dos irmãos e sobrinhos como antes. Alguma coisa estava acontecendo...

Ele e padre Leonel eram amigos e confidentes e não escondiam nada um do outro. Eram conselheiros, confessores, não havia segredos entre ambos. O bispo abriu o coração com o padre ao receber uma carta do pai. Disse-lhe que o pai já não era como antes, não relatava mais nada sobre a família, escrevia pouco e com certa melancolia.

Leonel, conhecedor da vida do bispo, ficou pensativo e depois arriscou um palpite:

— Bispo, será que seu pai não está sabendo a verdade sobre o neto? Como o senhor mesmo disse, ele não fala mais do seu sobrinho Eduardo, não acha estranho? O seu irmão não poderia ter aberto o coração com ele, contando-lhe a verdade?

— Meu Deus! Será que Marcos teve coragem? Não. Eu não acredito que faria isso com Eduardo e com meu pai. Se fosse por mim sim, ele faria e estava na razão dele.

— Por que não escreve pedindo a visita dele, bispo? Notei que já vai fazer um ano que ele esteve aqui, estou certo? Ele vinha a cada seis meses visitá-lo! Esse pode ser um dos motivos ou seu pai pode estar com problemas na saúde. Nunca podemos imaginar o que acontece no mundo lá fora.

— Você tem razão, padre Leonel, hoje mesmo vou escrever e pedir que ele venha me visitar. Sinto falta do meu pai. Mesmo na casa de Deus não devemos esquecer aqueles que nos são caros, e meu pai é parte de minha vida, não posso ser feliz sabendo que ele sofre, principalmente se o sofrimento for por minha causa.

O padre, olhando para ele, sentiu pena e resolveu lembrá-lo de seus direitos:

— Bispo, o senhor recebeu autorização para fazer uma visita breve aos seus familiares. Por que não entra com o pedido e vai visitar seu pai? Se me permitir, como a ordem prevê que vá acompanhado, eu me candidato, isso se o senhor não se importar.

— Ainda não, padre, ainda não! Não estou preparado para colocar os pés fora da casa do nosso Pai. Fiz um juramento e o prazo já venceu, mas se for preciso, farei novo juramento para ficar isolado mais sete anos, e a cada sete anos vou renovando até a hora que Jesus me chamar definitivamente.

— Desculpe, foi só uma ideia diante de sua inquietação. O senhor sabe o quanto respeito e acredito nas suas palavras.

Passaram-se seis meses. Eduardo avisou ao avô que estava embarcando para o Brasil e que ele fosse providenciando as passagens para Roma. Ele estava decidido a ir para lá de qualquer jeito. Contou ao avô que tivera um sonho superestranho e completou:

Herdeiro do Cálice Sagrado

– Acredito que é porque estou tão ansioso que acabei transferindo para o meu cérebro mensagens dos meus desejos. São os conhecimentos do meu primeiro ano de Medicina, entendeu? Sonhei que era criança e nadava na piscina de sua casa. De repente, o bispo vinha e pulava na piscina, convidando-me para apostarmos quem chegaria primeiro do outro lado. Minha mãe se aproximava e gritava: "Carlos, você não vai judiar do seu filho, vai? Nade, meu filho, com o seu pai, mas vá bem devagar!". Meu pai, sentado ao seu lado lendo um jornal, comentava: "Esses dois nem parecem que são pai e filho!". Eu ganhei a aposta e ele me abraçou dizendo: "Parabéns, meu filho, eu me orgulho muito de você!". Fiquei superfeliz e orgulhoso pelo elogio. Ele deixava a piscina me acenando, ia até onde estava o senhor e o meu pai e dizia: "Marcos, cuide bem dele; afinal de contas, você é o verdadeiro pai!". Olha só que sonho doido, vovô! Quando acordei tinha a sensação de estar nadando mesmo, e me sentia na sua casa! Deve ser a saudade que me deixou assim. Nem contei esse sonho aos meus pais, eles se impressionam com tudo o que se refere à igreja.

Hideo sentiu um arrepio percorrendo seu corpo, apesar de ter sido um sonho, não deixava de ser verdadeiro.

Nos últimos tempos, ele estava acompanhando a mulher a uma casa espírita e era ali que recebia ajuda para suportar as ingratidões que a vida lhe causara. Em uma de suas visitas à casa espírita, ele recebeu uma mensagem muito bonita, que o advertia quanto às suas mágoas a respeito dos acontecimentos envolvendo os filhos. Num trecho estava escrito:

"A nossa vida assemelha-se a um campo, devemos lavrar a terra, semear, regar e acompanhar o crescimento das sementes que plantamos. Nenhuma árvore dará seu fruto fora de tempo, temos de saber esperar o dia certo para colher. As sementes familiares que guardamos dentro de nós são semeadas, podem brotar e crescer onde plantamos ou germinar e crescer em outro lugar. Isso não quer dizer que não sejam as mesmas sementes que simplesmente crescem longe de nós."

Ele estava aprendendo muitas coisas, principalmente a perdoar. Iria com o neto para o Vaticano e em hipótese alguma poderia demonstrar ressentimento ao filho. Ainda estava trabalhando as novas mudanças dentro de si, estava sendo difícil aceitar certas coisas que em sua cultura jamais seriam aceitas!

Nunca mais colocara os pés na igreja, perdera a confiança, não em Deus, mas em seus pastores. Na casa espírita, pelo menos, as pessoas eram casadas tinham filhos, viviam uma vida semelhante à dele, eram mais sinceras. Continuava ajudando a manter o abrigo que o filho fundou e que estava entregue a outros padres. Recebia muitos convites para ser homenageado ao lado de outros empresários, mas dispensava todos os convites. Não sentia no coração nenhuma vontade de participar, perdera a fé nas coisas ligadas à igreja.

Eduardo chegou cheio de alegria. Estava lindo. Marina o abraçava e dizia chorando:

— Meu Deus! Como posso não me emocionar diante de você, meu filho! — Dentro dela as lembranças de Carlos eram vivas.

Herdeiro do Cálice Sagrado

Hideo baixou a cabeça, Eduardo estava com o corte de cabelo idêntico ao de Carlos quando adolescente. O avô perguntou:

– Seu pai não implica com o seu cabelo assim comprido, caindo nos olhos?

– Ah! Vovô! Você conhece mesmo o seu filho! Ele ameaçou levar alguém para cortar o meu cabelo enquanto eu estivesse dormindo. Antes de sair perguntei o que ele queria do Brasil, sabe o que ele me respondeu? "Quero vê-lo com os cabelos em ordem! Será um grande presente para mim."

Abraçando o neto Hideo afirmou:

– Que tal ir comigo ao salão? Estou precisando cortar o cabelo e você aproveita e acerta o seu também. Vamos para o Vaticano e por lá não sei como são vistos os japoneses cabeludos!

– Tudo bem, vovô. Vou com o senhor e na volta vou tirar uma foto e enviar ao meu pai. Ele vai ficar feliz! Até Danielle, minha namorada, que faz torcida com meu pai contra o meu cabelo vai gostar. Vovô, posso lhe pedir um presente? É quase uma troca, eu corto o cabelo e o senhor me faz algo?

– Vamos ver se dá para atendê-lo, diga o que quer.

– Não contei aos meus pais que vamos ao Vaticano. É só uma semana, peça para Maria dar uma enrolada neles quando ligarem. Mande-a dizer que onde estamos não tem telefone! Que tal dizer que estamos pescando no Mato Grosso?

– Meu filho! Como vamos fazer uma viagem e não contar aos seus pais? Você mesmo disse que não somos mais crianças! Por que temos de mentir? Eu não gosto de mentiras, e quando a gente mente vem o troco, pode acreditar!

– Vovô, por favor. Eu lhe peço: eu poderia ter mentido para todo mundo, inclusive para o senhor. Viajava sozinho e ninguém ficaria sabendo. Depois, vovô, isso não é uma mentira é uma necessidade, eu preciso ir ao Vaticano, quero estar mais uma vez com o meu tio. Meu pai não faz por mal, mas há quantos anos não vê o irmão? Não contei que iria ao Vaticano para não magoá-los nem preocupá-los. Ainda não entendi o porquê de minha mãe entrar em choque quando falo em ir para o Japão ou para Roma. Já cheguei a pensar mil coisas sabia, vovô! Já me passou pela cabeça que o meu pai é um japonês que vive em Roma, pois tudo o que se fala de Roma e Japão a deixa fora de si e meu pai sempre a apoia. Acredito que deve ter alguma coisa que me envolve. É por essa razão que pedi para ir com o senhor, tenho o direito de visitar o meu tio! Espero que não me leve a mal, acredito sinceramente que não estou cometendo nenhum pecado querendo ir à igreja visitar um tio que é um bispo.

Hideo ficou de cabeça baixa, sem saber o que responder.

– O senhor sabe alguma coisa sobre o meu nascimento? O meu pai não lhe confidenciou nada? Vovô, já sou um homem! Sei que tive ou tenho um pai que não foi, não é, e jamais será o meu amado pai Marcos, mas acho que tenho direito de saber algumas coisas sobre mim mesmo, o senhor também não acha? Não faço perguntas aos meus pais porque sei que eles ficam nervosos e magoados, porém, tomei uma decisão: vou investigar o meu nascimento, quero saber a verdade, enquanto era criança acreditava que meu pai havia morrido, mas não há dúvida de que sou descendente de japonês. Olhe para mim, vovô! Estou bem crescido e não acredito mais em Papai Noel nem em contos de fadas. Vou descobrir a minha história real e verdadeira sem magoar ninguém. O senhor não me respondeu, sabe de alguma coisa que possa me ajudar?

— Meu filho, tudo o que sei é que o amo muito. Você é meu neto querido, não posso mentir, por que a verdade mesmo é que você é o meu neto favorito. Infelizmente, quando o encontrei você já era bem crescido, lembra-se? Nunca falei com o seu pai a respeito do seu nascimento, acho que isso não nos interessa.

— Desculpe, vovô. Acho que fui mal com o senhor! Tem toda a razão, já nos encontramos avô e neto bem crescidos, o senhor realmente não tem nada a ver com isso, acredito sinceramente que o senhor não sabe de nada. Eu preciso mesmo é apertar o meu avô materno, ele sim, sabe de muitas coisas. É um cara legal! Sabe o que ele fez? Quando eu nasci ele me assumiu em tudo. Fez aplicações que renderam muito no decorrer destes anos todos. Tenho um bom dinheiro graças a ele. Ele sabe tudo de mim, me ama, não tenho dúvidas, vou convencê-lo a me contar a verdade. Quando tiver nas mãos algumas pistas sobre o meu pai, o senhor vai comigo ao Japão me ajudar a encontrar alguns parentes? Tenho dinheiro suficiente para pagar nossas despesas. Só que faço questão de sua companhia, ir ao Japão acompanhado de um legítimo japonês faz muita diferença.

Hideo suava frio. "Meu Deus! Eu começo a sentir medo do que pode vir... Esse garoto é decidido, ele sabe o que quer; ajudando ou não, ele vai chegar à verdade! O que devo fazer, meu Deus? Será que devo alertar Marcos sobre o que ele pretende? E levá-lo ao Vaticano e ficar calado diante do meu filho e do meu neto? Suportarei isso?"

– Vovô? Vai me levar ao Japão? Não me diga que eu não tenho direito de conhecer o país dos meus ancestrais! Não sei quem são, mas vou descobrir, pode ter certeza. Meus parentes japoneses saberão que eu me orgulho de ter os olhos assim puxados como os seus. Pelas minhas pesquisas, descobri que tenho traços bem definidos dos orientais. Devo ser no máximo um sansey. É assim que se fala, vovô? Não falo japonês. Minha mãe diz que amava meu pai, porém não fez nada para manter algo dele vivo entre nós, por exemplo, devia ter me colocado para estudar japonês! Estou pensando em fazer algumas aulas, já começando aqui no Brasil e com o senhor!

– Ah! Eu vou ter muito prazer em ensiná-lo a falar alguma coisa em japonês! Não perdi o meu sotaque. Leio muitos jornais, revistas e livros em japonês. Fiz isso a vida toda para não me esquecer, porque querendo ou não quando vivemos longe do país de origem, acabamos nos esquecendo de muitas coisas, inclusive a própria língua. E olhe, meu filho, se for mesmo da vontade de Deus que você vá ao Japão, eu vou ter muita alegria em acompanhá-lo, mas vamos mudar de assunto que agora é a melhor hora do dia! Adivinha o que Maria fez para o almoço?

Antes de deixarem a sala de refeição, Hideo pediu que às quinze horas Eduardo ficasse pronto a fim de irem ao salão cortar o cabelo. Já estavam marcados os dois cortes. Ele deveria descansar um pouco da viagem, depois ele mandaria chamá-lo. Não deveria se preocupar.

Sozinho com a esposa, Hideo lhe contou tudo o que tinha ouvido do neto. E disse estar apavorado com o que ele seria capaz de fazer. O rapaz era inteligente e, sem dúvida nenhuma, chegaria à verdade sobre o seu verdadeiro pai.

Discutiram o pedido dele em não contar para os pais que estava indo para Roma, precisamente ao Vaticano. Maria pensou e por fim acrescentou:

— Meu querido, que tal irmos hoje ao centro espírita? Todas as vezes que vamos lá recebemos a ajuda necessária; talvez recebamos uma inspiração, uma mensagem que nos esclareça a melhor atitude a ser tomada.

— E se meu neto quiser ir?

— Será muito bom!

— Não corremos o risco de os mentores anteciparem a ele as verdades que estão ocultas?

— Meu querido, os mentores estão acima dos nossos conhecimentos e entendimentos. Eles nunca fariam nada que viesse a prejudicar a vida de nenhuma das pessoas envolvidas.

— Então, vamos ao centro espírita e meu neto pode sair com os amigos brasileiros que fez por aqui. Colocarei o motorista à sua disposição. Vou sugerir isso a ele enquanto estivermos cortando o cabelo. Eu realmente estou precisando receber algumas orientações sobre o que fazer com tanta pressão de Deus em cima de mim.

— Não fale assim, Hideo. Deus não o está pressionando! Lembra-se da última mensagem que recebeu? Pare de julgar seus filhos. E se for da vontade de Deus que o seu neto descubra a verdade, ele vai descobrir! Pare de sofrer antecipadamente, precisamos orar mais, participar da nossa missão espiritual e confiar na Providência Divina, que nunca é injusta.

No caminho, o avô propôs ao neto que deixaria o motorista à sua disposição e que seria saudável que ele saísse um pouco com os amigos brasileiros. Podiam ir jantar no seu restaurante e depois assistir a alguma peça ou decidir por outro divertimento sadio.

– O senhor está me dispensando, vovô? É impressão minha ou o senhor está querendo me distanciar de algum programa que pretende fazer hoje?

– Não, meu filho! Não o estou dispensando. E quanto à minha programação de hoje é algo de que eu sei que você nunca participou e posso lhe contar como funciona para você saber que não é programa para você. Vou a um centro espírita! Já faz algum tempo que frequento. No começo apenas acompanhava Maria, que desde cedo é envolvida com mediunidade, mas acabei gostando; descobri muitos fundamentos verdadeiros que vieram ao encontro dos meus princípios.

Hideo relatou o que era uma sessão espírita e quando terminou o neto disse:

– Eu cancelaria qualquer programação para acompanhá-lo nessa sessão espírita! Vovô, o senhor aprecia coisas novas, e se gostou, imagino que deve ser muito bom mesmo.

À noite, Eduardo, rindo, contava para Maria a surpresa que tinha enviado ao pai: seu novo visual! Disse-lhe que estava muito feliz por acompanhá-los aquela noite na casa espírita. Não entendia nada de espiritismo, mas ficaria observando e queria saber o que era.

Os três foram ao centro espírita e Maria entrou em uma sala. Eles ficaram sentados, aguardando o início da sessão.

Eduardo perguntou bem baixinho para o avô se podia pedir pela alma do falecido pai.

— Peça ajuda para toda a família, não precisa pedir especialmente pela alma do seu pai. Os espíritos sabem do que estamos precisando. Fique tranquilo e peça o bem.

Eduardo recebeu um passe e sentiu um calafrio. Ficou um tanto assustado, pois jamais imaginou que poderia sentir aquele calafrio percorrendo todo o seu corpo.

Uma das assistentes da casa veio onde se encontrava Eduardo e o convidou para ir até uma sala reservada. Lá, ele encontrou Maria ao lado de vários médiuns. Sentado em uma cadeira, não conseguia se mover. No fim da aplicação de passes, ele recebeu uma mensagem psicografada por um médium que ele não vira no meio dos outros. A mensagem veio de outra sala e isso que o deixou assustado.

Meu caro jovem, enquanto você se preocupa em revolver o passado, está perdendo uma grande oportunidade de semear boas sementes no presente, que vão sustentá-lo no futuro. Deixe nas mãos de Deus o que não está ao seu alcance. O que lhe falta, meu filho? Amor? Condições par   ar-se um grande profissional? Pare de perseguir cor   mentos aqueles que sempre o ampararam e o   seus familiares em paz, não os atorment   xões. Nossos direitos são guardados por   temos todos eles de volta. Aprofun   sua contribuição para humanidade grande chance que Deus lhe deu; procure ser feliz e não é mexendo nas feridas de quem já sofreu tanto que você vai encontrar a paz que procura.

Você é o herdeiro do Cálice Sagrado, muito amado por Jesus. Esse cálice sempre foi erguido em nome do Senhor por você e por muitos filhos de Deus.

Esta mensagem você deve levar e ler em casa, convidando os membros de sua família, eles saberão orientá-lo quanto à mensagem.

Em casa, ouvindo a mensagem, Hideo ficou em silêncio. Ele compreendeu perfeitamente o recado do mentor. O seu neto era o herdeiro do Cálice Sagrado. Era filho do bispo, era descendente da igreja.

Eduardo lhe chamou atenção:

—Vovô, estou assustado, primeiro eu não conseguia mover minhas pernas. Estava sentado, se estivesse de pé certamente cairia no chão. E essa mensagem me pede para não procurar pelo meu pai. Esse recado pode ter sido enviado por ele? E essa história de Cálice Sagrado? Eu não entendi, será que é porque eu sou sobrinho do bispo? Explique-me, por favor, Maria — pediu Eduardo aflito. — Confesso que estou assustado.

Maria, com muito jeito, explicou o que poderia explicar, confirmando que o pedido do mentor era para que ele tirasse da cabeça a ideia de buscar fatos relacionados ao pai. Ele iria magoar aquele que o acolheu nos braços e estaria mexendo em uma ferida aberta no coração da mãe. Ela já sofrera demais no passado e não merecia passar por novamente.

Eduardo disse que iria guardar a mensagem como uma relíquia, guardaria como um tesouro, e que os pais jamais iriam tomar conhecimento dela.

O avô propôs que ele deixasse no cofre de sua casa, assim estaria bem protegida e longe de cair nas mãos de seus pais.

Ele concordou e pediu para Maria que antes de deixar o Brasil o levasse novamente ao centro espírita para agradecer e também receber um passe.

Maria prometeu que assim que eles voltassem de Roma poderiam voltar à casa espírita. Ela participava semanalmente dos trabalhos e Hideo começara a acompanhá-la nos últimos meses. Estava gostando muito, pois se sentia muito bem. Ela ficava um tanto receosa em revelar para a família do marido o seu envolvimento com os trabalhos espirituais, pois eles poderiam não entender o trabalho dela.

Eduardo, pegando em seus ombros falou:

– A senhora sabia que infelizmente os meus pais não têm religião? E o maior erro deles é não nos animar a seguir nenhum caminho de fé. Senti isso na sessão espírita de que participei e sou testemunha que não houve nenhuma fraude quanto ao recado enviado para mim. O que está escrito ali, era o que estava escrito dentro de mim. Vou tomar os conselhos e procurar seguir as orientações que me foram dadas. Reconheço que forças acima dos meus conhecimentos atuaram naquela casa. Siga com fé, dona Maria, a sua religião. Hoje, sou um defensor do que testemunhei, jamais vou permitir que alguém critique sua fé.

– Oh! Meu filho, muito obrigada. Seu avô tem toda razão quando diz que você é um menino iluminado! E é mesmo, meu filho. Você tem uma luz muito grande.

– A senhora não vai ficar mesmo aborrecida com o meu avô por me acompanhar até ao Vaticano? – perguntou Eduardo.

– Meu filho, é uma bênção de Deus vocês poderem ir visitar o bispo, que é filho do seu avô e também precisa dele. Vão sossegados, uma semana passa voando, você vai ver.

Hideo, contrariado, aceitou o pedido do neto. Ligou para Marcos e avisou que ficaria uma semana fora com Eduardo. Iriam pescar e assim que retornassem, ele telefonaria.

Marcos sentia-se muito satisfeito por saber que o filho estava aproveitando as férias e agradeceu ao pai pelo milagre que ele alcançara com Eduardo convencendo-o a cortar o cabelo.

Avô e neto viajaram, Hideo, antes de sair, pediu a Maria que tomasse cuidado e não contasse sobre a viagem nem mesmo para Marina, pois nos últimos tempos ela andava esquecida e às vezes falava o que não devia.

Ela lhe prometeu que ficaria bem e cuidaria de tudo, inclusive de Marina, que eles viajassem tranquilos.

Hideo tremia, não de frio como imaginava o neto, que puxou um casaco de lã de sua mala e o fez vestir. Ele tremia de emoção, estava ansioso, como olharia para o filho e para o neto? A situação agora era outra. Ele até se lembrou do velho ditado que sua esposa Maria dizia: *O que os olhos não veem, o coração não sente!* Antes de conhecer a verdade ele não tinha nenhum problema.

Enquanto aguardavam na sala de espera do Vaticano, Hideo observava as altas e bem decoradas paredes como se fosse a primeira vez que entrava ali. "O que será que se escondia por trás daquelas misteriosas paredes? De uma coisa ele sabia: ali se escondiam muitos pecadores... Será que Deus realmente acolhia e perdoava certas coisas que ele nunca iria aceitar?" Olhava para o neto, um rapaz lindo, saudável, estudante de Medicina, e pensava que isso era o que havia sonhado para o filho, que estava indo muito bem e de repente virara a cabeça. Se tivesse seguido a carreira de médico, estaria casado, quem sabe, com a mãe de Eduardo e nada disso estaria acontecendo. O filho Marcos carregava uma mágoa grande no coração e ele por tanto tempo o julgara. Agora, pedia perdão a Deus, pois reconhecia que estava errado.

Padre Leonel, simpático como sempre, os convidou para entrar na sala do bispo. Eles atravessaram um corredor longo e bem ornamentado. Tudo ali era muito bonito, porém tinha um lado misterioso. Eduardo sentiu um calafrio andando pelo corredor.

O padre bateu de leve à porta antes de abri-la e entrar com os convidados. O bispo os recebeu com lágrimas nos olhos. Olhando para Eduardo falou:

—Você está um homem! Não esperava sua visita. Estou tremendo de emoção. Meu pai não me disse que você viria.

O pai, voltando-se para ele, disse:

— Na verdade, até eu fui tomado de surpresa. Ele veio passar as férias comigo e fez questão de vir visitá-lo. Para você ter uma ideia, de todos os seus sobrinhos, este é o que mais se afeiçoa à você.

O bispo sentiu uma pontinha de mágoa nas palavras do pai. "Será que ele sabia de alguma coisa sobre Eduardo?"

Olhando para o garoto, o bispo perguntou:

– Como está seu pai e seus irmãos? Fale-me deles, por favor.

– Meu pai está bem! Trabalhando muito. O bom é que ele gosta do que faz e quando fazemos o que gostamos tudo se torna mais fácil. Temos o maior exemplo no senhor: renunciou a muitas coisas que nós consideramos boas para viver exclusivamente trabalhando em prol dos mais necessitados. Eu não tenho esse dom! Sou solidário com o próximo, nas horas de necessidade participo de qualquer tarefa humanitária, mas renunciar à família, aos amigos e à possibilidade de me casar e ter filhos, eu posso afirmar que não faria. Por tudo isso, sou seu admirador número 1! Não é qualquer um que tem essa coragem e essa força de vontade.

O bispo baixou a cabeça. Seus lábios tremiam. O pai percebeu sua inquietação e imaginou: "A dor da consciência é a pior de todas; ele está sentindo na pele o que é estar perto de um filho e não poder chamá-lo de filho. O filho jogara em sua cara que jamais faria o que ele fez: renunciar aos prazeres da vida é uma opção, fugir das responsabilidades é ato de covardia e não de amor".

O padre, percebendo o constrangimento do bispo, aproximou-se e perguntou para Eduardo se ele queria provar um suco de uva verde colhida no pomar do Vaticano. O bispo estava suando e parecia ter sido atingido no ponto mais frágil do seu ser. Deu graças a Deus pelo padre Leonel vir em seu socorro.

Eduardo pediu licença e acompanhou o padre até a outra sala. Pai e filho ficaram sozinhos. Hideo teve uma crise de tosse nervosa e o filho lhe ofereceu um copo com água. Ele o olhava e sentia uma vontade imensa de perguntar: "Carlos, olhando para seu filho, você não sente vontade de rasgar suas vestes e sair correndo para ficar ao lado dele?".

O bispo observava o pai, ele estava diferente, parecia triste e cansado.

– Pai, fale-me do senhor. Como estão as coisas, como vai dona Maria? Os restaurantes? Fale-me do senhor, quero ouvi-lo, sinto saudade de nossas conversas. O senhor demorou muito para vir, aconteceu alguma coisa? Esteve doente? Senti muito sua falta – disse o bispo apertando as mãos do pai.

O pai, olhando dentro dos olhos dele, lembrou-se dos conselhos recebidos no centro espírita. Aconteceram muitas coisas, meu filho... Graças a Deus, coisas boas. Estive trabalhando muito este ano, apenas uma vez fui ao Havaí e uma vez aos Estados Unidos. E agora estou aqui com você. O mais importante é que a nossa família está bem, por motivo de força maior nem sempre podemos nos encontrar, mas nem por isso deixamos de estar juntos no coração.

O bispo baixou os olhos e perguntou:

– Como está meu irmão e a família? Tem conversado com ele? Sou eternamente grato ao Marcos por tudo o que ele faz pelo senhor. Lamento, meu pai, não ter feito nada para ajudá-lo, às vezes me sinto egoísta por estar aqui refugiado no conforto espiritual da casa do Pai, enquanto aqueles a quem amo se encontram no mundo lá fora, vivendo todas as tormentas humanas.

– Meu filho, nenhum de nós tem o direito de julgar suas decisões. Se o seu coração e a sua consciência o prendem nesta casa, é porque ela é a sua casa e não a nossa! Confesso que teve um tempo que eu imaginava que todos os padres, quando se convertiam em seus juramentos, viravam santos, mas hoje tenho certeza de que todos são homens com corpo, sentimentos e coração, sujeitos a pecar, e como todos os pecadores têm o direito de pedirem perdão e ser perdoados.

O bispo ajoelhou-se aos pés do pai e beijando suas mãos, molhando-as de lágrimas, falou:

– O senhor me perdoa, pai? Preciso do seu perdão, o senhor falou com toda sabedoria dos conhecimentos que lhes foram transmitidos por aqueles que o antecederam. Sou um pecador que vivo diariamente a implorar o perdão de Deus.

Nesse momento, o padre entrou com um copo de suco para Hideo. Eduardo comentou com o avô que o sabor de fato era muito diferente. O padre Leonel perguntou para ele quantos dias iriam ficar em Roma.

– Temos mais sete dias para aproveitar um pouco nosso passeio – respondeu o rapaz.

– Depois de amanhã vocês poderiam vir até aqui e nos acompanhar em um lindo passeio pelos arredores da nossa igreja. Temos o maior e mais bonito pomar cercado de jardins! – convidou o padre, olhando para o bispo e pensando: "Se Deus enviou este rapaz até aqui, creio que há um bom motivo, nada é sem propósito, vai ser bom para o bispo ficar um pouco mais ao lado dele e do pai".

Depois, eles foram levados para conhecer uma parte da igreja. Eduardo observava tudo em silêncio. O padre informou-lhes que ele e o bispo estavam com a tarde livre para acompanhá-los. Fizeram um lanche e ficaram conversando sobre a faculdade, fatos que aconteceram com Ryan, que agora era um grande engenheiro da NASA, e sobre outros assuntos familiares.

No fim da tarde, os dois se despediram do bispo e do padre, deixando confirmado que dali a dois dias voltariam para o passeio.

No caminho de volta ao hotel, Eduardo estava calado. O avô estranhou e perguntou se estava tudo bem. E ele respondeu:

— Estou um tanto decepcionado com o que vi hoje...

— E o que você viu que eu não vi?

— A igreja prega igualdade para todos os povos, mas o que eu presenciei me deixou frustrado! Ali se concentra uma das maiores fortunas do planeta! Isso só no que pudemos ver. E o que não vimos? Não quero me entristecer nem desapontá-lo, mas não concordo com o que vi! Pregar votos de pobreza, viver isolado dos problemas não acho ser a solução para resolver os problemas do mundo, e o mais grave de tudo, eles não percebem que vivem cercados de um tesouro morto! Para que servem todas aquelas obras caríssimas? Sabe como eu imaginei? Vários anéis de ouro e diamantes sem ter dedos para usá-los. Fui com dona Maria e o senhor naquele centro espírita e comecei a comparar as verdadeiras atitudes de caridade. Tudo lá é muito simples, sem nenhum luxo, não precisa de guardas para vigiar os visitantes nem os tesouros! No entanto, o que o senhor guardou para mim no seu cofre foi um tesouro que não posso avaliar. Vinha pensando e repensando: não terá sido isso que afastou meus pais da igreja? O senhor sabe que meu pai é um homem de muita visão. Ele é um estudioso, pesquisador, chega bem perto da raiz, não fala mal, não critica, mas não quer saber de igrejas. De repente, foi por esse motivo! Ele se decepcionou ao constatar que nem tudo o que é pregado serve como exemplo de vida para os sacerdotes.

Hideo ouvia o neto e se lembrou dos conselhos recebidos dentro do centro espírita: "Cuidado com o que vai dizer, não julgue sem saber...". Esperou o neto terminar. E, parecendo que alguém usava a sua boca para soltar as palavras que vinham na mente e no coração, ele afirmou:

– Eduardo, meu filho, não posso recriminar a igreja por zelar e conservar os tesouros construídos aqui na Terra. Afinal, a igreja também zela pelo patrimônio da humanidade. Se não estivesse ali bem guardado e conservado onde estaria? Será que continuava existindo? Talvez você não pudesse ver essas maravilhas! No Japão, por exemplo, temos templos que foram construídos antes de Cristo, ou seja, muito antes da igreja de São Pedro, que acabamos de sair. Quando formos ao Japão você também poderá sair de lá revoltado, pois esses templos guardam muitas relíquias cujos valores não é possível avaliar. São rodeados de sentinelas que vigiam os tesouros dos templos, herança deixada pelos nossos ancestrais. Para você ter uma ideia, para se chegar a alguns tesouros é necessário tirar o sapato, passar por um lago com água corrente, com o objetivo de lavar e desinfetar os pés, e colocar uma máscara e roupa especial. Por tudo isso, nesse ponto de preservação das riquezas culturais, eu discordo de você.

Eduardo ficou pensativo e batendo de leve no braço do avô respondeu:

– Que coisa boa ter um avô como o senhor! Ainda bem que o senhor sempre tem bons argumentos para me convencer!

Está certo vovô, eu ainda não tenho maturidade para entender coisas assim, desculpe. Agradeço-lhe por ter arrancado a venda da ignorância dos meus olhos. Vou lhe confidenciar algo: eu fiquei tão decepcionado que no fim nem estava tão entusiasmado para conhecer as relíquias dos pomares. Agora, depois de ouvi-lo, vou voltar muito mais atencioso e agradecido pela parte que me cabe, achando que se eles não tivessem guardado aquelas relíquias, logicamente nem eu, nem a minha geração, teria a oportunidade de conhecê-las.

Dois dias depois, eles estavam de volta. Hideo estava animado, apreciava a beleza que cobria a terra. Ficou maravilhado e até tentou copiar na mente algumas formas de canteiros para fazer na mansão.

Eduardo e o padre Leonel pareciam velhos amigos: falavam e riam entre si e distanciaram-se do bispo e do pai.

Hideo contou ao filho como estava a mansão e mostrou-lhe as fotos. O filho parecia se transportar ao passado... Lembrou-se de Bruna, da noite que passaram juntos, e sem perceber uma lágrima caiu, molhando sua veste vermelha.

— Filho, sei que pode deixar Roma para visitar seus parentes e até assumir uma igreja. Você não pensa em sair um pouco daqui? Não tem vontade de ir ao Brasil? Fez um trabalho magnífico no Japão, não pensa em retornar?

— Sinceramente, meu pai? Não penso em voltar a guiar nenhum rebanho, sinto saudade da família, mas não tenho vontade de sair da igreja e enfrentar o mundo.

– É pelo Eduardo ou pela mãe dele que você tem receio de deixar a igreja? – falou olhando fixamente para o bispo, que empalideceu.

Ele parou, sentiu as pernas tremerem e a boca seca. "Meu Deus! Ele sabe!" Procurou as palavras e não as encontrou. Olhou para o pai desesperado, como se fosse uma criança pedindo socorro.

Avistando um banco ornamental embaixo de um belo arbusto, o pai o convidou para sentar-se. O céu estava um pouco nublado; o vento leve, próprio da estação, sacudia as folhas que caíam à sua frente. Hideo disse, ainda não dominando as palavras que insistiam sair do seu coração:

– Não estou aqui para cobrar nada, pelo contrário, estou aqui para ajudá-lo a se sentir melhor. Reconheço plenamente que há a mão de Deus sobre nós. O erro do seu passado já o castigou muito, eu quero me dividir com você, meu filho.

O bispo respirou fundo e conseguiu falar olhando nos olhos do pai:

– Como o senhor ficou sabendo?

– As coisas foram se encaixando como um quebra-cabeça, desde o início o Eduardo me chamou a atenção. Eu fechava os olhos e via você. Sabia que ele tem uma pinta na mesma perna e lugar que você? Nada igual você e tem certas manias que, para quem o conhece não fica nenhuma dúvida. Seu irmão não desconfia de nada, não sabe que sou conhecedor da verdade. Agradeço a Deus pela oportunidade de falar com você e não com ele sobre a paternidade de Eduardo.

Herdeiro do Cálice Sagrado

– Só descobri tudo sobre o Eduardo quando estava no Brasil. O senhor lembra-se de toda a agressividade do meu irmão para comigo? Ele estava magoado, ressentido, tinha descobrido tudo havia poucos dias. Estava muito deprimido e quando ele me contou, sinceramente não suportei. Não posso me eximir da culpa, pois nunca procurei saber notícias daquela a quem canonizei como uma santa dentro de mim. Contudo, a realidade foi outra, ela lutava sozinha com um filho meu e nunca me procurou.

– E se ela o tivesse procurado falando sobre a gravidez? E se você tivesse descobrido sobre Eduardo, e a mãe dele estivesse livre, o que faria? – perguntou o pai, esperando uma resposta sincera.

– Eu deixei a igreja quando descobri! O meu castigo foi muito bem aplicado pelo Pai Celestial, Ele levou o meu filho e a mãe e entregou aos cuidados do meu irmão. Posso dizer sem receio que os dois não poderiam ter encontrado pessoa melhor, e eu não poderia seguir outro caminho, meu pai, a não ser continuar servindo a Deus. Não encontrei saída, jamais prejudicaria aqueles a quem amo para provar nada, nem mesmo que tenho um filho.

Pai e filho ficaram muito tempo conversando. O bispo se sentia livre na alma, a sensação é que fora desatado um nó dentro dele.

Eduardo olhou para o relógio e, cismado, perguntou para o padre:

– O que meu avô e meu tio tanto conversam? Já completamos a volta em torno dos pomares e jardins e eles continuam no mesmo lugar. Será que um deles não está se sentindo bem?

O padre jurava para si mesmo que sabia o que eles estavam falando, mas para o rapaz ele respondeu:

– Você esqueceu que o seu avô há um ano não vem visitá-lo? Eles devem ter muitas coisas para colocar em dia. Vamos olhar o lago e deixá-los sossegados. Quando terminarem de conversar vão se levantar e vir ao nosso encontro. Eu conheço o bispo, é assim que age.

– Então vamos andar! Por mim ficaria caminhando o dia todo aqui, apenas me preocupei com eles, mas quem conhece o bispo aqui é o senhor.

– Não precisa me chamar de senhor! – respondeu o padre Leonel. – Tudo bem que sou um pouco mais velho que você, mas ainda me sinto jovem, e quando alguém na sua idade me chama de senhor fico preocupado achando que já tenho a aparência de um senhor.

– Puxa, padre! Sabia que você é um cara legal? Ficaria ofendido se lhe fizesse algumas perguntas?

– Não! – respondeu o padre.

– Não sente falta do mundo lá fora? É feliz longe da família? Entrou para a ordem com quantos anos?

–Vamos por etapa. Para ser sincero, sinto sim, mas confesso que tenho medo, sinto-me um marinheiro que se afastou muito da praia e tem medo de voltar. Quanto a ser feliz longe da minha família, eu sou feliz sim, porque estou longe deles e não separado deles. Continuo amando a todos, e aqui encontrei outra família. Amo o seu tio, o bispo Carlos é para mim meu irmão mais velho, meu conselheiro, meu confessor. Eu abracei os caminhos da fé aos dezoito anos de idade. Fiquei um tempo, sai, namorei, tive alguns problemas pessoais e foram estes que me fortaleceram na escolha do *ir* ou *ficar*! Eu escolhi o *ir*, busquei os caminhos do Senhor e estou aqui, sem qualquer arrependimento.

O bispo caminhava com o braço sobre o ombro do pai. Os dois pareciam felizes. Eduardo notou um brilho de alegria nos olhos de ambos.

– Você tinha razão: eles precisavam conversar! Olhe só a diferença nos olhos do meu avô!

Padre Leonel olhou para o bispo e percebeu que ele estava tranquilo. Tinha os olhos cansados, mas a expressão era de conforto espiritual. O bispo conversara com o pai sobre Eduardo, isso não lhe restava nenhuma dúvida.

Eles se despediram e o pai prometeu escrever e voltar assim que possível. Não ficaria mais um ano sem vê-lo.

Eduardo abraçou o tio que já havia separado alguns presentes religiosos para ele. Agradeceu a visita e o abraçou, deixando-se ser abraçado.

No Brasil, Maria, sabendo do ocorrido, falou ao marido:

– A verdade, meu marido, é como gotas de chuva que se formam devagar e correm para os riachos, que também correm para os rios e acabam chegando ao mar! Eu sei que mais cedo ou mais tarde isso acontece, e é pela vontade de Deus e não pela nossa. O Eduardo também vai ficar sabendo, nada fica eternamente esquecido dos cuidados do Pai. Sossegue o coração e deixe as águas rolarem até o destino.

Eduardo aproveitava cada dia e momento ao lado do avô, que o admirava cada vez mais. Eles foram ao centro espírita e o jovem, mesmo tentando se convencer do que o avô havia lhe explicado, comparava a simplicidade daquela casa com o luxo e esplendor da igreja.

Na volta para sua casa, Eduardo levou alguns livros para pesquisar, estudar e refletir sobre a vida espiritual. Antes de deixar o aeroporto, ele disse para Maria, que ficou chorando emocionada:

– A senhora aceita ser minha avó? Eu a amo muito e quero lhe agradecer por cuidar do meu querido avô. Por favor, cuide dele para mim?

Abraçando o avô, ele saiu rapidamente secando os olhos. Maria se lembrou do dia em que o marido a havia pedido em casamento e não esperou resposta. O neto era tão parecido com ele! Perguntou se ela aceitava ser sua avó e saiu correndo para não ouvir a resposta. Aquele menino valia ouro, Hideo tinha razão em sentir tanto orgulho dele.

O Reencontro

Aquela viagem a Roma fez muito bem a Hideo e aos filhos. A relação ente ele e Marcos melhorou muito. O pai o entendeu e passou a evitar falar de Carlos. Marcos até comentou com a esposa que estava estranhando a mudança de comportamento do pai, que não falava nem cobrava mais sua aproximação do irmão.

Ela respondeu para ele que Hideo era um homem extremamente inteligente. Percebendo que o aborrecia a insistência dele em uni-los, passou a respeitar sua opinião. Naturalmente, ele continuava sofrendo da mesma forma. Ela achava que já era hora de ele amenizar o coração, talvez procurar o irmão e fazer as pazes com ele. Eduardo estava um homem feito e muito feliz. Marcos preenchera toda a falta que o filho sentia do pai e nos últimos anos nunca mais falara em ir ao Japão; crescera e esquecera a curiosidade em querer saber sobre a família do pai.

Marcos virou-se para ela e pediu:

– Nunca mais me peça isso! Não brigamos, vivemos em harmonia como poucos casais conseguem, nós dois superamos muita coisas em nossa vida e eu não quero me entristecer com você, não quero brigar por algo que não nos faz bem.

Assim, eles pararam o assunto, embora no coração de Bruna havia um desejo: que os irmãos fizessem as pazes!

Hideo passou a visitar o bispo com mais frequência. Eles conversavam abertamente sobre Eduardo, que estava se especializando em cardiologia. Já fazia estágio no hospital do avô e era seu orgulho; o avô já anunciava que o neto iria dirigir o hospital com muita competência e novos conhecimentos.

O bispo ria de cabeça baixa lembrando-se do filho. Naqueles últimos cinco anos, eles tinham se encontrado três vezes. Era muito bom saber que o filho seguia o caminho da mãe. Bruna sempre fora um exemplo de pessoa, rezava muito a Deus pela sua família. A irmã ia visitá-lo de vez em quando, os sobrinhos ele vira poucas vezes. Olhava a filha de Maeva, neta do irmão, e seus olhos enchiam de lágrimas. "Algo nela é tão parecido com a minha mãe... Sou tio-avô, meus irmãos são avós, meu pai bisavô. O tempo passou tão depressa..." Olhava as fotos de Marcos com a netinha no colo e pensava: "Meu Deus, que saudade do meu irmão... Que castigo saber que sou desprezado por ele..."

O pai bateu de leve nas costas dele e pediu:

– Nada de tristeza! Não vim aqui para deixá-lo triste, estou aqui para lhe mostrar um pouco da nossa família.

O padre Leonel, amigo e fiel companheiro do bispo, não ficava fora das conversas entre pai e filho. Havia sido um pedido do próprio bispo.

– O chá vai esfriar e chá frio no inverno é castigo para qualquer um! – disse o padre. – O seu pai tem razão, bispo, ele vem aqui nos trazer alegria, então vamos deixar o desânimo de lado e tomar o chá!

Maria adorava o Havaí. Sempre que o marido ia para Roma, ela o esperava lá. Sem contar que ela e Simone eram como mãe e filha. Simone, olhando as fotos do sobrinho comentou:

– Maria, eu olho para esse jovem e acho que ele é o Carlos em tudo! Eles não são parentes de sangue, mas vou lhe confidenciar algo: dos sobrinhos, é o mais atencioso com meu irmão; e dos netos do meu pai, tenho de reconhecer, é o mais prestativo; eles dois se dão bem demais. Eduardo nunca deixou de passar as férias com o meu pai, duas vezes por ano ele está lá. E agora que trabalha, e a senhora sabe como é vida de médico, mesmo assim sempre dá um jeito de ir ao Brasil. A senhora, nem se fala, sei que morre de amor por ele e confesso que quando quero matar a saudade do meu irmão olho as fotos do Eduardo.

Maria procurou mudar de assunto. "Meu Deus como é ruim a gente guardar segredo das pessoas a quem amamos! Daria parte de mim se pudesse contar a verdade para Simone, como gostaria de lhe dizer: 'Minha filha, eles são parecidos porque são pai e filho!'."

Hideo foi direto para o Havaí encontrar a esposa e rever os outros membros da família. Contou que Carlos estava com muitos fios brancos, aliás, o cabelo dele estava prateado. Mas ele estava bem de saúde e vivendo a vida que Deus lhe concedeu. Era feliz e tinha de se conformar com os caminhos que cada um dos seus escolheram.

Simone estava estranhando as últimas atitudes do pai no que dizia respeito aos irmãos. Percebia que o pai estava tranquilo e não demonstrava aborrecimentos quanto à relação dos filhos. Não ia tocar no assunto. Era melhor assim, quem sabe um dia os irmãos voltassem a se entender. Ela pensava no filho que trabalhava na NASA. Ele estava realizando o sonho de sua vida, e ela vivia sofrendo, como sua mãe, a constante ausência do filho. E algo que muito a preocupava era que os engenheiros envolvidos em estudos e pesquisas espaciais acabavam perdendo a fé em tudo o que conheciam sobre a criação de Deus. Pelo fato de descobrirem coisas novas, ficavam confusos com o que tinham aprendido em sua vida. Isso havia acontecido com Marcos e só de pensar que poderia acontecer com o filho ela já se sentia mal.

O pai percebeu que a filha estava distante e a chamou:

– Filha, o que há? Estava viajando nos pensamentos. Posso fazer parte dessa viagem?

– Eu pensava em meu filho! Sinto tanta falta dele... Hoje posso avaliar o que minha mãe sentia com a ausência de Marcos. Meu filho é mais filho da NASA do que meu.

– Calma, filha – disse Hideo, puxando-a para perto de si. – Os primeiros anos fazem deles quase cativos do espaço. Depois eles encontram alguém que os trazem de volta à Terra, casam-se, têm filhos e passam a ter os pés no chão. Não foi assim com o Marcos?

– O senhor acha que Marcos leva uma vida normal? Perdoe-me o que vou lhe dizer, acho que pode magoá-lo,

Herdeiro do Cálice Sagrado

mas o mau irmão não se importa muito com a família, com nossos costumes transmitidos pelo senhor a respeito da família. Com ele, tudo isso não funciona! Reconheço que nos últimos anos ele tem ido mais ao Brasil, mesmo assim, está longe de ser um modelo japonês para a família. Eu jurei a mim mesma que não ia tocar no assunto, porém, a ocasião é propícia: há quantos anos o Marcos não vê Carlos?

— Filha, vou discordar em um ponto: Carlos também poderia sair da igreja e nos visitar, você não acha? Ele tem autorização para sair do Vaticano, mas prefere viver no meio dos santos. Tudo bem que somos pecadores, mas querendo ou não somos a família dele.

— Ah, meu pai, vamos deixar essas questões de família de lado! O senhor não veio aqui para discutirmos a vida dos meus irmãos nem para me ver triste pensando no meu filho que a NASA adotou. O senhor está aqui para me ver! Vamos aproveitar bem o nosso tempo. Sabe quem vem aqui? Sua neta e sua bisneta! Meu Deus, eu não acredito, papai, eu já sou avó!

— E eu? Ainda me sinto um garoto e já sou bisavô! — brincou Hideo abraçando a filha.

A estada na casa de Simone foi só alegria. Ele conversou muitas vezes com Marcos e falou também com o neto Ryan. Perguntou para o neto quando ele tiraria férias para visitá-lo no Brasil.

Ryan respondeu eufórico:

— O senhor pode não acreditar, mas no mês que vem estarei deixando a NASA por vinte dias e pretendo aproveitar bem esses dias. Vou para o Brasil e, lógico, para minha

casa. Morro de saudade de todos, conheço a minha sobrinha por imagens e fotos, mas quero abraçá-la pessoalmente.
— Posso contar para sua mãe? Não posso enchê-la de esperança e daqui a alguns uns dias você ligar dizendo que foi um engano ou que não será possível deixar o aconchego de sua amada NASA ou coisas assim.
— Pode contar a ela! Já assinei a minha liberação e estou passando minhas tarefas para meu substituto. Desta vez é para valer; sei que minha mãe está desacreditada de mim, pois por duas vezes eu planejei e não consegui. O senhor sabe, vovô, a NASA é o coração e o cérebro do planeta. Cada um de nós é uma pequena célula, porém, se essa célula faltar todo o sistema será prejudicado. Dá para entender?
— O seu tio sempre me falou isso e acredito que é verdade. Assim como acredito que de vez em quando você vai dar o ar da graça, parar de voar e colocar os pés no chão. Assim como fez o seu tio quando se casou.

De volta ao Brasil, Hideo encontrou tudo em ordem. Só não gostou do estado de saúde de Marina, e a obrigou a ficar na casa deles até se recuperar. Ela tivera uma pneumonia e estava muito fragilizada. De resto, tudo ia muito bem. Ele sempre se comunicava com os filhos e virou um frequentador assíduo das sessões espíritas e até cobrava de Maria uma maior participação nos trabalhos.
O neto Ryan veio visitá-lo acompanhado de Simone, que não o largava. Ele entendia o porquê, ela não sabia

quanto tempo ia demorar para vê-lo novamente. Aproveitaram o máximo que puderam, fizeram pequenas viagens e conheceram lugares novos. Hideo e Maria também aproveitaram muito a estada de Ryan entre eles.

Marcos voltava para casa depois de dois dias fora. Estavam fazendo uma experiência em campo com novos equipamentos. O helicóptero que os levava para a cidade teve um problema que foi detectado pelo piloto. Este avisou para a pequena tripulação, que ficou assustada e em alerta. "Seria coisa do destino?", pensou Marcos. "Nós fazemos a cápsula atravessar a atmosfera e penetrar no espaço desconhecido, agora só nos faltava morrer a poucos quilômetros da terra..."

Antes de terminar seu raciocínio, ele ouviu uma explosão e nada mais. Tudo se aquietou, nada se movia. Um sono incontrolável o dominou, fazendo com que ele adormecesse um sono profundo.

A notícia da morte de Marcos causou grande dor para a família de Hideo. A família toda estava presente, inclusive o bispo. Carlos estava abraçado ao pai, pálido e trêmulo. Observava o caixão lacrado com o corpo do irmão. O seu castigo foi muito grande, não pôde nem ver o rosto de Marcos. Por que Deus fizera aquilo? O irmão era inocente e se havia um culpado que devia viver com o rosto coberto era ele e não o irmão!

O padre Leonel dava assistência espiritual à família e não se descuidava do amigo e de Hideo. Eduardo precisou ser socorrido pelo avô paterno, não se conformava de perder o pai. A dor era muito grande para todos. Bruna, ao lado do caixão do marido soluçava, não queria tomar calmante, pedia para o pai que a deixasse sofrer por ele, ela o amava e queria ficar com ele até o fim.

Depois do funeral, a tristeza cobria de luto o coração da família de Hideo, que estava à base de calmante. Ele não aceitava a ideia de ter enterrado o filho. Eduardo chorava agarrado a ele, tentava ajudá-lo, embora seu estado fosse idêntico ao do avô.

O bispo não saiu de perto do pai, de Eduardo e dos outros sobrinhos. Assim ficaram até a missa de sétimo dia, que o padre Leonel fez questão de providenciar.

Depois da missa, a família se reuniu, a dor ainda tomava conta de todos. O padre Leonel e o pai de Bruna davam assistência a todos. O bispo pediu um minuto da atenção dos familiares e comunicou:

—Vou assumir o lugar do meu irmão mais velho, tenho uma dívida eterna com ele. Não farei isso simplesmente por obrigação, vou fazer com consciência que tenho da situação.

Bruna olhou para ele pela primeira vez e quase gritou: "Vá embora e nos deixe em paz!", mas controlando-se respondeu:

— Bispo, o senhor não vai mudar a nossa história, siga o seu caminho, por favor, cada um de nós tem de prosseguir com a vida e com a dor.

Hideo olhou para o filho e não acreditando no que ouviu perguntou:

– Carlos, você pensa em deixar a igreja?

– Não, meu pai. A igreja mora dentro de mim, jamais vou deixá-la, por onde for vou levá-la, assim como levei pessoas a quem amava para dentro da igreja. Eu declaro perante todos os meus familiares aqui presentes que a partir de hoje as minhas vestes serão idênticas a de vocês. Vou tomar conta do filho de Marcos, que ainda é um menino, e quero estar presente na vida de todos vocês como um homem comum.

O padre Leonel ficou cabisbaixo, não sabia o que dizer. O bispo lembrou-se de sua presença e notificou a ele o seguinte:

– Padre, voltaremos ao Vaticano para dar entrada ao meu processo de afastamento. Não pretendo esperar a licença, vou aguardar aqui fora, manteremos nossa amizade como sempre.

Ao mesmo tempo que todos os membros da família se sentiam felizes, por outro lado estavam preocupados, especialmente Hideo, que chamou o filho em particular e perguntou:

– Meu filho, sua decisão poderá acarretar muitos problemas futuros. Você está abalado com a morte do seu irmão, por que não deixa para decidir isso recebendo uma orientação espiritual da igreja? Não tome uma decisão precipitada, movido por sentimentos de remorso e tristeza.

– Fique tranquilo, meu pai, o Senhor nos concede muitas oportunidades de nos redimirmos dos nossos pecados. De uma forma dolorosa, muito dolorosa, Ele me agraciou com esta oportunidade. Meu irmão educou o meu filho e assumiu sua mãe diante Dele. Agora, é a minha vez de cuidar do filho de Marcos. Pretendo futuramente falar a verdade para Eduardo mesmo correndo o risco de ser rejeitado por ele.

Os que conheciam a verdade agradeciam a Deus pela coragem do bispo e os que não sabiam ficaram encantados com a cultura trazida do Oriente: quando o filho mais velho morre o mais novo assume o lugar.

Carlos voltou para o Brasil, passou alguns meses com o pai e com ajuda dele foi para os Estados Unidos. Procurou Bruna, que lhe disse que não queria vê-lo. Ela pediu ajuda ao pai para que conversasse com Carlos e pedisse que ele não se aproximasse dos filhos dela; que a deixasse em paz.

O pai, com todo o cuidado e muito carinho, respondeu:

– Minha filha, creio que você deve falar com esse rapaz sim, acertar o que ainda está vivo dentro de vocês, e só depois decidir o que querem fazer da vida!

– O senhor acha que eu ainda gosto dele? Que eu faria isso com Marcos? – questionou chorando.

– Sinceramente? Acho que você nunca deixou de amá-lo, e isso não é crime! Não estará fazendo nenhum mal ao Marcos, pelo contrário, vai trazê-lo de volta entre vocês, já pensou na felicidade dos seus filhos sabendo que de fato são de uma só família? Sabe o que andei lendo? Que há um costume em algumas cidades do Japão que quando morre o marido se houver um irmão em idade de se casar e a idade da viúva for compatível com a do cunhado, a própria família os incentiva a se casar. Sabe quem me trouxe a matéria? Eduardo! Ele achou superinteressante. Levante a cabeça e olhe para mim! – pediu. Vá conversar com o pai do seu filho, não desperdice seu tempo colocando obstáculos onde não existe. Eu que acreditava no que não via, passei a tomar mais cuidado, nunca lhe falei nada, mas depois que você encontrou Marcos, casou-se e ficou anos sem saber quem era de fato, eu juro que passei a acreditar que há uma força que controla o universo e cada um de nós. Chame de destino ou sei lá do que, mas que há, isso há! Agora essa força, que tudo rege, está agindo e eu não quero reagir contra ela, reconheço sua eficiência e estou de acordo com a sua lei. Fale com o rapaz e não seja criança! Lembre-se de que você também deve isso ao seu filho Eduardo! – ele a beijou e saiu sem ouvir resposta. Conhecia bem a filha, ele falava e ela ficava analisando antes de tomar uma decisão, os seus conselhos sempre funcionaram, tomara que desta vez também desse certo.

Bruna ligou para Carlos e ambos marcaram um encontro em um café. Depois da morte de Marcos era a primeira vez que ela saía de casa e se preocupava em olhar-se no espelho. Vestiu-se discretamente e pediu ao pai que levasse Marcos Júnior para divertir-se um pouco. Ele ainda estava muito abalado com a falta do pai, porém não parava de falar no tio Carlos, que o pegava diariamente na escola e vinha lhe dando toda atenção. Eduardo também admirava o tio, Bruna se sentia incomodada pela forma como ele se referia a Carlos. Era muita admiração e respeito, e se soubesse a verdade, como iria reagir? Esse era o seu medo.

Sentados à meia-luz, em um ambiente tranquilo, música suave, a natureza havia lhes preparado uma surpresa: uma brisa perfumada entrava pela janela, perfume de jasmim idêntico ao daquela noite... Bruna se lembrava.

Ficaram em silêncio por alguns minutos. Carlos pegou suas mãos e disse:

— Perdoe-me, pelo amor de Deus! Você não imagina o quanto eu sofri, Bruna. Ajude-me a ter paz, deixe-me ficar ao seu lado, não lhe peço nada, não tenho esse direito, sei que você me odeia, mesmo assim eu lhe imploro: preciso ficar ao seu lado!

A partir daquele dia os dois passaram se encontrar mais vezes. Carlos começou a frequentar a casa dela e participar da vida dos sobrinhos. Uma noite, enquanto jantavam, Eduardo percebeu um brilho nos olhos dos dois, será que estava acontecendo o que geralmente acontecia com as famílias japonesas? O tio estava gostando de sua mãe? E se isso fosse verdade? Ele iria aceitar com naturalidade, ia ficar calado, mas atento...

Carlos convidou a família para viajarem ao Brasil. Bruna foi a primeira a aceitar. Eduardo não tinha mais dúvidas, alguma coisa estava acontecendo entre eles. A mãe estava mais bonita e jovial, arrumava-se com capricho. Já havia mais de um ano que Marcos tinha falecido. Se os dois estivessem mesmo se gostando seria bom para todos.

Uma tarde, dias depois de terem chegado ao Brasil, Hideo e toda família estavam reunidos à beira da piscina. Carlos e Eduardo apostavam entre si quem chegaria primeiro do outro lado. Hideo lembrou-se do sonho que o neto lhe contara e com um arrepio do seu lado direito sentiu a presença do filho. Tinha certeza de que Marcos estava entre eles. Maria lhe tocou no braço e respondeu à sua dúvida:

– Hideo, sua família está toda reunida aqui. Marcos, seu genro e Maeva. Acho que é o dia oportuno para Carlos revelar a verdade para todos.

Na hora do lanche todos se acomodaram próximos uns dos outros, eufóricos e famintos. Marina, que apesar da artrite estava muito bem, também dividia a alegria com os presentes. Hideo foi tomado pela mesma força incontrolável que falava por meio de sua boca, porém as palavras não eram suas:

– Peço a atenção de todos para uma grande revelação que Carlos tem para contar aos que não conhecem uma sofrida história de amor ocorrida nesta mansão, envolvendo alguns membros de nossa família aqui presentes.

Carlos olhou para ele. Parecia que aquela força tomara conta dele também. Aproximou-se de Eduardo e disse:

– O que vou confessar neste momento diz respeito a você, meu filho.

Eduardo sentiu um frio na barriga e ficou esperando o que o tio tinha para lhe contar. Não sabia o que era, mas sentiu no coração que estava relacionado ao seu nascimento.

Carlos, tomado por esse impulso, chamado de Vontade de Deus, contou a todos o que acontecera ali, naquela mansão, entre ele e Bruna e os acontecimentos que se sucederam.

Simone não acreditava no que ouvia, então era isso! A semelhança entre eles era de fato normal! Então seu sobrinho tinha o seu sangue! "Meu Deus, que felicidade!"

Assim que Carlos terminou de relatar sua história, acrescentou:

– Eu amo e por todo o sempre vou amar Bruna, quero me casar com ela e viver ao lado dos meus filhos.

Eduardo ficou pálido. Hideo o abraçou e falou:

– Perdoe-me, filho, eu não podia lhe contar, apesar de conhecer toda a história. Desde que o conheci, você passou a ser o meu neto amado; para mim nada mudou quando descobri que você de fato era meu neto de sangue.

Bruna tentou aproximar-se do filho e ele pediu:

– Por favor, deixem-me pensar um pouco, deixe-me refletir. Eu queria ficar um pouco com o meu avô e Maria.

Os avós conversaram muito com ele, e por fim Eduardo lembrou-se:"E aquela mensagem que eu recebi no centro espírita? Que eu era o Herdeiro do Cálice Sagrado? Seria isso, vovô?

– Sim, filho. No dia certo e na hora certa você entenderia, e o dia é hoje. Perdoe seus pais e ajude-os a encontrarem nesta nova estrada forças para construírem uma nova história. Você é um ser iluminado, meu filho, não nasceu do pecado e sim da luz de um grande amor!

– E meu pai Marcos? Os espíritos não morrem, como ele vai se sentir com essa nova situação? Não vai se sentir traído?

Hideo o lembrou do sonho que ele havia lhe contado muitos anos atrás.

– Lembra-se daquele sonho que você apostava com Carlos quem iria chegar primeiro? E Marcos ficava rindo de vocês. Se eu lhe falar que isso aconteceu de verdade você acreditaria em mim?

Maria acrescentou:

– Eduardo, meu filho, seu avô está falando a verdade. Toda a sua família estava aqui presente, o seu pai Marcos está feliz e com certeza vai ficar mais feliz e em paz. Abençoe a união dos seus pais.

No dia seguinte, Eduardo pediu ao avô a mensagem que havia recebido no centro espírita e, estirando para Carlos, perguntou:

– O que acha disso?

Carlos leu e ficou pálido, olhando para a mensagem e para o filho. Levantando-se, pediu licença e disse:

– Meu filho, aguarde um instante que eu tenho algo para lhe entregar. É a resposta dessa mensagem.

Instantes depois, ele voltou com uma caixa na mão e pediu:

– Por favor, pode abri-la?

Eduardo abriu a caixa e lá estava um cálice banhado com ouro.

– O que significa isso? – perguntou.

Este cálice foi presente de minha mãe, sua avó Maeva, e com ele celebrei a primeira missa; ele é o Cálice Sagrado. Sua mãe sempre esteve presente neste cálice, que lhe passo agora.

Os olhos de Eduardo encheram-se de lágrimas; ele abriu os braços e, sustentando o cálice em uma de suas mãos, abraçou fortemente o pai e pela primeira vez disse:

– Meu pai, o senhor é meu pai! Eu abençoo a sua união com minha mãe.

Todos se emocionaram; enfim, a vontade de Deus acontecia.

O avô beijou o filho e o neto e muito emocionado disse:
— Eduardo, meu filho, você é o herdeiro do Cálice Sagrado, que é uma prova do amor de Deus por todos nós.

Uma funcionária chegou com um envelope na mão e entregou para Carlos dizendo:
— Chegou para o senhor!
— É do padre Leonel! — exclamou Carlos.
Em um dos trechos da carta o padre dizia:

Eu não sei lhe dizer ao certo o que foi, pois não estava dormindo, mas o vi entregando o Cálice Sagrado para seu filho. Lembra-se do que o senhor disse antes de partir? Só vou levar este cálice porque foi presente da minha mãe, é herança de família, não pertence à igreja. Sendo assim, acho que realmente enquanto o senhor viveu longe do seu filho esse cálice foi seu maior instrumento de trabalho, e é onde está concentrada toda a riqueza de sua alma.

Carlos, secando os olhos, pediu que Eduardo lesse em voz alta o trecho da carta que falava sobre o Cálice Sagrado. Ao terminar a leitura, o pai disse:
— Assim como aquela mensagem que lhe foi entregue muitos anos atrás, esta nova mensagem chegou agora para confirmar que quem nos enviou ajuda foi uma luz que vive

ao lado de Deus. Não me sinto distanciado de Deus por não estar trabalhando na igreja; afinal, não foi na igreja que senti vontade de Servi-lo. Tenho muitas coisas a fazer fora da igreja e uma delas é ir pessoalmente agradecer a esta casa santa que amparou a todos nós em silêncio e com muita sabedoria. Outra é comunicar a todos que pretendo cursar Medicina para ajudar muita gente. E a informação mais importante: eu e a Bruna vamos nos casar! E na igreja.

Hideo abraçou o filho e muito feliz respondeu:

– Eu tenho fé em Deus que estarei vivo para ver meu filho realizando o meu sonho, que é vê-lo feliz e formado. O mundo vai ganhar um grande médico!

Eduardo, abraçando o pai e a mãe, disse sorrindo:

– Sou um homem de sorte! Ter pais como vocês, um avô maravilhoso, e poder planejar minha viagem ao Japão sem culpa alguma, é maravilhoso! E, naturalmente, meus avós vão comigo, não é? Agradeço a Deus pela felicidade de ser o herdeiro do Cálice Sagrado.

Obras da médium Maria Nazareth Dória
Mais luz em sua vida!

A Saga de Uma Sinhá (espírito Luiz Fernando - Pai Miguel de Angola)
Sinhá Margareth tem um filho proibido com o negro Antônio. A criança escapa da morte ao nascer. Começa a saga de uma mãe em busca de seu menino.

Lições da Senzala (espírito Luiz Fernando - Pai Miguel de Angola)
O negro Miguel viveu a dura experiência do trabalho escravo. O sangue derramado em terras brasileiras virou lu

Amor e Ambição (espírito Helena)
Loretta era uma jovem nascida e criada na corte de um grande reino europeu entre os séculos XVII e XVIII. Determinada e romântica, desde a adolescência guardava um forte sentimento em seu coração: a paixão por seu primo Raul. Um detalhe apenas os separava: Raul era padre, convicto em sua vocação.

Sob o Olhar de Deus (espírito Helena)
Gilberto é um maestro de renome internacional, compositor famoso e respeitado no mundo todo. Casado com Maria Luiza, é pai de Angélica e Hortência, irmãs gêmeas com personalidades totalmente distintas. Fama, dinhei e harmonia compõem o cenário daquela bem-sucedida família. Contudo, um segredo guardado na consciência d Gilberto vem modificar a vida de todos.

Um Novo Despertar (espírito Helena)
Simone é uma moça simples de uma pequena cidade interiorana. Lutadora incansável, ela trabalha em uma casa de família para sustentar a mãe e os irmãos, e sempre manteve acesa a esperança de conseguir um futuro melhor. Porém, a história de cada um segue caminhos que desconhecemos.

Jóia Rara (espírito Helena)
Leitura edificante, uma página por dia. Um roteiro diário para nossas reflexões e para a conquista de um padrão vibratório elevado, com bom ânimo e vontade de progredir. Essa é a proposta deste livro que irá encantar o leito de todas as idades.

Minha Vida em tuas Mãos (espírito Luiz Fernando - Pai Miguel de Angola)
O negro velho Tibúrcio guardou um segredo por toda a vida. Agora, antes de sua morte, tudo seria esclarecido, para a comoção geral de uma família inteira.

A espiritualidade e os bebês (espírito Irmã Maria)
Livro que acaricia o coração de todos os bebês, papais e mamães, sejam eles de primeira viagem ou não, e ilumin os caminhos de cada um rumo à evolução espiritual para o progresso de todos.

Vozes do cativeiro (espírito Luiz Fernando - Pai Miguel de Angola)
Apesar do sofrimento dos escravos, a misericórdia Divina sempre esteve presente e lhes proporcionou a chance d sonhar, ouvir os pássaros e conviver com a natureza. As vozes do cativeiro agora são o som dos tambores e dos cantos de alegria em louvor aos mentores espirituais.

Leia os romances de Schellida!
Emoção e ensinamento em cada página!
Psicografia de Eliana Machado Coelho

CORAÇÕES SEM DESTINO – Amor ou ilusão? Rubens, Humberto e Lívia tiveram que descobrir a resposta por intermédio de resgates sofridos, mas felizes ao final.

O BRILHO DA VERDADE – Samara viveu meio século no Umbral passando por experiências terríveis. Esgotada, consegue elevar o pensamento a Deus e ser recolhida por abnegados benfeitores, começando uma fase de novos aprendizados na espiritualidade. Depois de muito estudo, com planos de trabalho abençoado na caridade e em obras assistenciais, Samara acredita-se preparada para reencarnar.

UM DIÁRIO NO TEMPO – A ditadura militar não manchou apenas a História do Brasil. Ela interferiu no destino de corações apaixonados.

DESPERTAR PARA A VIDA – Um acidente acontece e Márcia, uma moça bonita, inteligente e decidida, passa a ser envolvida pelo espírito Jonas, um desafeto que inicia um processo de obsessão contra ela.

O DIREITO DE SER FELIZ – Fernando e Regina apaixonam-se. Ele, de família rica, bem posicionada. Ela, de classe média, jovem sensível e espírita. Mas o destino começa a pregar suas peças...

SEM REGRAS PARA AMAR – Gilda é uma mulher rica, casada com o empresário Adalberto. Arrogante, prepotente e orgulhosa, sempre consegue o que quer graças ao poder de sua posição social. Mas a vida dá muitas voltas.

UM MOTIVO PARA VIVER – O drama de Raquel começa aos nove anos, quando então passou a sofrer os assédios de Ladislau, um homem sem escrúpulos, mas dissimulado e gozando de boa reputação na cidade.

O RETORNO – Uma história de amor começa em 1888, na Inglaterra. Mas é no Brasil atual que esse sentimento puro irá se concretizar para a harmonização de todos aqueles que necessitam resgatar suas dívidas.

FORÇA PARA RECOMEÇAR – Sérgio e Débora se conhecem e nasce um grande amor entre eles. Mas encarnados e obsessores desaprovam essa união.

LIÇÕES QUE A VIDA OFERECE – Rafael é um jovem engenheiro e possui dois irmãos: Caio e Jorge. Filhos do milionário Paulo, dono de uma grande construtora, e de dona Augusta, os três sofrem de um mesmo mal: a indiferença e o descaso dos pais, apesar da riqueza e da vida abastada.

PONTE DAS LEMBRANÇAS – Ricos, felizes e desfrutando de alta posição social, duas grandes amigas, Belinda e Maria Cândida, reencontram-se e revigoram a amizade que parecia perdida no tempo.

MAIS FORTE DO QUE NUNCA – A vida ensina uma família a ser mais tolerante com a diversidade.

Romances imperdíveis!
Obras do espírito Madalena!

Psicografia de Márcio Fiorillo

APENAS POR HOJE

Dois adolescentes, Bruno e André, se envolvem com um grupo de garotos da escola e vão a um show de rock'n roll. Influenciados por espíritos ignorantes são levados ao mundo das drogas e vícios. Mas recebem ajuda do plano espiritual para se livrar da influência desses espíritos.

PELOS CAMINHOS DA VERDADE

Olívia é casada com Júlio. De repente seu marido morre e ela é acusada de assassinato. Será culpada ou inocente? Uma história envolvente e cheia de suspense que mostra que só a verdade liberta das amarras que atrapalham a evolução espiritual.

UM OUTRO AMOR

Olívia é casada com Júlio. De repente seu marido morre e ela é acusada de assassinato. Será culpada ou inocente? Uma história envolvente e cheia de suspense que mostra que só a verdade liberta das amarras que atrapalham a evolução espiritual.

Leia estes emocionantes romances do espírito Alexandre Villas

Psicografia de Fátima Arnolde

Memórias de uma Paixão

Mariana é uma jovem de 18 anos, cursa Publicidade e, à tarde, trabalha na agência de seu pai, Álvaro. Na mesma Universidade, por intermédio da amiga Júlia, conhece Gustavo, estudante de Direito, um rapaz bonito, mais velho que ela, alto, forte e com expressões marcantes. Nasce uma intensa paixão que tem tudo para se transformar em amor... Até Gustavo ser apresentado para Maria Alice, mãe de Mariana, uma sedutora mulher, rica, fútil, egoísta e acostumada a ter seus desejos satisfeitos. Inicia-se uma estranha competição: mãe e filha apaixonadas pelo mesmo homem.

Uma longa espera

Laura, moça de família humilde, envolve-se com Rodrigo, rapaz rico e apaixonado. Ela sabia que jamais os pais dele, preconceituosos e materialistas, aceitariam esse namoro. Para piorar a situação, Laura engravida e, iludida por julgamentos precipitados e pensamentos confusos, termina seu romance com o namorado. Rodrigo, sem nada entender e sem saber da gravidez, muito desiludido, resolve morar no exterior. O tempo passa e Laura tem uma gravidez tumultuada, o que a leva a ter complicações durante a gestação e a desencarnar assim que seus filhos gêmeos nascem. Depois de algum tempo, Rodrigo retorna ao Brasil e descobre a existência dos filhos. Um envolvente enredo que nos mostra os conflitos vividos por relacionamentos conturbados, a falta de amor ao próximo e as grandes lições de provas e reparações que terão de ser experimentadas por todos os personagens a fim de encontrarem seus verdadeiros sentimentos rumo ao perdão.

Enquanto houver amor

Santiago, médico, e sua esposa Melânia, formam um casal feliz de classe média alta. Juntos, eles têm um filho: Domênico. Mas um acidente leva a esposa de volta ao plano espiritual e a família começa a viver momentos tormentosos. Sentindo-se sozinho, apesar da companhia do filho e da mãe Luiza, Santiago se afunda no alcoolismo e vive momentos de tristeza e provação. Mas em meio a tanto sofrimento, eles conhecem Cristal, uma jovem moradora de uma comunidade do Rio de Janeiro, que em seu coração carrega o amor e a vontade de ajudar. O destino de todos vai mudar.